Tao

A. Schwarz/R. Schweppe

Tao

Mehr Energie, Sinnlichkeit und Lebensfreude

Ludwig

Inhalt

Mit sich und der Natur im Einklang leben ist ein großes Ziel des Tao.

Durch gezielte Übungen wie dem Qi Gong können Körper, Geist und Seele entspannen und sich regenerieren.

Das unfassbare Tao

Es ist leicht, dem Weg des Tao zu folgen, und doch ist das Tao schwer zu erfassen. Der Versuch, das Tao für den Verstand zugänglich zu machen, gleicht dem Versuch, den Wind mit der Hand einzufangen …

Wer die Gesetze des Tao befolgt, wird in seinem täglichen Leben viele positive Veränderungen erfahren. Die heitere, gelassene Einstellung, die die taoistische Lebensweise ausmacht, schützt die Gesundheit, fördert den persönlichen Erfolg, stärkt die sexuellen Energien und harmonisiert die zwischenmenschlichen Beziehungen. Das Geheimnis des Tao lässt sich aber nicht wirklich erklären. Das Tao kann man nicht *denken,* man muss es einfach *leben.*

Das Geheimnis des Tao kann man nicht intellektuell erfassen, man muss sich ihm intuitiv nähern und es einfach leben.

Das wusste auch Lao Tse (um 400 v. Chr.), der zum Begründer des klassischen Taoismus wurde. Die Legende erzählt, dass er sich ganz von der Welt zurückziehen wollte und dazu in die Berge ging. Beim Versuch, die Grenze von China nach Indien zu passieren, wurde er vom Grenzwächter erkannt. Dieser forderte ihn auf: *»Meister, ich sehe, dass du in die Einsamkeit gehen willst – ich bitte dich, schreibe deine Gedanken für mich auf.«* Lao Tse tat ihm den Gefallen.

Die Schrift, die er zurückließ, gilt heute als grundlegende Quelle des Taoismus. Das »Tao Te King«, das wir im zweiten Teil dieses Buches vorstellen, ist der Versuch Lao Tses, eine Theorie des Tao zu formulieren. Wie schwierig es allerdings selbst für einen Weisen ist, das Tao zu fassen, das zeigen schon seine ersten Zeilen:

»Das aussprechbare Tao
ist nicht das unwandelbare Tao.
Der nennbare Name
ist nicht der unwandelbare Name.«

Jeder Versuch, das Tao zu beschreiben oder zu analysieren, wird dem Tao nicht gerecht. Tatsächlich gibt es nicht einmal eine vernünftige Übersetzung für das Wort »Tao«. Tao ist nicht der Sinn, nicht der Weg, nicht das Universum und schon gar nicht Gott, obwohl es gerne in dieser Weise übersetzt wird. Wir kommen der Sache zwar näher, wenn wir das Tao das Absolute, die letzte Wahr-

heit hinter allen Dingen, das Wesen der Natur oder den Weg des Himmels nennen, doch all diese abstrakten Beschreibungen nützen wenig.
Die Taoisten legten größten Wert auf die Praxis. Wir werden Sie in diesem Buch daher gar nicht erst mit Theorien über das Tao verwirren, sondern uns stattdessen ganz und gar mit der Praxis des Tao befassen. Um einen Überblick zu bekommen, genügt es, das Wichtigste zusammenzufassen:

- Tao ist die Weisheitslehre aus dem alten China.
- Tao ist eine Lebensphilosophie, die einfach zu befolgen ist, die viele Probleme löst und die ein angenehmes Lebensgefühl erzeugt.
- Tao ist die Kunst, »dem Weg des Himmels« zu folgen; dieser Weg ergibt sich von selbst, wenn man im Fluss bleibt, zum Wesentlichen zurückkehrt und den Gesetzen der Natur folgt, ohne einzugreifen.

Die alte chinesische Lehre des Taoismus wurde erstmals im »Tao Te King« von Lao Tse (um 400 v. Chr.) niedergeschrieben.

Die Quellen des Ur-Taoismus

Der Taoismus hat zahlreiche unterschiedliche Formen angenommen und viele Methoden hervorgebracht. T'ai Chi, Qi Gong, esoterische Atemübungen, sexuelle Praktiken, Kampfkünste, Wege der »inneren Alchemie«, Rituale und so mancher Aberglaube – alle beziehen sich auf den Taoismus.
Wenn wir in diesem Buch vom Tao sprechen, wollen wir aber auf allen Ballast verzichten und uns ganz auf die Essenz des Tao konzentrieren.
Die wertvollsten Perlen der taoistischen Lehre finden wir im klassischen philosophischen Taoismus. Die wichtigste Quelle der ursprünglichen Lehre bildet Lao Tses »Tao Te King«. Ferner spielt das »Zhuangzi« eine wichtige Rolle. In dieser Schriftsammlung gibt der Weise Dschuang Tse (ca. 370–280 v. Chr.) die Geheimnisse des Tao in Form von humorvollen Anekdoten weiter.
Außer diesen beiden Schriften gibt es noch zwei weitere wichtige Quellen des Ur-Taoismus: das »Huainanzi« und das »Wenzi«: Das »Huainanzi« wurde von acht taoistischen Weisen verfasst, die am Hof des Königs von Huainan verkehrten. Das Werk entstand um 200 v. Chr. und gibt Diskussionen zwischen den Taoisten und dem König wieder. Das »Wenzi« (um 100 v. Chr.), das von einem Schüler

Lao Tses verfasst wurde, gilt als hilfreiche Ergänzung zum »Tao Te King«. Unter der Überschrift »Die Zehn Geheimnisse des Tao« (siehe S. 93ff.) haben wir die wichtigsten taoistischen Grundprinzipien für Sie zusammengefasst. Die Befolgung dieser zehn sanften Regeln genügt vollkommen, um in den Genuss aller positiven Wirkungen zu kommen, die die taoistischen Prinzipien im täglichen Leben zeigen.

Die Früchte des Tao

Heute interessieren sich immer mehr Menschen für die altchinesischen Lehren des Tao.

In den klassischen Tao-Schriften finden wir viele Hinweise auf die wohltuenden Wirkungen einer taoistischen Lebensweise. Keine andere Lebensphilosophie führt uns auf so direktem Weg zum Wesentlichen zurück, baut Stress so gründlich ab, schenkt uns derartige Energien oder hilft uns so effektiv dabei, uns von körperlichen und seelischen Verspannungen zu befreien, wie der Weg des Tao.
Um das Tao anzuwenden, ist es nicht nötig, religiöse Rituale auszuführen oder sich mit komplizierten Gedankengebäuden herumzuschlagen. Die Tao-Geheimnisse können Sie mitten im Leben anwenden – während Sie im Büro sitzen, Ihre Katze streicheln, im Park spazieren gehen, im Stau stehen, auf Reisen sind, mit Ihrem Partner Zärtlichkeiten austauschen oder mit Freunden ins Café gehen.

Ruhe und Entspannung sind wesentliche Voraussetzungen, um zu sich zu kommen und Kräfte zu sammeln.

Positive Wirkungen der taoistischen Lebensweise

In den teilweise jahrtausendealten Schriftsammlungen werden einige Früchte einer am Tao orientierten Lebensweise genannt. Wenn Sie die taoistischen Prinzipien beherzigen, wird dies ganz konkrete Auswirkungen für Sie haben:

- Sie werden beweglicher werden, Ihr Körper wird sich zunehmend leicht und geschmeidig anfühlen.
- Sorgen und Ängste werden Ihren Geist nicht länger belasten.
- Ihre Gesundheit wird immer stabiler werden, Ihr Immunsystem wird ausgezeichnet funktionieren.
- Die Heilung von Erkrankungen wird sich beschleunigen.
- Sie werden über immer mehr Lebensenergie verfügen. Gefühle der Müdigkeit und Erschöpfung werden ebenso der Vergangenheit angehören wie Stimmungstiefs.
- Ihrer Kreativität werden Flügel verliehen.
- Sie werden erkennen, wie wichtig es ist, Überflüssiges und Belastendes abzuwerfen und sich auf das Wesentliche zu konzentrieren.
- Taoisten sprechen oft vom Erreichen der Unsterblichkeit. Obwohl dies nicht wörtlich genommen werden darf, wirken Menschen, die dem Tao folgen, sehr lange vital und jugendlich und leben teilweise auffallend lange.
- Sie werden auch in schwierigen Situationen Gelassenheit und Heiterkeit bewahren; Ihre Zufriedenheit wird nicht mehr von äußeren Umständen abhängen.
- Sie werden zum Meister über Ihre sexuellen Energien. Wenn Sie die taoistische Liebeskunst erlernen, werden Sie Ihre Sexualität in einer ganz neuen Weise erleben und für Ihr inneres Wachstum nutzen können.

Gerade für unsere zivilisierte und technisierte Welt scheint die Weisheitslehre des Taoismus das Heilmittel zu sein.

Dschuang Tse sagt: *»Wer gesammelt und heiter bleibt, der strahlt das Licht des Himmels aus.«*

Tatsächlich strahlen Menschen, die dem Weg »des Himmels« folgen, eine ganz besondere Kraft aus. Ihr Gesichtsausdruck ist friedlich und entspannt. Keinerlei Sorgenfalten graben sich in ihre Stirn. Ihr Atem ist tief, ihre Haut seidig, ihre Bewegungen sind anmutig. Sie verfügen über ein hohes Maß an Lebensenergie und verlängern ihre Lebenszeit weit über das normale Maß hinaus.

Um vom Lärm des Alltags abschalten zu können, gehört eine besinnliche Stimmung. Lassen Sie sich fallen!

Das Tao kann Ihnen einen Weg zeigen, sich aus Abhängigkeiten zu lösen. Es bietet einfache Möglichkeiten, sich von Suchtmechanismen, Alkohol, Nikotin, Essstörungen usw. zu befreien, und räumt zugleich mit vielerlei Sorgen, Ängsten und Begierden auf.

Der Weg des Tao wird auch als »Weg der großen Befreiung« bezeichnet, denn in der Tat befreit uns das Tao von allem, was unglücklich macht und unser Leben manchmal so grau und eintönig erscheinen lässt.

Der Weg des Tao wird auch »Der Weg der großen Befreiung« genannt. Tatsächlich kann er uns aus Abhängigkeiten und depressiven Zuständen führen.

Der Weg zur gesunden Verrücktheit

Seit jeher haben Taoisten sich darum bemüht, das normale Alltagsbewusstsein hinter sich zu lassen. Tatsächlich bietet die taoistische Philosophie die Möglichkeit, auf eine sehr angenehme Weise verrückt zu werden. Wenn Sie beobachten, was als normal gilt, können Sie ermessen, wie wohltuend es ist, ein bisschen verrückt zu sein.

Beispielsweise ist es ganz normal, sich von morgens bis abends hektisch für andere aufzureiben, sich von Konsumzwängen leiten zu lassen, Luxusgütern hinterherzujagen und irgendwann einen Herzinfarkt zu bekommen.

Als genauso normal gilt es, ständig Probleme zu haben, sich immerzu mit anderen zu vergleichen, auf seinen eigenen Schwächen herumzureiten und sich in seiner Haut nur selten richtig wohl zu fühlen.

Wer seiner eigenen Lebendigkeit auf der Spur ist, wer sich von gesellschaftlichen Zwängen befreit, wem seine Seelenruhe mehr wert ist als die vielen kleinen Ersatzbefriedigungen, und wer womöglich noch darum bemüht ist, seine kindliche Kreativität und Lebensfreude zu wecken, der/die gilt wahrscheinlich als verrückt. Wo es allerdings normal ist, zerstörerisch mit sich und seiner Umwelt umzugehen, da ist Verrücktheit eine sehr natürliche und intelligente Reaktion.

Auf dem Pfad des Tao geht es darum, sich von den Belastungen zu lösen, die das normale Leben auszeichnen, und zu dem zurückzufinden, was die natürliche Lebensweise ausmacht – der Unterschied zwischen normal und natürlich ist himmelweit.

Wenn es normal ist, sich und die Umwelt zu zerstören, ist Verrücktheit eine intelligente Reaktion.

Haben Sie den Mut, ein wenig aus der Reihe zu tanzen? Glauben Sie, dass es heilsam für Sie wäre, Ihrer inneren Stimme mehr zu trauen als dem, was die Leute sagen? Sind Sie neugierig auszuprobieren, ob einige kleine und einfache Veränderungen Ihrer Sichtweise mehr Freude, Kraft und Sinn in Ihr Leben zaubern können?

Wenn ja, dann sollten Sie einen Blick auf die »Zehn Geheimnisse des Tao« werfen und dann entscheiden, ob Sie das Experiment wagen wollen. Eines ist jedenfalls sicher: Es gibt nichts zu verlieren und viel zu gewinnen.

Leben Sie Ihre Individualität, und genießen Sie dabei das starke Gefühl der Weite.

Die zehn Geheimnisse des Tao

Die Essenz der taoistischen Lebensweise lässt sich in zehn wesentlichen Prinzipien zusammenfassen, die in der einen oder anderen Form in allen taoistischen Schriften und Schulen auftauchen. Obwohl die taoistischen Weisheiten aus dem Fernen Osten stammen, sind sie doch für jeden Menschen anwendbar – gleichgültig, in welchem Land und in welcher Zeit er lebt.

Parallelen finden wir in der Philosophie der alten Griechen und Römer oder auch bei Schopenhauer, andere entdecken wir im ursprünglichen Christentum, im Buddhismus oder in der modernen Psychologie. Allerdings sind die Erkenntnisse der chinesischen Weisen auch wieder vollkommen einzigartig.

Parallelen zu den Grundaussagen der taoistischen Lehre finden sich bei den alten Griechen und Römern ebenso wie bei Schopenhauer, in der modernen Psychologie, im Buddhismus oder auch im ursprünglichen Christentum.

Der Taoismus ist viel weniger eine Religion als vielmehr eine Lebensphilosophie. Dies ist auch einer der Gründe dafür, dass er in unserer westlichen Welt ebenso problemlos angewendet werden kann wie in der östlichen Kultur.

Bei den »Zehn Geheimnissen des Tao« handelt es sich keinesfalls um strenge Regeln oder Vorschriften, sondern um Grundaussagen der taoistischen Lehren. Jeder Einzelne kann sich diese Erkenntnisse zunutze machen. Alles, was wir dafür tun müssen, ist, die Prinzipien mit etwas Phantasie und Experimentierfreude in unserem Alltag umzusetzen.

Wir können das jederzeit tun. Und wir werden dabei merken, dass die »Zehn Geheimnisse des Tao« eng miteinander verwoben sind und allesamt zu einer Lebensanschauung führen, die von Schönheit, Poesie, Heiterkeit und innerem Frieden geprägt ist.

In diesem Buch werden wir Ihnen Vorschläge unterbreiten, wie Sie die »Zehn Geheimnisse des Tao« konkret umsetzen können, um

- Mehr Energie für Ihr Leben zu bekommen
- Ihre Gesundheit zu schützen und Ihre Lebenszeit zu verlängern
- Die für Sie optimale Ernährung zu finden
- Sich gründlich und tief zu entspannen
- Zum Wesentlichen zurückzufinden

Die Energie spendende Kraft der Sonne und die wohltuende Stille des Sees zeigen uns den Weg zum Glück.

- Ganzheitlich erfolgreich zu sein
- Die Vorteile der taoistischen Liebeskunst zu nutzen

Sie können die »Zehn Geheimnisse des Tao« als Schlüssel benützen. Sie selbst müssen allerdings entscheiden, wie und in welchem Maße Sie die beschriebenen Wege in Ihr Leben einbauen können oder wollen.

Die Einstellung bestimmt das Lebensgefühl. Man sollte nicht zulassen, dass das Leben ein Kampf wird.

Ist es für Sie an der Zeit, sich aus alten Gedanken- und Verhaltensmustern zu lösen? Wollen Sie etwas vollkommen Neues ausprobieren? Möchten Sie wissen, wie es sich anfühlt, auf den Wolken zu reiten, wie es sich mit Leichtigkeit und Heiterkeit lebt oder wie es ist, über jede Menge Energie zu verfügen?

Entdecken Sie die Geheimnisse des Tao. Zögern Sie nicht zu lange – benützen Sie den Schlüssel. Es ist leichter, als Sie glauben. Sie müssen sich dabei nicht einmal anstrengen – ganz im Gegenteil: Sie dürfen sich gar nicht anstrengen ... Und damit sind wir schon beim ersten der »Zehn Geheimnisse des Tao« angelangt.

Nicht kämpfen, sich nicht anstrengen

Im Schweiße seines Angesichts arbeiten, die Zähne zusammenbeißen oder seine Macht ausüben, um zu beweisen, dass man die Zügel fest in der Hand hat – all das entlockt jenen, die dem Tao folgen, nur ein Lächeln.

Wenn Ihre Lebensphilosophie lautet: »Das Leben ist ein Kampf!«, haben Sie schon die erste Möglichkeit, etwas zu verändern. Ihre Einstellung bestimmt Ihr Lebensgefühl. Wenn Sie glauben, dass Sie gegen andere kämpfen und sich mit Ellbogen durchsetzen müssen, oder wenn Sie denken, dass nur eiserne Disziplin zum Erfolg führt, sollten Sie sich im Klaren sein, dass dies nur *eine* Möglichkeit ist, die Welt zu sehen.

Es gibt auch ganz andere Möglichkeiten. So sagen die Taoisten, dass wir das Wesentliche nie erfassen werden, solange wir noch in Kämpfen und Kleinkriegen stecken.

»Das Leben ist ein Fluss, dem wir uns voll und ganz anvertrauen können« – dies drückt ein ganz anderes Bild von der Welt aus, und es versteht sich von selbst, dass dabei wesentlich angenehmere Gefühle entstehen.

Lao Tse schreibt im »Tao Te King«: *»Der Gewalttätige stirbt keinen guten Tod.«* An anderer Stelle heißt es: *»Die Welt ist von Geist durchwebt, sie bedarf nicht der Lenkung. Wer in ihren Lauf eingreift, zerstört sie. Wer sie erobern will, verliert sie.«*

Loslassen und das Ego zurücknehmen

Ein zentraler Begriff des Taoismus ist *Wu wei* – er bedeutet so viel wie Nicht-Handeln, Nicht-Streben oder Nicht-Eingreifen. Dabei geht es nicht darum, den ganzen Tag stocksteif auf dem Sofa zu sitzen; natürlich müssen wir handeln, solange wir leben. Aber wir können erkennen, dass die Dinge sich meist ganz von allein regeln, wenn wir sie sich selbst überlassen.

Loslassen und Ruhebewahren gehen glücklicherweise ohne Schweiß, Tränen und vor allem ohne Stress und Herzinfarkt vonstatten.

Das Tao können nur diejenigen erfassen, die sich von der Vorstellung befreien, immer die Kontrolle behalten zu müssen. Auch gibt es keinen Grund, für alles, was in unserem Umfeld passiert, die Verantwortung tragen zu wollen.

Die Welt sorgt ganz gut für sich selbst. Sie war schon, bevor wir kamen, und sie wird noch sein, wenn wir schon gegangen sind. Es gibt für uns Menschen folglich überhaupt keinen Grund, uns einzumischen, zu kämpfen und sich unnötig aufzureiben. Die einzige Anstrengung, die sich lohnt, ist loszulassen und sein Ego zurückzunehmen.

Im »Huainanzi« lesen wir: *»Ist der Geist jederzeit frei von Begierden, so ist der Zustand der Ruhe erreicht. Ist der Körper frei von hektischem Tun, so ist der Zustand des inneren Friedens erreicht.«*

Sich von unnötigen Begierden befreien, sich nicht zu Hektik verführen lassen, dies ist die rechte Art der Bemühung. Nicht kämpfen, sich nicht anstrengen, das meint auch Lao Tse:

»Daher auch der Weise:
Er wirkt, ohne zu handeln,
er lehrt, ohne zu belehren.
Ohne Widerstand werden die zehntausend Dinge,
ohne Widerstand lässt er sie werden.«

Das viele Tun, die vielen Kämpfe, die vielen Anstrengungen – sie verwirren den Geist und kosten wertvolle Lebensenergie. Besser ist es, ohne Widerstand zu leben – zu wirken, ohne zu handeln. Die

Taoisten warnen seit jeher vor allzu viel Geschäftigkeit. Es ist sinnvoll, seine Aufgaben zu erledigen, aber es ist nicht nötig, sich in wilden Aktionismus zu stürzen. Im »Huainanzi« heißt es dazu: *»Erst wenn du dich nicht mehr in Geschäftigkeit hineinziehen lässt, hast du höchstmögliche Klarheit erreicht.«*

Sanft mit sich und anderen umgehen

Wer andere durch sein Handeln schädigt, schadet damit in erster Linie sich selbst. Im Taoismus spielen Sanftheit und Güte eine große Rolle.

Wie die Taoisten den Kampf ablehnen, ist ihnen auch die Gewalt zuwider. (Im Grunde ist es nicht ganz richtig zu sagen, den Menschen des Tao sei etwas zuwider. Sie erkennen durchaus, dass Gewalt auf unserer Erde eine Realität ist. Da sie aber nicht vom dualistischen Denken eingenommen sind, verzichten Sie auf den Kampf von Gut gegen Böse.) Die dem Tao folgen, enthalten sich jeglicher gewalttätiger Neigungen. Schließlich ist es nicht das Harte, Feste und Starre, sondern das Weiche, Biegsame und Sanfte, das dem Tao entspricht.

Lao Tse schreibt: *»Höchste Güte gleicht dem Wasser: Es nützt allen Wesen und kämpft mit keinem. Es füllt die verachteten Niederungen und gleicht so dem Tao.«*

Im Taoismus spielt die Qualität des Weiblichen eine wichtige Rolle. Sanftheit und Güte sind in der Tat weibliche Aspekte. Sanft mit anderen umzugehen heißt nicht nur, sie nicht körperlich, es heißt auch, sie nicht seelisch zu verletzen. Das beinhaltet den Verzicht zu manipulieren, anderen die eigene Meinung aufzudrängen oder sie zu verurteilen.

Meister Chang Sangfeng sagte: *»Bringe die Menschen nicht durch Arglist in Gefahr, verletze sie nicht mit Waffen, vergifte sie nicht mit Giften. Unterdrücke die anderen nicht mittels deiner Macht. Wer andere durch sein Handeln schädigt, wird letztlich selbst geschädigt; ob nun innerlich oder äußerlich – die Strafe ist gewiss. Den Folgen unserer Taten können wir unmöglich entkommen.«*

Wir sehen, dass einige Erkenntnisse des Taoismus sehr der buddhistischen Anschauung ähneln. Auch im Buddhismus kommt dem Nicht-Schädigen eine wichtige Bedeutung zu. Die Buddhisten sagen ebenfalls, dass jede Ursache eine Wirkung hervorruft: Gute Handlungen haben angenehme, schlechte Handlungen unangenehme Folgen.

Dies hatte Chang Sangfeng sicher auch im Sinn, als er schrieb:

»Willst du deinen eigenen guten Ruf mehren, so mehre den guten Ruf anderer.
Willst du deine eigenen Verdienste vergrößern, so vergrößere die der anderen.
Willst du deine eigene Arbeit fördern, so fördere die Arbeit anderer.
Willst du selbst Vorteile haben, so vergrößere die der anderen.
Auf diese Weise wird Mitgefühl kultiviert.«

Das Prinzip der Gewaltlosigkeit ist nicht nur für den Taoismus kennzeichnend, es ist uns auch durch das budhistische und christliche Gedankengut vertraut.

An anderer Stelle findet man Sätze, die auch aus der Bibel stammen könnten. Sie lauten:

»Hilf jenen, die in Schwierigkeiten sind.
Schenke Einsamen dein Mitgefühl.
Unterstütze jene, die krank sind oder seelisch leiden.
Gib jenen, die hungern, Speise und jenen, die frieren, Kleidung.«

Obwohl wir einige der taoistischen Aussagen auch in anderen Religionen finden, hat das taoistische Gedankengut insgesamt wenig Ähnlichkeit mit dem christlichen. Das Prinzip der Gewaltlosigkeit und Sanftheit ist auf dem spirituellen Weg so grundsätzlich, dass es zu allen Zeiten und in allen Kulturen auftaucht.

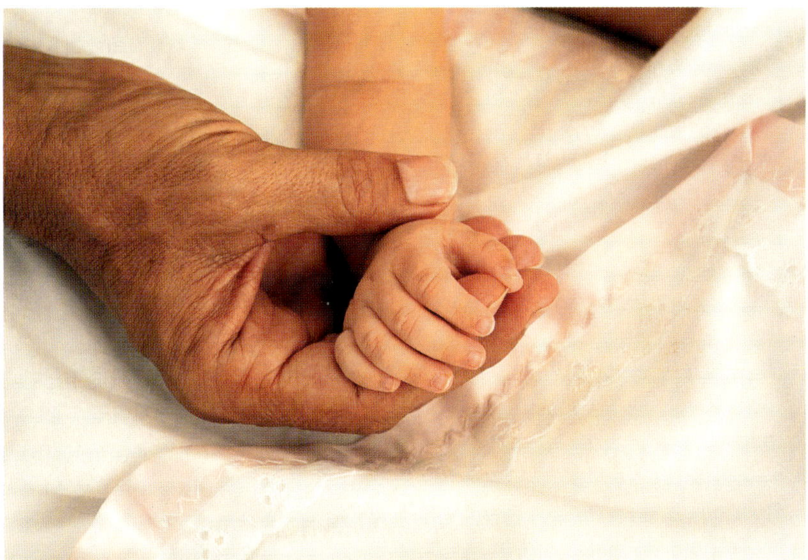

Sich der eigenen Kraft bewusst zu werden, einen Schwächeren zu beschützen, ihm zu helfen und ihn zu fördern ist ein wichtiger Reifeprozess.

Meinen Sie es gut mit sich

Das Prinzip des sanften Weges besagt, man sollte nicht nur mit anderen, sondern auch mit sich selbst sanft umgehen. Das heißt, wir sollten davon absehen, uns selbst zu kritisieren. Es heißt aber auch, dass wir in Einklang mit unserer Natur leben sollten. Zur Verdeutlichung: Versuchen Sie, die Menschen um sich zu versammeln, die Ihrer Natur entsprechen. Gehen Sie nach Möglichkeit einem Beruf nach, der zu Ihren Talenten passt, leben Sie wenn irgend möglich an einem Ort, der Ihren Bedürfnissen entspricht usw.

Dass wir Fehler machen, versteht sich von selbst, schließlich sind wir Menschen und keine Götter. Warum sich also deshalb verurteilen? Dem Tao folgen bedeutet, wach, bewusst, sanft und mit einem Lächeln auf den Lippen durchs Leben zu gehen. Wer auf diese Weise lebt, wird sehr schnell aufhören, »Fehler« zu machen, sprich, sich oder anderen Schaden zuzufügen.

Der Taoismus ist eine Werbung für mehr Nachsicht und Toleranz gegenüber anderen – und gegenüber sich selbst.

Wenn andere Menschen sich schlecht verhalten und Übles anrichten, dann haben sie ein Problem. Ist das ein Grund, dies zu unserem Problem zu machen? In Anbetracht von Missetaten und Verbrechen reagieren wir gewöhnlich mit Hass und Abneigung – doch wem nützt das? Negative Emotionen sind immer Hindernisse auf dem Weg zur absoluten Gelassenheit. Deshalb heißt es bei Lao Tse:

»Er [der Weise] ist gut zu den Guten,
er ist gut zu den Unguten –
so vermehrt er die Güte.«

Andere lassen, wie sie sind

Die Sanftheit und Güte der Menschen, die dem Tao folgen, beschränkt sich nicht darauf, gewaltlos zu leben. Sie beinhaltet auch, die anderen sein zu lassen, wie sie sind. Taoisten predigen nicht, sie ziehen nicht als Missionare in die Welt. Sie achten die Einstellungen und das Weltbild eines jeden Menschen und halten sich nicht für besser als die anderen.

In der Geschichte »Vom Ozean- und vom Flussgeist« schreibt Dschuang Tse: *»Darum sorgt der Vollendete dafür, anderen nicht zu schaden, ohne sich selbst deshalb als gnädig oder wohlwollend zu betrachten. Obwohl er nicht nach Gewinn trachtet, verachtet er* *jene nicht, die es tun. Obwohl er keinen Besitz anhäuft, hält er sich nicht für genügsam. Er erwartet keinerlei Hilfe und hält sich deswegen doch nicht für unabhängig; auch verachtet er nicht jene, die Hilfe in Anspruch nehmen. Obwohl er sich selbst nicht der üblichen Lebensweise anpasst, hält er sich nicht für ungewöhnlich; auch verachtet er jene, die sich den gängigen Vorstellungen anpassen, nicht als Heuchler …«*

Nicht-Schädigen schließt Nicht-Verurteilen mit ein. Die Kunst des sanften Weges verbietet, andere Menschen wegen ihrer Schwächen abzulehnen oder anzugreifen; sie verbietet aber auch, sich selbst abzulehnen oder die eigene Lebensenergie durch Perfektionismus, allzu hohe Erwartungen und übertriebenes Leistungsdenken zu schwächen.

Die Kunst des sanften Weges besagt auch: Wenn wir nicht in den Lauf der Natur eingreifen, entwickelt sich eine ganz besondere Kraft.

Im Grunde läuft auch das Geheimnis der Sanftheit und Güte darauf hinaus, sich zu entspannen und nicht in den Lauf der Natur einzugreifen. Eine entspannte, sanfte Haltung führt dazu, dass sich eine ganz besondere, geheime Kraft entwickeln kann. Bei Lao Tse, im »Tao Te King« lesen wir dazu:

»Der Weise lässt die Dinge wachsen und werden,
lässt sie wachsen und besitzt sie nicht,
handelt, ohne zu erwarten,
lenkt, ohne zu herrschen.
Das heißt Verborgene Kraft.«

Die Lebensenergie bewahren

Wir leben in einer Zeit, in der viel von Energiesparen die Rede ist. Langsam erkennen wir, dass die Ressourcen der Erde nicht unbegrenzt halten. Seltsamerweise haben nur wenige westliche Denker erkannt, dass dies in gleicher Weise auch für den Menschen gilt. Auch unsere Lebensenergie ist nicht unbegrenzt: Gehen wir sparsam mit ihr um, pflegen und kultivieren wir sie, verlängert sich unser Leben. Die Taoisten sahen die Lebensenergie als äußerst wertvoll an – sie ist der Stoff, aus dem das Leben ist. Ohne die belebende Energie ist der Körper nichts weiter als tote Materie. Erst unsere Lebensenergie macht uns zu lebendigen Wesen, die wachsen, sich entwickeln und sich bewegen können.

Meister Lü Yang sagte: *»Auf der Erde zeigt sich die ursprüngliche Energie in Form der Elemente, der Jahreszeiten, der Flüsse, Ozeane, Quellen und Wolken ... im Menschen zeigt sie sich als belebter Körper aus Fleisch und Blut und in Form von Bewegung.«*

Der Weg des Tao legt großen Wert auf die Kultivierung der ursprünglichen Lebenskraft. Diese Energie wird im Taoismus Qi (auch Ch'i geschrieben) genannt. Seit jeher verbindet das fernöstliche Denken Gesundheit mit dem freien Fließen von Qi. Ist die Lebensenergie hingegen blockiert oder wird sie verschwendet, führt dies zu Erkrankungen von Körper und Seele.

Im Fernen Osten wurden viele Methoden dazu entwickelt, die Lebensenergie zu lenken. Ob im T'ai Chi, im Qi Gong, in der Akupunktur oder im Yoga – immer geht es darum, Qi (in Japan als Ki, im Yoga als Prana bezeichnet) zum Strömen zu bringen.

Um unsere Lebensenergien zu bewahren, sind im Grunde keine speziellen Techniken nötig. T'ai Chi oder Qi Gong können uns aber dabei behilflich sein.

Obwohl die Lebensenergie weder sichtbar noch messbar ist, können wir sie an ihren Auswirkungen erkennen und erfahren. Menschen, die sehr viel »Power« haben, die topfit sind und Bäume ausreißen könnten, verfügen über viel Qi. Müdigkeit, Trägheit, depressive Verstimmungen und körperliche Erkrankung deuten auf einen Mangel an dieser universellen Ur-Energie hin.

Jede Maßnahme, die dazu führt, dass Lebensenergie gesammelt statt verschwendet wird, wird das Wohlbefinden erhöhen. Meister Yün Chi schreibt: *»Wenn Du es versäumst, Deine Energie zu bewahren und sie stattdessen frei umherströmen lässt, so gleicht dies einer gesprungenen Tasse, aus der das Wasser schneller ausströmt, als man es nachgießen kann.«*

Stille und Reinheit bewahren

Was wir tun können, um unsere Lebensenergie zu stärken und Qi zu sammeln, ist T'ai Chi oder Qi Gong zu üben. Oder wir können die Erkenntnisse der Taoisten befolgen.

Die Lebensenergie auf taoistische Weise zu pflegen ist sehr einfach. Dschuang Tse schreibt: *»Bewahrst du Stille, bewahrst du Reinheit, ermüdest du deinen Körper nicht, zerstreust du deine Lebenskraft nicht, so wirst du dauern. Wenn die Augen nicht mehr schauen, die Ohren nicht mehr hören und das Bewusstsein zur Ruhe gekommen ist, wird die Seele den Körper von selbst erhalten, und das körperliche Leben wird lange währen.«*

Das Wasser bahnt sich seinen Weg, auch wenn sich ihm Hindernisse in den Weg stellen. Alles ist im Fluss.

Ruhe ist besser als blinder Aktionismus

Ruhe bewahren, sich nicht verausgaben, keine besonderen Anstrengungen unternehmen, nicht jemand sein wollen, der man nicht ist – all das sind Methoden, die zu ungeahnter Energie führen.

Jeder Mensch bekommt bei seiner Geburt ein gewisses Maß an Vitalität mit auf den Lebensweg. Es gibt Menschen, die von Natur aus sehr vital sind. Alle anderen müssen besonders vorsichtig mit ihrer Lebensenergie umgehen. Indem wir unsere Energie sammeln, können wir unsere Vitalität stärken. Doch selbst Menschen, die über eine große Vitalität verfügen, werden diese schnell verlieren, wenn sie allzu sorglos mit ihren Ressourcen umgehen.

Lü Yang sagt: *»Die Vitalität wird von der Energie beeinflusst. Strömt die Energie nach außen aus, geht auch die Vitalität verloren. Um die Vitalität zu festigen, solltest Du die Energie bewahren. Wie aber kann die Energie bewahrt werden? Indem Du Dich von Begehren befreist, Offenheit, Heiterkeit und Gelassenheit entwickelst und Dich jeglicher Launen enthältst.«*

Alle taoistischen Prinzipien laufen darauf hinaus, Lebensenergie zu sammeln. Und so bieten alle »Zehn Geheimnisse des Tao« auch Möglichkeiten, Qi zu kultivieren: »Nicht kämpfen«, »sanft mit sich und anderen umgehen«, »im Fluss bleiben«, »Heiterkeit und Gelassenheit entwickeln«, »Yin und Yang ins Gleichgewicht bringen«, »Überflüssiges vermeiden« etc.

Die »Zehn Geheimnisse des Tao« helfen uns ganz unkompliziert, unsere Lebensenergie zu bewahren und zu steigern.

Im »Huainanzi« lesen wir: *»Wenn die Wahrnehmung klar ist und die Erkenntnisse nicht durch verführerisches Sehnen getrübt sind, wenn die Energie durch Offenheit und Ruhe harmonisch strömen kann, wenn Gelassenheit und Heiterkeit herrschen und Freiheit von den gewohnheitsmäßigen Begierden besteht, dann sind die inneren Organe geschützt – keinerlei Energie geht so verloren.«*

Menschen, die dem Tao folgen, achten darauf, den Körper und die Gedanken ruhig zu halten. Wenn der Körper verspannt ist, wenn Unruhe in den Gedanken herrscht oder wenn wir uns zerstreuen, geht dies auf Kosten der Lebensenergie. Die Folge ist, dass wir uns unwohl fühlen. Sobald Sie anfangen, sich unwohl in Ihrer Haut zu fühlen, sollten Sie überlegen, ob die Art, wie Sie mit Ihrer wertvollen Lebensenergie umgehen, damit zusammenhängen könnte …

Jeder Mensch kann den Fluss seiner Lebensenergie fördern, indem er seinen körperlichen Bedürfnissen folgt: schlafen, wenn man müde ist, essen, wenn man hungrig ist usw.

Ängste, Sorgen und Leistungsdruck sind einige von vielen Energieräubern. Auch Exzesse gehören dazu. Chang Ling sagt: *»Ich esse, wenn ich Hunger habe, ich schlafe, wenn ich müde bin.«*

So einfach die taoistischen Empfehlungen oft scheinen, wir sollten ihre Wirkungen nicht unterschätzen. Zu viel Essen, zu viel oder zu wenig Schlaf – das allein kann schon genügen, um den Fluss der Lebensenergie erheblich zu beeinträchtigen. Sind aber erst einmal energetische Störungen entstanden, lassen körperliche und seelische Beschwerden nicht lange auf sich warten.

Besser ist es daher, in jeder Situation achtsam zu sein und gesammelt zu bleiben. Dies meinte auch Lao Tse, als er betonte, wie wichtig es ist, das Innere zu bewahren.

Überflüssiges vermeiden

Eine der wichtigsten Fähigkeiten der Taoisten besteht darin, sich ganz auf das Wesentliche zu konzentrieren. Dadurch entsteht ein Gefühl von Leichtigkeit und Unabhängigkeit. Ballast be-lastet nur. Allerdings ist es in einer von Konsum besessenen Welt schwierig, den Blick auf die wirklich bedeutsamen Dinge zu richten. Doch inzwischen haben sehr viele Menschen erkannt, dass sie die vielen Dinge im Grunde nicht glücklich machen.

Luxus ist nur ungefährlich, solange wir unser Herz nicht daran hängen. Theoretisch kann auch ein Mensch, der dem Tao folgt, ein Luxusauto fahren und in einer Villa leben – in der Praxis kommt dies allerdings selten vor. Zu groß ist die Gefahr, dass uns die »zehntausend Dinge« – so nennen die Taoisten die vielen Reize der Welt – gefangen nehmen. Auch müssen all die Güter, die wir besitzen, gepflegt und gegen fremden Zugriff geschützt werden – das bedeutet Arbeit, Mühen und viele Sorgen. Lao Tse schreibt:

»Der mit Gold und Jade übervolle Saal
ist nur kurze Zeit zu schützen.
Der mit Stolz gepaarte Reichtum und Glanz
ist nur kurze Zeit frei von Unglück.«

Wer viel hat, kann viel verlieren. Ballast abwerfen und sich von Unnötigem lösen kann sehr befreiend wirken.

Eine einfache Möglichkeit, den Weg des Tao in die Praxis umzusetzen, besteht darin, jegliche Extreme zu vermeiden. Sie müssen kein Bettelmönch werden, um den Taoismus zu leben. Schließlich geht es nicht darum, anderen etwas zu beweisen. Andererseits ist Überfluss von Übel. Die rechte Mitte zu wahren – das ist die Kunst, die die Taoisten perfekt beherrschen. Doch dazu ist es manchmal nötig, Ballast abzuwerfen.
So kann es beispielsweise sehr befreiend sein, den Kleiderschrank durchzusehen und herauszufinden, ob wir all die Kleider wirklich noch anziehen. Viele Menschen würden sich über Altkleider freuen; es gibt also keinen triftigen Grund zu behalten, was wir nicht mehr brauchen.
»Besser zur rechten Zeit loslassen, als das Maß übervoll zu machen«, schrieb Lao Tse.
Der Weg des Tao führt nicht in den Überfluss, sondern in die Klarheit der Leere. Der östliche Begriff der »Leere« wird bei uns oft falsch verstanden. Leere meint nicht Öde oder Einsamkeit – nichts, vor dem man Angst haben müsste. Leere ist einfach ein Zustand, in dem wir frei von unseren üblichen Denkmechanismen sind und unser wahres Wesen erkennen können.
So sollten wir auch Dschuang Tse verstehen: *»Sammle dich in der Leere; die Leere ist nichts anderes als die Enthaltsamkeit des Geistes … Wer sich enthält, gewinnt es, wer den zehntausend Dingen anhaftet, verliert es.«*
Wo viel ist, kann viel verloren werden; wo wenig ist, kann viel gewonnen werden – so einfach und logisch sind taoistische Einsichten – und doch: Wie schwer fällt es uns oft, die einfachsten Ratschläge in die Tat umzusetzen.

Zunächst sollten wir unseren Geist von allen unnötigen Wünschen nach materiellen Gütern befreien. Ferner können wir versuchen, nicht immer nach dem, was sein sollte, zu suchen, sondern das, was ist, anzunehmen.

Bedachtsam handeln, das rechte Gleichgewicht zwischen Aktivität und Entspannung finden, nicht zu viel und nicht zu wenig schlafen, essen oder arbeiten, ein einfacheres Leben führen – das sind Schritte in die richtige Richtung. Einfach zu leben ist nicht gleichbedeutend mit ärmlich und kärglich leben. Es heißt vielmehr, unkompliziert und frei von Verwirrung und Chaos zu leben.

Sich selbst treu bleiben und sich auf das beschränken, was wirklich notwendig ist, sind wesentliche Schritte auf dem Weg des Tao.

Einfachheit besteht auch darin, innerlich einfach zu sein. Im »Zhuangzi« steht: *»Hört man dir zu, so sprich; hört man nicht zu, so schweige. Lass ab von Prinzipienreiterei, von starren Meinungen. Bleibst du dir selbst treu und beschränkst du dich auf das, was wirklich notwendig ist, so näherst du dich dem Tao.«*

Wer zu viel isst, wird irgendwann zu viel Gewicht mit sich herumschleppen. Wer zu viele Dinge ansammelt, wird irgendwann Platzprobleme in seiner Wohnung bekommen. Wer zu viele Gedanken im Kopf haben muss, wird irgendwann den Überblick verlieren. *»Daher verwirft der Weise das Übergroße, das Überflüssige, das Übermäßige«*, heißt es im »Tao Te King«.

Einfachheit und Klarheit schaffen Ordnung und befreien einen von Überflüssigem.

Yin und Yang ins Gleichgewicht bringen

Nicht nur Qi, die universale Lebensenergie, spielt im chinesischen Denken eine wichtige Rolle – auch die Philosophie von Yin und Yang. Wer dem Weg des Tao folgen will, tut gut daran, sich mit diesen polaren Ur-Energien zu beschäftigen. Für den westlichen Menschen ist es anfangs ungewohnt, alle Erscheinungen im Wechselspiel zwischen zwei polaren Kräften zu sehen. Dennoch kann das Wissen um das Wirken von Yin und Yang auch für uns hilfreich sein – und das sogar mitten im Alltag.

»Schwer und Leicht ergänzen einander, Lang und Kurz gestalten einander«, schreibt Lao Tse über die Pole Yin und Yang.

Wenn Sie sich noch nie mit fernöstlichen Gedanken beschäftigt haben, werden Sie sich jetzt sicher fragen, was das alles zu bedeuten hat. Doch im Grunde ist das Gesetz von Yin und Yang sehr einfach und nahe liegend:

Im chinesischen Denken spielt die Philosophie von Yin und Yang eine große Rolle: Alle Erscheinungen wirken im Wechselspiel zwischen diesen beiden polaren Kräften.

Durch die Beobachtung der Naturphänomene wie Tag und Nacht, Ebbe und Flut usw. entwickelte sich im Fernen Osten eine Kosmologie, die das Zusammenspiel zwischen den polaren Kräften Yin und Yang als grundlegendes universelles Prinzip ansieht. Aus der ursprünglichen Einheit, dem Tao, gehen die Gegensätze, Yin und Yang, hervor. Aus Yin und Yang entspringen wiederum die »zehntausend Dinge« – d. h. die bunte Vielfalt aller Wesen und Erscheinungen.

Es gibt viele Gegensatzpaare, die uns das Wirken von Yin und Yang in der Natur deutlich vor Augen führen – Tag und Nacht, Ebbe und Flut, Sommer und Winter, männlich und weiblich usw. Die Taoisten nützten die Geheimnisse von Yin und Yang, um ein ausgewogenes Gleichgewicht in ihrem Leben herzustellen. Lao Tse schreibt:

»Um das Männliche wissen,
das Weibliche bewahren:
So wirst du zum Strom der Welt …
Um das Lichte wissen,
das Dunkle bewahren:
So wirst du zum Maß der Welt.«

Yin und Yang werden als Symbole für verschiedene Aspekte der Natur benützt. Die folgende Übersicht zeigt, welche Qualitäten Yin und Yang üblicherweise zugeordnet werden:

Yin	Yang
weibliche Energie	**männliche Energie**
Ruhe	Bewegung
Mond	Sonne
Erde	Himmel
Dunkelheit	Licht
Nacht	Tag
Winter	Sommer
kalt	warm
feucht	trocken
zusammenziehend	ausdehnend

Yin wird mit der weiblichen, passiven Energie assoziiert. Yang stellt die männliche, aktive Energie dar.

Wie wir sehen, stellt Yang die aktive, männliche Energie dar, während Yin mit der passiven, weiblichen Energie assoziiert wird. Doch was meinen die Taoisten damit, dass man sich darum kümmern sollte, »Yin und Yang ins Gleichgewicht zu bringen«? Im Grunde nichts anderes, als dass wir versuchen sollten, in Harmonie zu leben.

Wahrscheinlich kennen auch Sie längst das Symbol für Yin und Yang, denn es ist inzwischen auch bei uns weit verbreitet. Dieses Symbol zeigt das harmonische Gleichgewicht zwischen Yin und Yang.

Die Grundprinzipien lassen sich leicht erkennen: Der eine Pol bedingt den anderen – durch das schwarze Yin entsteht das weiße Yang und umgekehrt. Es ist nicht möglich, Yin ohne Yang darzustellen. Zeichnet man nur das Yin, den schwarzen Teil des Symbols, so erscheint Yang, der weiße Teil, von selbst.

Beide Pole sind Hintergrund und Form zugleich. Gemeinsam fügen sie sich ineinander fließend zu einem großen Kreis – der Ganzheit des Tao, der Quelle allen Seins.

Achten Sie auf Ihre natürlichen Instinkte

Man sollte meinen, es sei keine Kunst, in Harmonie zu leben. Unsere natürlichen Instinkte helfen schließlich dabei, Yin und Yang ins Gleichgewicht zu bringen. Wenn es draußen schneit und die Temperaturen unter null Grad sinken, ziehen wir uns automatisch warm an. Nach einem harten Arbeitstag werden wir am Abend wahrscheinlich müde sein und uns auf unseren wohlverdienten Schlaf freuen.

Und doch scheint es heute gar nicht so leicht zu sein, auf harmonische Weise zu leben. Wir können Urlauber beobachten, die im Süden an den heißesten Tagen des Jahres stundenlang in der Sonne braten. An windigen, kalten Herbsttagen sitzen in den Großstädten viele Menschen in Straßencafés und essen Eis – und wundern sich dann, wenn sie mit einer Erkältung (Yin) im Bett liegen und mit einer Wärmflasche (Yang) versuchen müssen, wieder ins Gleichgewicht zu kommen.

Gerade in hoch zivilisierten Gegenden sind Verstöße gegen die natürliche Harmonie weit verbreitet. Man muss kein Taoist sein, um zu wissen, dass die Nacht eine gute Zeit zum Schlafen, der Tag hingegen eine gute Zeit zum Handeln ist. Sehr viele Menschen aber arbeiten die halbe Nacht vor dem Computer und sind am nächsten Tag vollkommen erschöpft.

Alles wird uns ganz einfach erscheinen, wenn wir unseren natürlichen Impulsen folgen.

Zu einem gesunden Gleichgewicht finden

Es ist kein Geheimnis, dass ein gesunder Ausgleich zwischen Aktivität (Yang) und Entspannung (Yin) der Natur des Menschen entgegenkommt. Dennoch leben viele im ständigen Stress und arbeiten fast rund um die Uhr (übermäßiges Yang); andere kommen den ganzen Tag nicht aus dem Bett oder vom Sofa hoch (extremes Yin). Es ist gar nicht so leicht, zu einem gesunden Gleichgewicht zu finden. Die Taoisten sagen, wir fühlen uns nur dann wirklich wohl und verfügen über eine gute Gesundheit, wenn unsere Lebensenergie ungehindert fließen kann. Dies wird nur dann der Fall sein, wenn wir Yin und Yang in die richtige Balance bringen. Konkret heißt das, dass wir übertriebene Yinzustände möglichst ebenso meiden sollten wie extreme Yangzustände: Zu viel Aktivität, Hektik und Unruhe bringen uns ebenso aus dem Gleichgewicht wie ein Übermaß an Trägheit und Untätigkeit.

»Wenn die Zeit für Ruhe gekommen ist, so ruhe; wenn die Zeit gekommen ist zu handeln, so handle«, sagt Yün Chi.

Wenn Sie zu frieren beginnen, dann wärmen Sie sich auf. Wenn Sie müde sind, legen Sie sich hin. Und wenn Sie arbeiten möchten, bringen Sie sich in die richtige Stimmung.

Das optimale Gleichgewicht zwischen Yin und Yang lässt sich gut mit dem Stimmen einer Geigensaite vergleichen. Wenn man die Saite zu straff spannt (zu viel Yang), so wird sie reißen; ist die Saite zu lose (zu viel Yin), wird sie keinen befriedigenden Klang erzeugen.

Ganz gleich, was Sie vorhaben – ob Sie einen Berg besteigen, Akten ordnen, ein Bild malen oder ein Buch lesen wollen –, sorgen Sie vorher für die richtige Stimmung: Bringen Sie Körper und Seele in einen Zustand, der dem, was Sie tun möchten, angemessen ist. Träumen Sie nicht, wenn Sie arbeiten möchten. Grübeln Sie nicht, wenn Sie sich entspannen wollen. All das sind einfache Möglichkeiten, Yin und Yang ins Gleichgewicht zu bringen und das Tao im Alltag umzusetzen.

Was auch immer Sie vorhaben: Bringen Sie Körper und Seele in die richtige Stimmung, und bleiben Sie bei der Sache.

Heiterkeit und Gelassenheit entwickeln

Woran erkennt man die Meister des Tao? Das ist gar nicht so einfach. Sie können uns über den Weg laufen, ohne dass wir sie überhaupt bemerken. Da sie sich nicht besonders kleiden, sich nicht besonders verhalten, nicht mit ihrer Weisheit hausieren gehen und eher zurückgezogen leben, ist es nicht leicht, einen Taoisten zu erkennen. Und doch gibt es ein untrügliches Zeichen: Die Menschen, die den Weg des Tao beschreiten, scheinen immer heiter und gelassen zu sein – ganz gleich, was passiert.

Lao Tse schreibt: *» … wie wunderbar auch die Dinge ringsumher: Er [der Weise] bleibt ruhig und gelassen.«* Die Art und Weise, wie die Menschen des Tao auch in schwierigen Situationen die Nerven behalten und selbst in Anbetracht von Schicksalsschlägen ihren Humor nicht verlieren, ist beachtlich.

Natürlich fallen Heiterkeit und Gelassenheit einem nicht einfach in den Schoß; sie müssen gepflegt werden. Der erste Schritt ist die bewusste Entscheidung zu Heiterkeit und Gelassenheit. Nehmen Sie sich vor, heiter und ruhig zu bleiben und sich nicht wie ein Boot auf unruhiger See hin- und herschleudern zu lassen.

Gehen Sie so oft wie möglich in die Natur. Dort schöpfen Sie neue Kraft und finden zu innerer Gelassenheit.

In Dschuang Tses folgenden Sätzen spürt man seinen festen Entschluss, sich nicht aus der Ruhe bringen zu lassen: *»Leben und Tod, Wachsen und Vergehen, Erfolg und Misserfolg, Armut und Reichtum, Tugend und Laster, Ehre und Schande, Hunger, Durst, Hitze und Kälte – sie alle gehören zum Leben jedes Menschen, wechseln sich immerzu ab und obliegen dem Zufall. Deshalb darf man ihnen nicht gestatten, die Harmonie des Wesentlichen zu stören. Ruht der Geist in heiterer Gelassenheit, wird er davon nicht berührt.«*

Innerlich ruhig und gelassen zu bleiben fühlt sich nicht nur gut an, Ruhe, Gelassenheit und Humor sind die besten Mittel gegen Krankheiten, Nöte und Sorgen aller Art.

Meister Lü Yang nannte Heiterkeit und Gelassenheit die zwei bedeutendsten Voraussetzungen, um die Lebensenergie zu bewahren. Und wer seine Lebensenergie bewahrt, gewinnt an Vitalität, schützt seine Gesundheit und seine Nerven und verlängert seine Lebensspanne.

Durch Heiterkeit und Gelassenheit gewinnen wir an Vitalität, schützen unsere Gesundheit und Nerven und – verlängern unser Leben.

Lernen, seelischen Stress zu vermeiden

Heiterkeit und Gelassenheit sind bessere Heilmittel als Jogging und Diät. Nach taoistischer Auffassung herrscht der Geist über den Körper: Ist der Geist klar und die Seele heiter, so wirkt sich dies äußerst harmonisierend auf den Körper aus.

Warum werden manche sportliche Menschen, die sich optimal ernähren und Vitaminpräparate schlucken, trotzdem oft schwer krank? Und warum leben manche, die täglich ihre Zigarre rauchen und ihr Schnäpschen trinken, ohne eine Erkältung zu bekommen?

Selbstverständlich ist es wichtig, den Körper zu pflegen und ihn umsichtig zu behandeln. Doch viel wichtiger ist es, den Geist zu pflegen und die innere Einstellung zu kultivieren, um seelischen Stress zu vermeiden.

Meister Chen schreibt dazu: *»Indem Du heitere Gemütsruhe pflegst, kannst Du Dich von übermäßigen Emotionen befreien. Befreist Du Dich von übermäßigen Emotionen, wird Dein Geist nicht mehr verwirrt. Bleibt Dein Geist unverwirrt, erkennst Du Dein ursprüngliches Wesen, und Frieden tritt ein ... Da heitere Gemütsruhe Harmonie erzeugt, ist sie das beste Mittel gegen Krankheiten von Leib und Seele.«*

Egal, was passiert, bleiben Sie gelassen. Lächeln Sie öfter einmal – und versuchen Sie, sich nicht allzu ernst zu nehmen.

Um Heiterkeit und Gelassenheit zu entwickeln, reicht die Willenskraft allein nicht aus. Sie müssen immer wieder daran denken: Wenn Ihr Chef Sie geärgert hat, wenn Sie einen unangenehmen Menschen am Telefon haben – bleiben Sie gelassen. Wenn Sie plötzlich merken, dass Sie mit einem griesgrämigen Gesicht durch die Gegend laufen – lächeln Sie, und versuchen Sie, sich selbst nicht zu ernst zu nehmen.

Im »Huainanzi« steht: *»Die eigentliche Natur des Menschen entwickelt sich, wenn tiefe Gelassenheit und Leichtigkeit herrschen; Tugend entwickelt sich, wenn Heiterkeit, Offenheit und Selbstlosigkeit herrschen. Lasse dein Inneres nicht vom Äußeren verwirren, so findest du zu deinem natürlichen Wesen zurück.«*

Der Natur folgen

Die Taoisten lebten in Einklang mit der Natur. Sie liebten lange Wanderungen durch die Berge und Wälder, und sie beobachteten die Geschehnisse in der Natur sehr genau. Dabei erkannten sie eine Art übergeordnetes Prinzip, eine kosmische Intelligenz, die der Schöpfung zugrunde liegt – das Tao. Das Tao wird u. a. als »der Weg des Himmels« oder »der Weg der Natur« übersetzt, was keine schlechte Übersetzung ist, da die Natur im Taoismus eine wichtige Rolle spielt.

Lü Yang sagte: *»Die Natur schenkt Leben und nimmt es. Sie bewirkt den Ablauf der Zeit, Kommen und Gehen, Blühen und Verwelken, Aufsteigen und Niedersinken. Im Menschen offenbart sie sich als Energie, als Aktivität und Bewusstsein.«*

Jeder von uns ist ein Teil der Natur. Die Energien der Natur haben uns hervorgebracht. Die Natur wirkt ununterbrochen in unserem Organismus, sie lässt unser Herz schlagen, unser Blut zirkulieren, uns von Geburt an ein- und ausatmen.

Viele Menschen haben sich heute weit von ihrem natürlichen Ursprung entfernt. Die Zivilisation, die Technik, der Komfort sind Faktoren, die es uns schwer machen, die Verbindung zur Natur noch hautnah zu spüren. Wer täglich viel zu viele Stunden im Büro arbeitet, anschließend mit dem Auto nach Hause fährt, sein Essen aus der Mikrowelle holt und das Wochenende vor dem Fernseher verbringt, wird sich nach einigen Jahren kaum noch wie ein lebendiger Mensch fühlen.

Die Natur spielt im Taoismus eine wichtige Rolle. Ohne die Energien der Natur könnten wir keine Minute überleben.

Jeder ist ein lebendiger Teil der Natur

Wer dem Weg des Tao folgt, muss sich dessen bewusst werden, dass er ein lebendiger Teil der Natur ist. Im »Huainanzi« steht: *»Der Geist gehört dem Himmel an, der Körper gehört der Erde an.«*

Wir beziehen unsere geistigen Energien, unsere Eingebungen, unsere Intuition, neue Ideen, Kreativität usw. aus den Quellen des Himmels. Und so wie unser Geist seine Energie aus dem Himmel bezieht, bezieht unser Körper seine Nahrung aus der Erde. Ohne die Fruchtbarkeit der Erde hätte sich die Menschheit nicht entwickeln können.

Es ist nicht lange her, da lebten die Menschen noch eng mit der Natur zusammen. Auch heute weiß jeder Landwirt, dass es Zeiten zum Säen und Zeiten für die Ernte gibt. Alljährlich können wir die Rhythmen der Natur beobachten. Im Winter zieht sich die Energie zurück, im Frühling erwacht sie aufs Neue, die Pflanzen beginnen zu wachsen und Knospen zu treiben.

Das Zusammenwirken von Yin und Yang, von Erde und Himmel, von empfangender und schöpferischer Energie bringt die »zehntausend Dinge« hervor – die Ozeane, Flüsse, Berge, die unterschiedlichen Landschaften und die Vielzahl der Lebewesen, zu denen auch wir gehören.

Lao Tse schreibt: *»Der Mensch folgt der Erde, die Erde dem Himmel, der Himmel dem Tao. Das Tao sich selbst.«* Was heißt das? Das Tao ist der Ursprung – er kann für sich selbst sorgen. Durch die Energie des Himmels, durch Sonne und Regen, wird die Erde fruchtbar, und so folgt die Erde dem Himmel. Durch die Gaben der Erde, die Nahrung, kann der Mensch überleben, und so folgt der Mensch der Erde.

Zum Kraftschöpfen in die Natur

Längst ist es heute nicht mehr selbstverständlich, dass der Mensch den Rhythmen der Natur folgt. Wir müssen wieder lernen, uns als lebendigen Teil der Natur zu begreifen und zu fühlen.

Meister Chen sagt: *»Achtet den Lauf der Natur. Lasst euch von der Weisheit der Natur leiten.«* Viele der taoistischen Geheimnisse gründen auf dieser Haltung. Wir haben gesehen, wie wichtig es ist, die Lebensenergie zu bewahren, Yin und Yang ins Gleichgewicht zu bringen und Überflüssiges zu vermeiden – diese Prinzipien hängen eng mit den Gesetzen der Natur zusammen.

Die Gesetze der Natur sind nicht vergleichbar mit denen unserer Gesetzesbücher. Die Natur ist kein Richter. Sie wirkt auf ihre Weise. Sie können sich dafür öffnen oder sich verschließen. Natürlich wird es andere Folgen haben, wenn Sie mit der Natur leben, als wenn Sie gegen sie leben. Doch mit Belohnung oder Strafe hat das nichts zu tun.

Aus taoistischer Sicht lohnt es sich auf jeden Fall, den natürlichen Weg zu gehen. Wenn möglich sollten Sie regelmäßig in die Natur

Die Natur hat ihre eigenen Gesetze. Dort findet der Mensch zu sich selbst – unabhängig von Moralvorstellungen und gesellschaftlichen Zwängen.

hinausgehen. Wandern Sie durch die Berge, fahren Sie ans Meer, oder gehen Sie im Wald spazieren. In der Natur können Sie zur Ruhe kommen und Energien tanken. Außerdem können Sie sich die verborgenen Kräfte der Natur aneignen.

Bei Yün Chi lesen wir: *»Erkenne das Geheimnis des Himmels, erkenne das Geheimnis der Erde. Hast Du das Geheimnis des Himmels geschaut, kannst Du dem Weg des Himmels folgen, Dir seine Weite und Spontaneität aneignen, Dich von Zwängen befreien und absichtslos handeln. Hast Du das Geheimnis der Erde verstanden, kannst Du ihre Kraft nutzen und Dir ihre Festigkeit und Stabilität zu Eigen machen. Hast Du das Gesetz der Natur erkannt, kennst Du das Geheimnis von Ursache und Wirkung: So kannst Du zukünftige Ereignisse voraussehen, noch ehe sie stattgefunden haben.«*

Gehen Sie so oft wie möglich in die Natur hinaus, kommen Sie zur Ruhe, tanken Sie Energie, und lassen Sie die Kräfte der Natur auf sich wirken.

Wenn Sie die Phänomene der Natur, die Sterne, den Sonnenuntergang, die Blumen, die Vögel, die Wolken beobachten, so sollten Sie das mit dem Herzen tun. Es geht nicht darum zu analysieren.

Taoisten sind keine Naturwissenschaftler. Sie erinnern eher an Poeten und Lebenskünstler, die lächelnd am Flussufer sitzen, die Wolken beobachten und sich selbst vergessen. Ohne Anstrengung und ohne Kampf gleichen die Menschen, die dem Tao folgen, ihren eigenen Rhythmus dem des Universums an. Dabei vereinen sie die Qualitäten des Himmels und der Erde in sich. Die Qualitäten des Himmels sind Weite, Klarheit, Offenheit und Freiheit, die der Erde Stabilität, Vertrauen, Dauer, Kraft und Frieden.

Im »Huainanzi« heißt es: *»Der Himmel strahlt Offenheit und Klarheit aus – die Erde Dauer und Frieden. Jene, denen diese Eigenschaften fehlen, sind dem Tode geweiht, jene, die diese Eigenschaften pflegen, werden leben.«*

Im Fluss bleiben

Das Wesen der Menschen, die dem Tao folgen, gleicht einem unendlichen Fluss: Sie fragen nicht, woher sie kommen, sie fragen nicht, wohin sie gehen; sie wahren ihre innere Harmonie und erneuern sich in jedem Augenblick. Ohne Widerstand zu leisten, zeigen sie Stärke; ohne vom Ziel zu wissen, folgen sie ihrem eigenen Weg; nichts kann sie aus der Ruhe bringen; nichts kann ihre Bewegung aufhalten.

Seit jeher symbolisiert der Fluss Bewegung und Lebendigkeit. Lebendig können wir aber nur sein, wenn wir uns den ständigen Veränderungen anpassen, wenn wir also mit dem natürlichen Lauf der Dinge fließen, statt dagegen anzukämpfen.
Zeitlebens kultivieren Taoisten Wachheit, Offenheit und Lebendigkeit. Sie vertrauen sich dem Fluss des Lebens an und sind auch in hohem Alter noch jung, vital und voller Energien. Der gewöhnliche Mensch hingegen neigt dazu, sich im Älterwerden zu verfestigen: Eingefahrene Ansichten und starre Verhaltensweisen schränken die geistige und körperliche Flexibilität immer mehr ein. So ist es kein Wunder, dass die Lebensenergie ins Stocken gerät und der Zerfall immer schneller voranschreitet.
Im »Tao Te King« schreibt Lao Tse über das Geheimnis der Lebendigkeit:

»Schwach und biegsam ist der Mensch, wenn er geboren wird,
starr und hart ist er, wenn er stirbt.
Schwach und biegsam sind Gras und Baum, wenn sie jung sind,
starr und hart, wenn sie sterben.
So sind also Härte und Starrheit
Gefährten des Todes,
Schwäche und Biegsamkeit
Gefährten des Lebens.«

Verabschieden Sie sich von dem Gedanken, alles kontrollieren zu müssen.

Fließen ist die natürliche Eigenschaft des Lebens. Festhalten ist eine Eigenschaft des menschlichen Egos, das auf Sicherheit bedacht ist. Doch tatsächlich ist Sicherheit eine Illusion. Besser gesagt: Es ist ein Irrtum zu glauben, dass Sicherheit entsteht, wenn wir alles im Griff haben. Hinterfragen wir, was wir wirklich im Griff haben, dann können wir weder andere Menschen noch unseren Besitz, unseren Job, ja nicht einmal unser eigenes Leben festhalten. Im Fluss bleiben bedeutet loslassen. Taoisten genießen ihr Leben, indem sie sich ihm anvertrauen. Sie haben den Mut aufgebracht, die ängstlichen Bedürfnisse ihres Egos abzulegen.
Die taoistische Art, das Leben zu genießen, besteht darin, sich äußerlich mit dem Strom treiben zu lassen und durch alle Höhen und Tiefen zu gehen, innerlich jedoch zentriert und gelassen zu bleiben.
Im »Huainanzi« lesen wir: *»Passe dich äußerlich dem Strom an, doch bleibe dir dabei innerlich treu. So werden deine Augen und Ohren*

nicht gereizt, deine Gedanken nicht verwirrt. Auf diese Weise dehnt dein Geist sich aus und durchstreift das Reich der absoluten Klarheit.«

Wer auf diese Weise den Weg des Tao beschreitet, erkennt schnell, dass jeder Moment vollkommen einmalig und neu ist. Das Leben gleicht dann einer Symphonie, die vom ersten bis zum letzten Takt in ständiger Bewegung bleibt. Immer wieder entstehen neue Melodien, neue Rhythmen, neue Stimmungen. Und doch hängt alles miteinander zusammen, denn jeder Takt ergibt sich aus dem vorigen und bereitet den folgenden vor.

Fällt ein Betrunkener vom Wagen, verletzt er sich nur selten schwer. Die Trunkenheit hat seinen Körper entspannt und seinen Geist von den Fesseln des festhaltenden Bewusstseins gelöst. Da er keinerlei Widerstand leistet, fällt er weich. Loslassen, sich anvertrauen, ohne Widerstand, ohne Kampf leben und dabei im Gegensatz zum Trunkenen einen wachen, klaren Kopf und ein ruhiges Gemüt bewahren – das ist das Geheimnis der taoistischen Weisen.

Sich äußerlich dem Strom anpassen und sich innerlich dabei treu bleiben, so empfehlen die Taoisten, das Leben zu genießen.

Vergangenes loslassen – war es auch noch so schön

Man kann den Weg des Tao auch als »die Weisheit des fließenden Lebens« übersetzen – viele alte Texte legen dies nahe. Dschuang Tse nannte den Weg des Taoismus den »heiligen Weg des Nicht-Widerstrebens«. Und im »Wenzi« heißt es: *»Sind die Gedanken, der Wille und die Lebensenergie ruhig und still, dann bringen sie täglich mehr und mehr Erfüllung und Kraft. Sind sie aber erregt, dann erschöpfen sie sich schnell und lassen Dich altern. Aus diesem Grund nähren die Weisen ihre Energien, indem sie im Fluss bleiben und ihren Körper geschmeidig halten. Nur wer im Fluss bleibt, kann auf den ständigen Wandel aller Dinge angemessen reagieren und sich den Veränderungen in allen Erscheinungen anpassen. Das Lebendige ist geschmeidig und weich, das Tote starr und hart …«*

Das »Im Fluss bleiben« ähnelt dem ersten der zehn Tao-Geheimnisse: »Nicht kämpfen, sich nicht anstrengen«. Lao Tse nannte das Wesen der weisen Menschen »wie das Wasser – ohne Kampf, ohne Leid«. Und er sagte weiter: »Das Weichste in der Welt, es überwindet das Härteste.«

Wer sich den Gegebenheiten anpasst, pflegt seine Beweglichkeit und seine Flexibilität. Diese Art der Anpassung hat nichts mit

Schwäche zu tun. Den Taoisten geht es nicht darum, sich gesellschaftlichen Normen anzupassen, sondern darum, sich dem Strom des Lebens und dem Weg des Himmels anzugleichen. Es erfordert besondere Kraft, im Fluss zu bleiben: Nur wenn es uns gelingt, das Vergangene loszulassen, sei es auch noch so schön gewesen, sind wir offen genug, unser Augenmerk auf den lebendigen Augenblick zu richten. Auch müssen wir bereit sein, unsere Meinungen und Ansichten öfter einmal loszulassen und die Welt immer wieder mit neuen Augen zu sehen.

Sich auf den lebendigen Augenblick konzentrieren, auf das Hier und Jetzt – dazu müssen wir uns von dem lösen, was vergangen ist.

Solange unser Leben sich in etwa mit unseren Vorstellungen deckt, ist es relativ einfach, auf dem »heiligen Weg des Nicht-Widerstrebens« zu wandeln. Schwierig wird es, wenn plötzlich unangenehme Dinge geschehen, wenn wir beispielsweise von einem Menschen verlassen werden, den wir lieben, oder wenn wir auf einmal schwer erkranken. So wohltuend es in solchen Momenten wäre, loszulassen und zu vertrauen, so schwierig ist es leider auch.

Im Fluss bleiben heißt, sich jederzeit der Kraft seines Wesens bewusst zu bleiben, um nicht an äußeren Umständen zu zerbrechen. Das ist es auch, was Lao Tse meint: *»Im Unterwerfen sich ganz bewahren, im Sich-Beugen gerade halten …«*

Wer lernt, sich dem Fluss des Lebens lächelnd anzuvertrauen, unterstützt dadurch die Entfaltung aller anderen taoistischen Eigenschaften. Im Fluss bleiben hilft dabei, ohne Kampf und Anstrengung zu leben, Yin und Yang auszugleichen, seine Lebensenergie zu bewahren oder Heiterkeit und Gelassenheit zu entwickeln.

Sich dem Fluss des Wassers anzupassen heißt, sich dem Fluss des Lebens hinzugeben.

Bei Dschuang Tse lesen wir: *»Die Weisen der alten Zeit nahmen willig an, was das Leben ihnen zuwies. Ohne Sorgen sahen sie dem Ende entgegen. Das ist es, was ›dem Tao nicht widerstreben und den Weg des Himmels nicht durch den Willen des Menschen ersetzen‹ genannt wird. Das ist die Eigenschaft der Weisen. Der Geist dieser reinen Menschen ist frei, ihre Haltung ist ruhig, ihre Ausstrahlung heiter.«*

Die Energie des Atems nützen

Unser Atem ist Ausdruck unseres Lebens. Je freier er strömen kann, desto lebendiger sind wir.

Die alten Chinesen gehörten zu den Ersten, die die Bedeutung des Atems für die spirituelle Entwicklung erkannten. Ebenso wie im Yoga spielt die Kultivierung des Atems auch in vielen taoistischen Praktiken eine bedeutende Rolle. Sie werden an anderer Stelle noch verschiedene Möglichkeiten kennen lernen, den Atem für Ihre Gesundheit, Ihre Vitalität oder die Entfaltung sexueller Energien zu nutzen.

Der Atem ist Ausdruck des Lebens. Jeder weiß, dass wir nur wenige Minuten leben können, ohne zu atmen. Darüber hinaus beobachteten die Taoisten, dass wir umso lebendiger sind, je freier und entspannter unser Atem strömen kann.

Chang Sangfeng schreibt in seiner »Inschrift der Hundert Zeichen«: *»Wisse, dass du beim Ausatmen das Wesen des Himmels berührst – es entstehen Weite und Offenheit. Beim Einatmen berührst du das Wesen der Erde – es entstehen Stabilität und Festigkeit. Das Ausatmen gleicht der Geschmeidigkeit des goldenen Drachens, das Einatmen der Kraft des weißen Tigers.«*

Wie soll man im Fluss bleiben, wie soll man die Lebensenergie bewahren, und wie kann man Yin und Yang ins Gleichgewicht bringen, wenn der Atem nicht ruhig fließt? Die Menschen, die dem Taoismus folgen, erkennt man nicht nur an ihrem heiteren, gelassenen Wesen, sondern auch daran, dass ihr Atem voller Kraft, Ruhe und Tiefe ist.

Dschuang Tse schreibt: *»Die Weisen der alten Zeit schliefen ohne Träume, wachten auf ohne Ängste und aßen ohne Gier. Die reinen Menschen atmeten tief. Ihr Atem kam nicht aus den Kehlen wie der gewöhnlicher Menschen – ihr Atem strömte aus ihrem tiefsten Inneren.«*

Atem und Geist beeinflussen einander

Auf dem Weg des Tao wird der Atem genutzt, um Gemütsruhe und geistige Klarheit zu pflegen. Die Taoisten wissen, dass der Atem eng mit den Emotionen verbunden ist. Angst, Gier, Hass oder Leidenschaft verändern den Atem, lassen ihn eng und schnell werden. Der Mensch, der gelassen und wach in seiner Mitte ruht, atmet tief und gleichmäßig. Der Trick der Taoisten besteht darin, den Atem ruhig und tief werden zu lassen und dadurch indirekt die Gemütsverfassung zu harmonisieren.

Jeder Mensch erhält bei seiner Geburt nur eine bestimmte Anzahl von Atemzügen, glaubt man im Fernen Osten. Gehen wir also sorgsam mit unserem Atem um.

Es gibt zwei Möglichkeiten, den Atem zu pflegen: Im Ta'i Chi, im Qi Gong und bei einigen Techniken der taoistischen Liebeskunst oder Gesundheitspflege wird der Atem bewusst gelenkt; gleichzeitig werden Visualisierungen eingesetzt, um die Lebensenergie anzuregen und Blockaden zu beseitigen.

Auch Dschuang Tse bezieht sich auf taoistische Heilübungen: *»Tief aus- und einatmen mit offenem Mund, den alten Atem vertreiben und neuen speichern, sich wie ein Bär ausstrecken und den Hals wie ein Vogel recken – das ist die Kunst der Lebenserhaltung; sie wird von denen gepflegt, die durch die Atemkunst ihre Gesundheit erhalten und das Alter Peng-Tsches erreichen wollen.«* (Peng-Tsche war ein taoistischer Einsiedler, der nahezu 200 Jahre alt geworden sein soll.)

Den Atem geschehen lassen

Abgesehen von diesen Techniken beschränkt sich die taoistische Art, mit dem Atem umzugehen, darauf, ihn geschehen zu lassen.

Chang Sangfeng schreibt: *»Lasse deinen wahren Atem zart und beständig kommen und gehen. Atme, als würdest du atmen ohne zu atmen. Kultiviere den Atem, bis dein Atem sanft wie eine fast unmerkliche Brise ist. Vereine dein Bewusstsein mit deinem Atem. Auf diese Weise wird dein Geist befreit.«*

Es geht darum, den Atem kommen und gehen zu lassen, ihn zwar wach zu beobachten, jedoch nicht zu beeinflussen. Mit der Zeit wird er ganz von selbst ruhig. Die Taoisten nutzten die Beruhigung des Geistes, um den Atem zu besänftigen, und ließen umgekehrt die Bewegung des Ein- und Ausatmens allmählich zur Ruhe kommen, um die Gedanken und Emotionen zu besänftigen.

Wang Che sagt: »*Harmonisiere den Atem, während du zugleich deinen Geist zur Ruhe bringst. Bringe deinen Geist zur Ruhe, indem du zugleich den Atem harmonisierst.*«

Strömt unser Atem ruhig und ungehindert, wird unser Geist von selbst klar und friedvoll. Atmen wir tief und ruhig, sammeln wir unsere Lebensenergie. Im Fernen Osten sagt man, dass jeder Mensch nur eine bestimmte Anzahl von Atemzügen mit auf seinen Lebensweg bekommt: Wer sich von Stress, Sorgen, Ängsten und starken Begierden bestimmen lässt, atmet hastig und flach – und verbraucht seine Energie viel zu schnell. Wer hingegen in allen Dingen Gelassenheit bewahrt, gesammelt und mit heiterem Herzen durchs Leben geht, der bewahrt seine Lebensenergie, pflegt seine Gesundheit und erhält seine Jugend bis ins hohe Alter.

Befreien Sie sich von belastenden und negativen Gedanken und Gefühlen. Sie stehen uns im Weg bei unserer Konzentration auf das Wesentliche.

Zur Quelle zurückkehren

Der Weg des Tao wird auch als »Weg der großen Befreiung« bezeichnet. Doch wovon wollen sich jene befreien, die taoistische Methoden anwenden? Von allem, was belastet und unglücklich macht.

Die alten Meister des Tao erkannten, dass wir nur dann glücklich sein können, wenn wir lernen, uns ganz und gar auf das Wesentliche zu konzentrieren. Sorgen, Ängste, Grübelei, Leistungsdenken, Ehrgeiz, Geltungsdrang, Konkurrenzdenken, Pessimismus, Eifersucht, Neid, Gier – jede Form von belastenden und einschränkenden Gefühlen und Gedanken sind Hindernisse, die uns die Sicht auf unser eigenes Wesen verstellen.

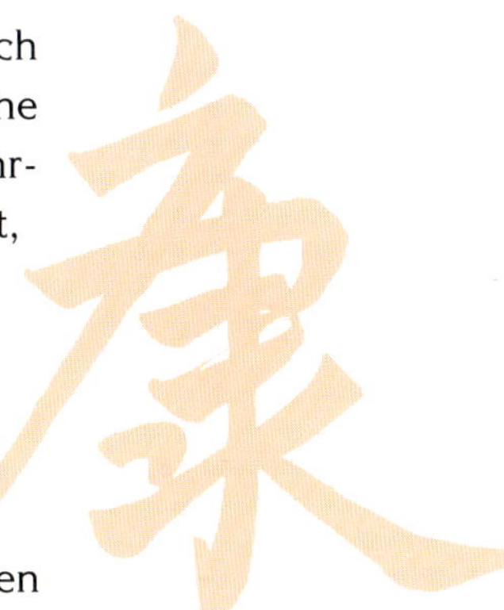

Das Wesentliche, das es auf dem taoistischen Weg zu entdecken gilt, ist unser eigener Geist. Der Geist, von dem im Taoismus die Rede ist, ist nicht mit dem Gehirn, dem Mentalen oder der Struktur unserer Gedanken zu verwechseln. Er ist viel mehr als das, er umfasst unser gesamtes Bewusstsein oder besser noch: Er bildet die Essenz unseres Bewusstseins.

Lü Yang sagt: »*Das Wesen des Geistes ist rein, das Wesen des Geistes ist ruhig. Offenheit, Weite und Freiheit entsprechen dem Wesen des Geistes. Den Geist kultivieren bedeutet, ihn in seinem ursprünglichen Zustand bewahren – frisch und klar wie das Wasser eines Bergsees, friedvoll und ruhig wie ein tiefes Tal, frei von jeglichem Lärm, weit wie der Kosmos, grenzenlos in seiner Ausdehnung.*«

Um das Wesen unseres Geistes zu erfassen, ist es nötig, sämtliche belastenden Gedanken und negativen Emotionen hinter uns zu lassen. Im Fernen Osten fand man dafür schon vor Jahrtausenden ein ideales Mittel – die Meditation. Sie steht im Mittelpunkt vieler spiritueller Schulen. Nicht nur im Zen oder im Yoga, auch im Ta'i Chi oder Qi Gong geht es letztlich darum, die Meditation in ihrer stillen oder dynamischen Weise zu kultivieren.

Vergessen Sie den Lärm der Welt

Die Meditation ist das Mittel, um einen Zustand der Leere und des Friedens zu erreichen. Es geht darum, den Geist zur Ruhe kommen zu lassen und den Lärm der Außenwelt zu vergessen.

Wenn Taoisten von der Rückkehr zur Quelle sprechen, meinen sie damit, einen Zustand der Leere, der tiefsten Ruhe und des absoluten Friedens zu erreichen. Alle Wesen beziehen ihre Energie aus dieser Quelle, aus der alles Leben entsteht und in die alles Leben mündet. Lao Tse sagt: *»So vielfältig die zehntausend Dinge auch sind, ein jedes kehrt zurück zum Ursprung. Zum Ursprung zurückkehren heißt, vollkommenen Einklang finden.«*
»Zum Ursprung zurückzukehren« heißt nichts anderes, als den Geist zur Ruhe kommen zu lassen und den Lärm der Welt zu vergessen. Der Taoismus hat eine sehr natürliche Form der Meditation kultiviert. Sie ist so wirkungsvoll und wohltuend, dass wir ihr ein ganzes Kapitel widmen (siehe Seite 55ff.). An dieser Stelle soll daher der Hinweis genügen, dass der Höhepunkt der taoistischen Kunst darin

In der Natur machen wir die Erfahrung, ein lebendiger Teil des Universums zu sein.

besteht, an die Quelle zurückzukehren, d. h., eine meditative Verfassung zu erzeugen.
Nur in diesem Zustand ist es möglich zu erkennen, dass es für uns überhaupt nichts zu erreichen gibt. Alles ist vollkommen in Ordnung, so, wie es ist. Wir sind ein lebendiger Teil des Universums. Wie und wohin sich das Universum auch entwickelt – wir können uns vollkommen geborgen fühlen.
Durch Meditation erkennen wir, dass wir keine Wesen sind, die durch einen Sack aus Haut vom Rest der Welt getrennt sind. Indem wir unser Bewusstsein ausdehnen, dehnen wir unsere Grenzen und Begrenzungen aus, wodurch eine völlig neue, angenehme Perspektive eingenommen werden kann.

Die taoistische Meditationskunst hilft uns zu erkennen, dass der Mensch kein Wesen ist, das von dem Rest der Welt getrennt ist – er ist ein lebendiger Teil des Universums.

Auch Sie sind ein Teil des Ganzen

Sie können die »Zehn Geheimnisse des Tao« benützen, um sich besser zu entspannen, Ihr Leben zu genießen, Stress abzubauen, für Ihre Aufgaben mehr Energie zur Verfügung oder mehr Freude am Sex zu haben. Es ist vollkommen in Ordnung, taoistische Tricks anzuwenden, um besser mit dem Alltag zurechtzukommen und sich wohler zu fühlen.
Darüber hinaus besteht die Möglichkeit, die Geheimnisse der taoistischen Lebensweise anzuwenden, um den tieferen Sinn Ihres Daseins zu ergründen. Erst wenn Sie ein reales Gefühl dafür bekommen, dass Sie tatsächlich ein Teil des Ganzen sind, werden Sie verstehen, worauf die Heiterkeit und Gelassenheit der Taoisten gründen.
Sie können Einssein nicht herbeiführen – Sie können es nur erkennen, denn es ist längst Wirklichkeit. Das Einzige, was Sie an dieser Erkenntnis hindert, ist das Ego, die perfekte Illusion eines von seiner Umwelt abgetrennten Ichs. Dieses Ich sucht ständig im Außen nach Befriedigung und Erfüllung. Es hofft, die Befreiung in der Welt zu finden. Die taoistische Meditation kehrt die Richtung des Bewusstseins um. Sie lässt Sie nach innen statt nach außen schauen.
Im »Huainanzi« steht: *»Diejenigen, die im Äußeren suchen, verlieren es im Inneren; diejenigen, die es im Inneren bewahren, erlangen es auch im Äußeren.«*
Darum geht es auf dem Weg des Tao – es im Inneren zu bewahren, zur Ruhe zu kommen, zur Quelle zurückzukehren.

Tao-Entspannung

Der erste Schritt auf dem Weg des Tao besteht darin, sich gründlich zu entspannen. Eine entspannte Haltung ist die wichtigste Voraussetzung für eine taoistische Lebensweise; andererseits ist das Gefühl der Entspannung eine der ersten spürbaren Wirkungen, wenn wir beginnen, taoistische Prinzipien im Alltag anzuwenden.

Nie zuvor lebten die Menschen so verkrampft, so an- und eingespannt wie in unseren Tagen. Die Macht der »zehntausend Dinge«, die vielen Reize, die Medien, der Stress, die tägliche Hektik, die hohen Anforderungen im Beruf, die Flut an Informationen wirken sich ungünstig auf Körper und Seele aus. Heute sind heitere, entspannte Menschen eine große Ausnahme.

Die Weisen der alten Zeit lebten vollkommen entspannt und gelöst. Da sie keine Widerstände gegen das Leben aufbauten, war ihr Körper geschmeidig, und sie konnten Gelassenheit und Heiterkeit bewahren. Sie ließen sich nicht auf die Geschäftigkeit der Welt ein und vermieden so, Körper und Geist übermäßig zu belasten.

Im »Huainanzi« heißt es: *»Wird der Körper übermäßig belastet, ohne dass er ausruhen kann, wird er zusammenbrechen. Belasten zu viele Gedanken den Geist, tritt Erschöpfung ein. Da die Weisen Körper und Geist ehren, wagen sie es nicht, maßlos zu sein.«*

Auch vor Tausenden von Jahren war Entspannung nicht selbstverständlich. Die Weisen der alten Zeit allerdings lebten gelöst und entspannt und sorgten sich nicht um Ruhm und Ehre.

Wu-Tzu – die taoistische Art der Entspannung

Wir wissen, wie unangenehm es sich anfühlt, wenn wir körperlich angespannt sind oder wenn Tausende von unruhigen Gedanken durch unseren Kopf schwirren. Wie wohltuend wäre es da, abzuschalten und sich richtig tief zu entspannen. Doch leider kann man Entspannung nicht *machen*.

Beobachten Sie einmal, was passiert, wenn Sie zu jemandem sagen: »Jetzt entspann dich doch mal!« Ganz sicher wird Ihre Aufforderung nicht dazu führen, dass er sich entspannt – ganz im Gegenteil.

Um sich an kleinen und schönen Dingen des Lebens erfreuen zu können, muss man sich Zeit nehmen.

Natürlich gibt es einige Entspannungstechniken wie das autogene Training oder die Selbsthypnose, durch die im Unterbewusstsein die Weichen gestellt werden, damit Entspannung leichter stattfinden kann.
Entspannungstechniken im Sinne des autogenen Trainings finden wir im Taoismus nicht. Es widerspricht dem Geist des Tao, sich zu einer festen Zeit des Tages auf den Boden zu legen, 15 Minuten lang monotone Formeln zu sprechen oder systematisch Muskeln anzuspannen.
Die Menschen, die den Weg des Tao beschreiten, wollen den ganzen Tag über in einer entspannten, gelösten Haltung leben und von belastenden Gedanken und Gefühlen frei sein – ganz gleich, ob sie Spaghetti kochen, mit ihrem Hund spazieren gehen oder geschäftliche Telefonate führen.

Entspannungstechniken wie autogenes Training oder Selbsthypnose »machen« keine Entspannung; sie öffnen nur das Unterbewusstsein dafür.

Entspannen ohne Methode

Sie können noch heute damit beginnen, eine gelassene, entspannte Haltung zu kultivieren. Warten Sie nicht, bis Sie auf einen Nervenzusammenbruch zusteuern. Je früher Sie beginnen, desto leichter ist es, einen harmonischen Zustand herzustellen. Auch wenn die Taoisten keine festen Entspannungstechniken vorschreiben, kennen sie natürlich Mittel und Wege, sich tief und gründlich zu entspannen.
Die taoistische *Methode,* Gelassenheit zu entwickeln und Verspannungen abzubauen, besteht darin, *ohne Methode* vorzugehen. Am besten wird dieser Weg mit dem chinesischen Begriff »Wu-Tzu« umschrieben; er heißt so viel wie »ohne Gesetz« oder »ohne Methode«. Es geht auf dem Weg des Tao also nicht darum, starre Ratschläge zu befolgen. Der taoistische Weg bietet Ihnen an, Ihre gesamte Sichtweise zu verändern. Indem Sie die »Zehn Geheimnisse des Tao« kreativ umsetzen, wird sich Ihre Perspektive allmählich von selbst ändern. Sie werden erkennen, wie unnötig es ist, mit Sorgenfalten und angespannten Schultern durchs Leben zu laufen, und wie viel leichter es sich entspannt lebt.
Beispielsweise können Sie mit dem ersten der zehn Tao-Geheimnisse experimentieren und überlegen, wie Sie es in Ihrem Alltag umsetzen können. Das erste Geheimnis besagt, es ist günstig, nicht zu kämpfen und sich nicht anzustrengen. Es hat keinen Sinn, mit dem Kopf durch die Wand zu wollen – die Wand ist immer stärker als Sie.

Besser ist, bei allem, was man tut, entspannt zu bleiben, sich die Laune nicht verderben zu lassen und übermäßige Geschäftigkeit zu vermeiden, denn das viele Tun führt sehr häufig zu Spannungen.
Oft genügt es, sich einige Minuten lang in eine ruhige Ecke seines Zimmers zu setzen und darüber nachzudenken, was einem wirklich wichtig und wertvoll ist.
Welche Tätigkeiten sind förderlich, um Heiterkeit, Konzentration und Kraft zu entwickeln, und welche führen eher zu Verwirrung, Zerstreuung und Erschöpfung?
Lassen Sie einmal einen normalen Tag Ihres Lebens vor Ihrem inneren Auge ablaufen – so wie einen Film. Schauen Sie sich an, was Sie an so einem Tag alles tun, und prüfen Sie, ob alle Tätigkeiten absolut notwendig sind.
Wollen Sie alles perfekt machen? Wollen Sie es jedem recht machen? Opfern Sie sich zu sehr auf – und vor allem: Lohnt sich der Aufwand überhaupt?
Oft führen schon kleine Veränderungen dazu, dass Ihnen mehr Zeit für Sie selbst bleibt. Und wenn Sie noch radikaler vorgehen, werden Sie wahrscheinlich viel Ballast abwerfen können. Je weniger auf Ihren Schultern lastet, desto unnötiger wird es, sie nach oben zu ziehen und sich zu verspannen.

Meinen Sie es gut mit sich: Trennen Sie sich von unnötigen oder unliebsamen Tätigkeiten, und schaffen Sie sich Freiräume, damit Ihnen mehr Zeit für Sie selbst bleibt.

Nehmen Sie sich die Zeit, tun Sie nichts, und lassen Sie die Seele einfach mal baumeln!

Aktivität und Ruhe in Harmonie bringen

»Das vollendete Schwert kann nur schmieden, wer die richtige Harmonie zwischen hart und weich herstellt.« (Wang Che)

Wenn Sie harmonisch und entspannt leben möchten, sollten Sie Yin und Yang ins Gleichgewicht bringen. Körperliche Verspannungen und seelische Blockaden deuten darauf hin, dass Sie den Bogen überspannt haben.

Zu viel Yang entsteht durch zu viel Hektik und zu viel Willensanspannung. Neben Verspannungen treten als Folge eines Yang-Überschusses auch Aggressionen auf. Ein gutes Mittel, um die Yin-Yang-Waage wieder in die Balance zu bringen, besteht darin, Wu-Wei zu üben. Wu-Wei – Nicht-Eingreifen – lädt dazu ein, den Dingen ihren Lauf zu lassen. Je öfter wir das versuchen, desto schneller erkennen wir, dass gar keine Notwendigkeit besteht, alles kontrollieren zu müssen. Wir werden an anderer Stelle noch genauer auf die Philosophie des Wu-Wei zu sprechen kommen (siehe Seite 115 f.).

Viele Menschen haben eine falsche Vorstellung von Entspannung. Sich zu entspannen hat nichts damit zu tun, sich hängen zu lassen. Auch in der Entspannung sollten wir nicht die Haltung verlieren. Yin und Yang in Harmonie zu bringen heißt u. a., die rechte Mitte zu finden, so dass wir zwar entspannt, aber deshalb nicht schläfrig und matt sind.

Wang Che sagt: *»Wenn du deine Natur ordnen willst, musst du vorgehen wie ein Schmied, der ein Schwert schmiedet. du darfst kein zu hartes Metall verwenden, sonst bricht das Schwert. Du darfst kein zu weiches Metall verwenden, sonst verbiegt es sich. Das vollendete Schwert kann nur schmieden, wer die richtige Harmonie zwischen hart und weich herstellt.«*

Den Körper entspannen

Im Grunde ist körperliche Entspannung nicht von geistiger Entspannung zu trennen. Wenn Sie sich massieren lassen, um Ihre Muskeln zu lockern, wird dies vermutlich auch zu mehr geistig-seelischer Gelöstheit führen. Es ist aber meist einfacher, mit der Entspannung des Körpers anzufangen.

Wie kann man seinen Körper entspannen? Die Taoisten entspannen ihren Körper einfach dadurch, dass sie in Bewegung bleiben, lange Spaziergänge unternehmen, nicht zu viel essen, nicht zu wenig schlafen und in allem das rechte Maß finden.

Darüber hinaus gibt es taoistische Übungssysteme, wie beispielsweise Qi Gong. Durch die fließenden, harmonischen Bewegungen beim Qi Gong lösen sich Verspannungen ganz von selbst (siehe Seite 86 ff.).

Eine andere Möglichkeit, seinen Körper und seine Seele zu entspannen, besteht darin, sich selbst ein wenig zu verwöhnen. Eines der zehn taoistischen Prinzipien besagt, dass Sie sanft mit sich umgehen sollten. Seien Sie also nicht zu streng zu sich. Gönnen Sie sich etwas Schönes. Verwöhnen Sie sich beispielsweise mit einem heißen Bad in der Badewanne, nehmen Sie sich Zeit, ein paar Saunagänge zu machen oder lassen Sie sich massieren.

Verspannungen und innere Unruhe lösen sich schnell, wenn Sie mit sich selbst wie mit einem wertvollen Gast umgehen, dem Sie etwas Gutes tun wollen. Verwöhnen Sie sich, tun Sie, wozu Sie Lust haben, und meiden Sie Tätigkeiten, die Ihrer inneren Natur zuwider sind.

Mit sich selbst wie mit einem wertvollen Gast umgehen, sich verwöhnen und Gutes tun – so lösen sich innere Unruhe und Verspannungen schnell.

Verwöhnen Sie sich, und entspannen Sie z. B. in einem wohlriechenden Bad.

Den Geist entspannen

Noch wichtiger, als den Körper zu entspannen, ist es, den Geist zu entspannen. Wer gesammelt ist, bei jedem Tun achtsam bleibt und nicht zulässt, dass die Gedanken ständig umherschweifen, spart nicht nur viel Energie, er schafft auch die besten Voraussetzungen für eine heitere, gelassene Einstellung zum Leben.

Wie entspannt man sich geistig? Am besten, indem man alle Gedanken meidet, die zu einer verkrampften Einstellung führen. Zum einen sollte man Abstand nehmen von negativen und ängstlichen Gedanken und jegliche Sorge vermeiden. Zum anderen sollte man mehr Abstand gewinnen zu seinen eigenen Ansichten.

Entspannen Sie Ihren Geist, indem Sie negative Gedanken vermeiden und damit aufhören, sich über alles Sorgen zu machen.

Verurteilen, bewerten und abwerten, um Meinungen streiten, debattieren und Recht behalten wollen – all das sind Spiele des Egos, die es uns schwer machen, eine gelassene Haltung einzunehmen.

Dschuang Tse schreibt: »*Nehmen wir einmal an, wir stritten miteinander um die richtige Meinung. Angenommen, du siegst – bist du deshalb notwendigerweise im Recht und ich im Unrecht? Angenommen, ich siege, heißt das deswegen unbedingt, dass ich im Recht und du im Unrecht bist? Oder könnte es auch sein, dass sowohl du als auch ich zum Teil Recht haben? Oder aber: Sind wir vielleicht beide ganz und gar im Unrecht? Weder du noch ich werden es je wissen, werden die Wahrheit je erkennen [...] Achte nicht auf Rechthaben oder Unrechthaben. Tritt in das Reich der Unendlichkeit ein, beschreite das Land der befreienden Stille.*«

Sich weniger ernst nehmen

Es scheint uns sehr schwer zu fallen, uns selbst etwas weniger ernst zu nehmen. Mit Vehemenz halten wir an dem Glauben fest, dass ausgerechnet wir alles richtig beurteilen. Hinterfragt man dieses Ich, das so selbstbewusst über andere urteilt, so kommt man zu der Erkenntnis, dass es nichts weiter als eine Ansammlung von Einflüssen aus Erziehung, Kultur, Gesellschaft und einigen persönlichen Interessen und Abneigungen ist.

Unser Ich ist nur eine von Milliarden Perspektiven. So gesehen lohnt es sich kaum, für unsere begrenzten Meinungen Streitereien oder Kriege anzuzetteln. Dadurch gefährden wir nur unsere innere Harmonie und damit unsere Gesundheit, unsere Beziehungen usw.

Die Taoisten enthalten sich jeglicher Streiterei. Sie bleiben geistig gesammelt und bewahren ein heiteres Herz. Im »Wenzi« heißt es: *»Wenn du die Welt leicht nimmst, wird dein Geist von allen Belastungen frei sein. Wenn du den zehntausend dingen nicht zu viel Bedeutung beimisst, wird dein Herz nicht verwirrt sein.«*

Entspannung im Tun

Wenn wir andere fragen, wie sie sich entspannen, erhalten wir meist ähnliche Antworten:

- »Ich lege mich aufs Sofa und lese ein Buch.«
- »Ich setze mich in die Badewanne.«
- »Ich lege mich ins Bett und mache ein Nickerchen.«
- »Ich gehe ins Kino.« ...

Es ist wunderbar, sich hinzulegen, ein Bad zu nehmen oder ins Kino zu gehen. Kein Taoist würde Ihnen davon abraten – ganz im Gegenteil. Allerdings würde er hinzufügen, dass Sie Entspannung nicht auf einige wenige Momente des Tages beschränken sollten. Wer dem Tao folgt, achtet weniger auf die äußeren Umstände als vielmehr auf die Atmosphäre, die im Inneren herrscht. Inmitten größter Unruhe Gelassenheit bewahren – das ist die hohe Kunst des Tao.
Es gibt täglich viele Möglichkeiten, dies auszuprobieren. Üblicherweise sind wir in allerlei Tätigkeiten verstrickt. Wir müssen uns die Zähne putzen, zum Einkaufen gehen, Gäste bekochen, Steuererklärungen machen oder die Fenster putzen. Je mehr anfällt, desto größer wird die Wahrscheinlichkeit, dass wir die Nerven verlieren.

Machen Sie immer nur einen Schritt nach dem anderen. Und tun Sie immer nur eine Sache gleichzeitig – als gäbe es nichts anderes auf der Welt.

Ohne Hast und Eile handeln

Nichts und niemand ist es wert, dass wir unsere Mitte verlieren. Um jederzeit Ruhe zu bewahren, sollten wir jede noch so kleine und scheinbar unbedeutende Tätigkeit so ausführen, als gäbe es nichts anderes auf der Welt. Wir können immer nur eine Sache gleichzeitig tun, immer nur einen Schritt nach dem anderen machen. Lassen wir uns also nicht hetzen – weder von anderen noch von unseren eigenen Ansprüchen.

Ein guter Trick, um eine entspanntere Lebensweise zu kultivieren, besteht darin, ohne Hast und Eile zu handeln. Was immer getan werden muss: Bleiben Sie gesammelt und heiter.

Während Sie bügeln, sollten Sie nicht daran denken, was Sie noch alles einkaufen müssen; während Sie sich die Zähne putzen, sollten Sie nicht an den Ärger denken, den es gestern im Büro gab. Bleiben Sie innerlich gesammelt – d. h., lenken Sie Ihr ganzes Bewusstsein auf das, was Sie tun. Meiden Sie schnelle, hektische Bewegungen, denn dadurch wird der Atem schnell und flach. Wird der Atem jedoch oberflächlich, so verlieren Sie Energie, und es wird schwer, Gelassenheit zu bewahren.

Wenn wir ohne Hast und Eile handeln, uns daran erinnern, den Atem strömen zu lassen und öfter einmal lächeln, haben wir für eine entspanntere Lebensweise schon viel gewonnen.

Die taoistischen Meister sagten, dass tiefe Gelassenheit die eigentliche Natur des Menschen zutage fördert. Im »Huainanzi« lesen wir: *»Lasse Dein Inneres nicht vom Äußeren verwirren, so findest Du zu Deinem natürlichen Wesen zurück.«*

Wie können Sie einen Zustand herstellen, in dem Sie nichts mehr erschüttert oder aus der Ruhe bringt und in dem Ruhe, Kraft und Gelassenheit herrschen? Am einfachsten, indem Sie versuchen, bei jedem Tun vollkommen entspannt zu bleiben. Denken Sie immer wieder daran loszulassen. Lassen Sie den Atem strömen, entspannen Sie die Schulter-, Kiefer- und Gesichtsmuskeln. Lächeln Sie – und zwar nicht nur, wenn Sie auf dem Sofa liegen, sondern auch, wenn Sie im Stau stehen oder die Badewanne schrubben.

Der Wasserfall ergießt sich tosend und findet Ruhe im See.

Entspannt im Fluss treiben

Eines der zehn Tao-Geheimnisse empfiehlt, im Fluss zu bleiben, keinen Widerstand aufzubauen und in jedem Moment lebendig und angemessen zu reagieren. Auch dies ist eine gute Möglichkeit, Verspannungen abzubauen.

Dschuang Tse erzählt hierzu eine interessante kleine Geschichte: Eines Tages kommt Konfuzius an einen Fluss, der in einen riesigen Wasserfall übergeht. Er steht am Ufer, als auf einmal ein altes Männlein aus dem Wald springt und kopfüber in den Fluss fällt. Entsetzt muss Konfuzius mit ansehen, wie der Alte den Wasserfall hinabstürzt. »Wie schrecklich«, denkt er bei sich. »Vermutlich ist der Mann seines Lebens überdrüssig und will ihm ein jähes Ende setzen.«

Sich dem Strom des Lebens anzuvertrauen, anstatt gegen alles Widerstände aufzubauen, führt von selbst zu Entspannung.

Als Konfuzius jedoch den Wasserfall hinabblickt, sieht er, wie das alte Männlein unten putzmunter aus dem Wasser steigt und kurz darauf schon wieder am Ufer auf- und abhüpft. Außer sich vor Staunen bittet der Gelehrte einen Schüler, den Mann zu ihm zu bringen. Als der Alte vor ihm steht, fragt er ihn: »Wie geht das zu? Als ich dich beobachtete, dachte ich, du wolltest dir das Leben nehmen, und nun bist du aus dem Wasserfall gekommen, als sei nichts gewesen. Durch welche Kunstfertigkeit ist dir dies nur gelungen?«

»Aber nicht doch«, antwortet der Greis. »Eine bestimmte Methode habe ich nicht. Vielmehr tauche ich ganz einfach mit dem einen Strudel hinein, mit dem anderen wieder hinaus. Und indem ich dem Wasser keinerlei Widerstand leiste, werde ich selbst zum Wasser.«

Sich dem Strom des Lebens anvertrauen

Nur dadurch, dass der alte Mann sich vollkommen entspannt im Fluss treiben ließ und weder sein Geist noch sein Körper Widerstand leistete, konnte er vollkommen unversehrt aus dem Wasser steigen.

Entspannung entsteht von selbst, wenn wir lernen, mit dem Strom zu treiben, statt gegen ihn anzuschwimmen. Wenn Sie sich dem Fluss des Lebens anvertrauen, ist es gar nicht mehr schwierig, den Dingen ihren Lauf zu lassen und selbst inmitten größter Hektik Ruhe zu bewahren.

Seine Zeit kontemplativ zu verbringen, ist alles andere als verlorene Zeit. Denn dadurch regenerieren wir uns und können das Leben genießen.

Nutzlos sein

Ein Taugenichts, ein Nichtsnutz zu sein, das ist mit das Schlimmste, was man einem zivilisierten Bürger an den Kopf werfen kann. Jeder will schließlich zu etwas nutze sein, will sich nützlich machen und auf dem großen Karussell der allgemeinen Geschäftigkeit und Betriebsamkeit mitfahren dürfen.

Die meisten Menschen definieren sich über ihre Rolle, die sie im sozialen Gefüge spielen – über den Nutzen, den sie für die Gesellschaft haben. Arbeitslosigkeit und Ruhestand werden meist als Schicksalsschläge angesehen, denn plötzlich ist man zur Nutzlosigkeit verdammt.

Es gibt schon so viel Nützliches auf der Welt – versuchen wir einfach, uns von der Perspektive der Zweckdienlichkeit zu befreien.

Eine ganz andere Sichtweise nehmen die taoistischen Weisen ein. Maschinen sollen ruhig nützlich sein – bei Menschen zählt etwas anderes. Taoisten bemühen sich nicht darum, nützlich zu leben, sie versuchen, sinnvoll und mit Poesie zu leben. Das Leben an sich, die Lebensfreude, das Gefühl, in Übereinstimmung mit seiner Natur und seinen Begabungen zu handeln, die Freiheit von gesellschaftlichen Zwängen und die völlige Unabhängigkeit vom Lob oder Tadel der anderen – all das ist dem Taoisten viel wichtiger, als sich nützlich zu machen.

Wenn wir auf einer Wiese liegen, die Wolken beobachten, ein Lied pfeifen und die Welt vergessen, hat dies keinen offensichtlichen

Nutzen für die Welt und doch ist es eine der besten Möglichkeiten, um Verspannungen abzubauen und wieder zu sich zu kommen.

Je nützlicher Sie sind, desto mehr lädt man Ihnen auf

Die Philosophie der Nutzlosigkeit kann sehr hilfreich sein, um geistiges Loslassen zu üben. Die Nutzlosigkeit ermöglicht uns, Abstand zur weltlichen Betriebsamkeit mit all ihrer Hektik, ihren Aggressionen und ihrer Zerstreuung zu gewinnen.

Dschuang Tse beschreibt den Wert der Nutzlosigkeit in der »Geschichte vom heiligen Baum«: *»Auf seiner Reise nach Khü-Yüan bemerkt der Zimmermann Tschih eine riesengroße, alte Eiche, die hoch über die Hügel ragt und einen enormen Umfang hat. Da er achtlos am Eichenbaum vorbeigeht, fragt sein Geselle ihn erstaunt: ›Während meiner ganzen Lehre sah ich nie ein derart beeindruckendes Holz wie dieses. Wie kann es sein, Meister, dass du achtlos an ihm vorbeigehst, ohne stehen zu bleiben?‹*

Darauf erwidert Meister Tschih: ›Der Baum ist nicht der Rede wert. Sein Holz ist zu nichts nutze. Fertigst du ein Boot daraus, wird es sinken; machst du einen Sarg, wird er schnell verfaulen; fertigst du daraus Möbel an, werden sie bald zusammenfallen … Nur weil dieses Holz völlig nutzlos ist, hat es sein hohes Alter erreicht.‹

Zu Hause angelangt, legt sich der Zimmermann zum Schlafen nieder. Im Traum erscheint ihm die Eiche und sagt zu ihm: ›Womit vergleichst du mich? Etwa mit den edlen Bäumen? Weißdorn, Birnbaum, Apfelbaum und andere Obstbäume werden geplündert, sobald ihre Früchte gereift sind. Dabei werden ihre großen Äste abgesägt, die kleinen Zweige abgebrochen. So schädigen diese Bäume ihr Dasein durch ihren Nutzen …‹«

Je größer Ihr Nutzen ist, desto mehr Menschen werden versuchen, Sie für ihre Zwecke einzusetzen, und Sie werden kaum noch zur Ruhe kommen.

Sie werden es schon selbst erlebt haben: Je nützlicher Sie sich machen, desto mehr Menschen wollen etwas von Ihnen.

Nutzlosigkeit zu pflegen hängt auch damit zusammen, nein sagen zu können. Machen Sie sich bewusst, wo Ihre Grenzen sind. Denken Sie daran, dass Ihre Lebensenergie nicht unbeschränkt ist. Widmen Sie sich den Dingen, die Sie wirklich interessieren. Legen Sie nicht zu viel Wert auf das, was andere von Ihnen denken, wenn Sie nicht immer bereit sind, sich für sie aufzuopfern. Auch dies ist ein einfacher taoistischer Weg, um mehr Ruhe, Gelassenheit und Entspannung zu entwickeln.

Tao-Meditation

Im Taoismus spielt die Meditation eine zentrale Rolle. Sie gilt als der effektivste Weg, um Gemütsruhe und inneres Glück zu erlangen.
Im Grunde sucht jeder Mensch nach Glück. Meist glauben wir, dass wir umso glücklicher sind, je eher es gelingt, uns unsere gehegten Wünsche zu erfüllen: Wenn erst einmal der richtige Job, der richtige Partner, das größere Haus oder der passende Wohnzimmertisch gefunden ist, dann – ja, dann werden wir endlich glücklich sein.
Die Taoisten sehen das anders: Sie sagen, dass Glück, Zufriedenheit, Harmonie und Wohlbefinden nicht so sehr mit äußeren Umständen zusammenhängen. Ganz im Gegenteil – jeder neue Wunsch stellt für sie nur ein Hindernis auf dem Weg zur Zufriedenheit dar. Und so gibt es aus taoistischer Sicht nur einen einzigen richtigen Zeitpunkt, sich um sein Glück, seine innere Ruhe und seine Ausgeglichenheit zu kümmern – jetzt gleich.

Für die Taoisten gibt es nur einen einzigen richtigen Zeitpunkt, um glücklich zu sein: jetzt gleich.

Sofort glücklich sein

Glücklich sein im Hier und Jetzt – und zwar unabhängig davon, ob wir in Reichtum oder Armut leben, ob die Umstände günstig oder ungünstig sind – das hört sich ja recht schön an ... Doch wie kann man diesen Zustand erreichen? Wie sollen wir erkennen, dass es gar nicht nötig ist, erst noch alles Mögliche erreichen oder uns noch viele Wünsche erfüllen zu müssen? Wie können wir sofort glücklich werden?
Eine gute Möglichkeit zum Glücklichsein besteht darin, dem Weg des Tao zu folgen, d.h., alle Gedanken loszulassen, die uns unglücklich machen. Dazu gehören Gedanken an das, was sein sollte, was vielleicht einmal sein wird oder was gewesen ist. Sehnsucht, Hoffnungen, Befürchtungen, Sorgen und das Ablehnen der gegenwärtigen Wirklichkeit – all das sind Fallen, die uns den Zugang zum Hier und Jetzt erschweren.
Dem Tao zufolge besteht die einzige Chance, diesen Fallen zu entkommen, darin, ein unbeschwertes, waches und in hohem Maße sensibles Bewusstsein zu entwickeln. Die Methode, die zu einem solchen Bewusstsein führt, ist die Meditation.

Wie im Buddhismus spielt auch im Taoismus die Meditation eine wichtige Rolle. Hier ein Novize beim Gebet vor einer Buddhastatue.

Die Frage nach dem Wesentlichen

Meditation ist die Kunst, zum Wesentlichen zurückzukehren. Seit jeher haben sich die Taoisten gefragt, was wirklich wesentlich ist. Und dabei haben sie erkannt, wie wichtig es ist, alles loszuwerden, was unglücklich macht und was, über kurz oder lang, nur zu Enttäuschungen und Leiden führt.

Mit bunten Bildern, schönen Worten und angenehmen Klängen wird um unser Unterbewusstsein geworben, damit wir konsumieren – weil uns das angeblich glücklich macht.

Im »Wenzi« lesen wir: *»Um ihre Gemütsruhe nicht zu gefährden, verwarfen sie [die Meister des Tao], was ihrer wesenhaften Natur nicht entsprach; was der Entfaltung der Lebendigkeit im Wege stand, dem erlaubten sie es nicht, die Harmonie zu gefährden. Weder ihr Denken noch ihr Handeln überließen sie irgendwelchen Launen oder irgendwelcher Willkür. Sie aßen nur so viel, wie es der Größe ihres Bauches entsprach; sie kleideten sich nur so, wie es den Bedürfnissen des Körpers entsprach; sie wählten die Größe ihres Heims nur nach der wirklichen Notwendigkeit; ihre Handlungen waren der jeweiligen Situation immer angemessen.«*

Das Wesentliche für sich zu erkennen ist eine große Kunst. Ständig sind wir in Gefahr, den »zehntausend Dingen« zum Opfer zu fallen. Und nie waren die Verlockungen so groß wie heute. Immerhin sind die Werbeabteilungen aller großen Unternehmen mit nichts anderem beschäftigt, als damit, unsere Bedürfnisse anzuregen.

Mit psychologischem Geschick werden wir dazu verleitet, Dinge zu erwerben, die wir überhaupt nicht brauchen. Der Trick der Werbestrategen besteht darin, ihre Produkte mit angenehmen Gefühlen zu verbinden.

Leider lässt sich aber feststellen, dass uns der Konsum, mag er auch noch so viel Glück suggerieren, tatsächlich keine tiefe Befriedigung schenkt. Lao Tse schreibt:

»Die Fünf Farben machen das Auge blind,
die Fünf Töne machen das Ohr taub,
die Fünf Geschmacksrichtungen machen den Gaumen unempfindlich.
Rennen und Jagen machen den Geist wirr.
Wertvolle Güter machen die Menschen verrückt.
Daher sorgt der Weise sich um seine Mitte,
nicht um das Äußere.
Wie er das eine verwirft, gewinnt er das andere.«

Entscheidend ist herauszufinden, was einen *wirklich* glücklich macht. Eine nahe liegende Möglichkeit, auf das Wesentliche zu stoßen, besteht darin, sich vom Unwesentlichen zu befreien. Als unwesentlich erkannte Lao Tse »die fünf Farben«, »die fünf Töne«, »Rennen und Jagen« sowie »wertvolle Güter« – also Sinnesreize, die unseren Geist nur verwirren und vom Tao ablenken.

Im »Wenzi« werden andere Faktoren genannt, die uns vom Wesentlichen wegführen: *»Für die Weisen der alten Zeit war die Welt nur etwas Zusätzliches, das sie nicht zu besitzen begehrten. Sie überließen die Welt sich selbst und befreiten sich von Profitgier. Sie ließen nicht zu, dass Sorge um Armut oder Reichtum, Ehre oder Schande, hohe oder niedere Stellung ihre wesenhafte Harmonie in Gefahr brachte.«*

Jeder muss für sich selbst herausfinden, was ihn wirklich glücklich macht. Es gibt keine Standardantworten.

Zeit – der große Luxus

Wenn Sie darüber nachdenken, was Ihrem Glück im Weg steht, werden Sie vielleicht andere Antworten erhalten. Möglicherweise stehen Ihnen Suchtmechanismen, übertriebene Geschäftigkeit oder Konkurrenzdenken im Wege.

Vielleicht hindert Sie aber auch der Wunsch nach Luxus daran zu erkennen, dass Zeit für Sie selbst, innere Ausgeglichenheit sowie seelisches und körperliches Wohlbefinden viel wertvollere Luxusgüter sind.

Tiere und selbst Kinder noch erhalten ihre Vitalität aus dem Selbstverständnis heraus zu sein – fern von Zeitdruck und Terminen.

Die »Zehn Geheimnisse des Tao« können Ihnen dabei sehr behilflich sein, sich von allem zu befreien, was unglücklich macht: Überflüssiges meiden, nicht kämpfen, Yin und Yang ins Gleichgewicht bringen oder sanft mit sich und anderen umgehen sind einige gute Wege.
Doch die beste und edelste Möglichkeit, um Ruhe, Kraft und inneren Frieden zu entwickeln, besteht darin, zur Quelle zurückzukehren. Indem wir zur Quelle, zu unserem ursprünglichen Wesen zurückkehren, entwickeln wir ganz von selbst ein meditatives Bewusstsein. Dieses Bewusstsein wird uns automatisch vor unnötigen Irr- und Umwegen schützen und uns zeigen, worauf es für uns wirklich ankommt.

Der Sinn des Meditierens

Es gibt viele Gründe zu meditieren: um mehr Gelassenheit zu entwickeln, um Stress abzubauen oder um ganz allgemein die Gesundheit zu fördern. Aktuelle Untersuchungen haben gezeigt, dass sich die Aktivität der Gehirnwellen in der Meditation beruhigt; gleichzeitig wird die Sauerstoffaufnahme aktiviert. Davon profitiert nicht nur das Gehirn, sondern alle Organe, ja alle Zellen unseres Organismus.
Es hat sich gezeigt, dass das Immunsystem von Menschen, die regelmäßig meditieren, besonders gut arbeitet. Darüber hinaus leiden Meditierende nur selten unter Schlaflosigkeit, Ängsten und seelischen Anspannungen.

Für mehr Gelassenheit ,um Stress abzubauen oder um die Gesundheit zu fördern ist die Meditation immer wieder eine wohltuende Übung.

Die Taoisten wussten natürlich, dass Meditation entspannt, die Gesundheit stärkt und mehr Lebensenergie schenkt. Doch war dies nicht der Grund dafür, die Kunst der Meditation zu pflegen. Die Meister des Tao konnten nicht anders, als zu meditieren. So, wie ein inspirierter Maler nicht anders kann, als zu malen, war das ganze Sein der Taoisten mit der Meditation verwoben. Die Art, wie sie lebten, atmeten, sich bewegten und ihr Dasein genossen, war von Poesie, Sensibilität und Meditation geprägt.
Ein meditativer Geist ist an sich schon das Ziel, die Belohnung, denn er ist das Schönste, was man sich vorstellen kann.
Dem Tao folgen heißt nichts anderes, als eine meditative, kindliche, offene Perspektive einzunehmen. Meditation führt zu einer vollkommenen Erneuerung des Erlebens. Ängstlichkeit, Sorgsucht, eingefahrene Denkmuster oder negative Emotionen haben keine Macht

mehr über den, der ein gesammeltes, heiteres und meditatives Bewusstsein entwickelt hat.
Die Taoisten vertraten die Ansicht, das eigentliche Wesen des Menschen sei von Klarheit und Frieden geprägt. Lü Yang sagt dazu: *»Das Wesen des Geistes ist rein, das Wesen des Geistes ist ruhig.«*
Um den Durchbruch zu diesem Wesenskern zu ermöglichen, müssen die Gedanken ruhig werden. Perlen findet man eher, wenn der Wasserspiegel glatt und ruhig ist.
Die Wellen zur Ruhe kommen lassen, den klaren Blick in die Tiefe ermöglichen – darum geht es in der taoistischen Meditation. Eine bessere Gesundheit, mehr Entspannung, weniger Stress und eine intelligentere Weise, mit schwierigen Situationen umzugehen, sind dabei lediglich angenehme Nebenwirkungen.

Für die Meister des Tao war es ein Leichtes, ihr Bewusstsein nach innen zu lenken und zu jeder Zeit die unmittelbare Gegenwart des Hier und Jetzt zu erfahren.

Praktische Tipps für die Tao-Meditation

Meditation hilft uns, das Wesentliche zu erkennen. Dieses Wesentliche sind wir selbst. Denn in uns ist das gesamte Universum enthalten, auch wenn wir das normalerweise mit dem Verstand nicht erkennen können. Meditation bietet uns die Möglichkeit zur Selbsterkenntnis. Lao Tse sagt: *»Wer andere kennt, ist klug; wer sich selbst kennt, weise.«*
Zu allen Zeiten waren sich Taoisten darüber einig, dass die Rückkehr zur Quelle der beste Weg zu Zufriedenheit und Gelassenheit ist. Uneinigkeit herrschte allerdings über die richtige Methode, wie man ein meditatives Bewusstsein erzeugt. Während einige taoistische Schulen verschiedene Atem- und Visualisierungstechniken anbieten und bestimmte Meditationshaltungen empfehlen, hielten sich die Meister des ursprünglichen Taoismus mit konkreten Ratschlägen zurück.
Im »Wenzi« heißt es: *»Die Weisen der alten Zeit weilten friedlich in sich; sie passten sich der jeweiligen Situation und dem jeweiligen Ort an, ohne Widerstand zu leisten.«*
Hätte man die Meister des Tao nach ihrer Technik gefragt, hätten sie wahrscheinlich mit Wu-Tzu – ohne Methode – geantwortet. Aus ihrer Sicht sind Methoden und Techniken nicht nötig. Es genügt ihrer Ansicht nach zu erkennen, dass es nichts zu erreichen gilt, dass alles vollkommen perfekt ist, so wie es ist. Dazu reicht es, die

Aufmerksamkeit des Geistes, der normalerweise gänzlich auf äußere Dinge gerichtet ist, nach innen zu lenken und sich seiner Selbst bewusst zu werden.

»Das Wesen des Geistes ist rein, das Wesen des Geistes ist ruhig«, schreibt Lü Yang. *»Offenheit, Weite und Freiheit entsprechen dem Wesen des Geistes. Den Geist kultivieren bedeutet, ihn in seinem ursprünglichen Zustand bewahren – klar wie das Wasser eines Bergsees, klar, frisch, unbeschmutzt, friedvoll wie ein tiefes Tal, frei von jeglichem Lärm, weit wie der Kosmos, grenzenlos in seiner Ausdehnung.«*

Bei der Meditation wird die Aufmerksamkeit des Geistes nach innen gelenkt. Gedanken und innere Bilder, Selbstgespräche oder Grübelei sollen zur Ruhe kommen.

Da der Geist ohnehin rein, klar und grenzenlos wie der Kosmos ist, geht es nur darum, dies auch zu erkennen. Meditation kann man also nicht *machen*, man kann sie nur zulassen.

Was wir tun müssen, ist, unsere Gedanken zu sammeln, sie nicht in die Ferne schweifen zu lassen. Wir müssen nur versuchen, Selbstgespräche und Grübelei zu unterbrechen und die vielen Bilder im Bewusstsein zur Ruhe kommen zu lassen; ebenso die vielen Worte.

»Viele Worte, manch Verlust«, sagte Lao Tse. Er meinte damit nicht nur, dass überflüssiges Reden Energie kostet, sondern auch, dass uns die vielen Selbstgespräche, die wir innerlich in jedem Augenblick führen, die Klarheit rauben.

Sich dem Rhythmus der Natur hingeben und zur Ruhe kommen sind wichtige Voraussetzungen zum Meditieren.

Meditationshilfen des Tao

Meditation kann nicht *gemacht* werden – man muss sie *entstehen lassen*. Für den Anfänger ist diese Aussage allerdings wenig hilfreich. Die Taoisten mögen wohl Zeit gehabt haben, den ganzen Tag am Fluss zu sitzen und in den Himmel zu schauen; und da ist es auch nicht schwer, irgendwann in einen meditativen Zustand zu gleiten. Doch wie können wir, die wir ins Büro gehen, unsere Kinder großziehen, einkaufen, kochen und waschen müssen, lernen, Meditation entstehen zu lassen?

Natürlich gibt es dazu Hilfsmittel. Einige Jahrhunderte nach Lao Tse fingen taoistische Meister an, in ihren Meditationsanweisungen konkreter zu werden. Sie suchten nach Möglichkeiten, ihren Schülern den Zugang zur Meditation zu erleichtern. Ihre Empfehlungen decken sich weitgehend mit denen der Yoga- und Zenmeister. Allerdings gibt es bei taoistischen Meistern lediglich Empfehlungen.

Die wichtigsten dieser »Abkürzungen« auf dem Weg nach innen haben wir für Sie zusammengefasst. Sie helfen Ihnen, einen Zustand herzustellen, in dem Sie abschalten, zur Ruhe kommen und relativ leicht in die Meditation hineingleiten werden:

Am Anfang sind konkrete Hilfen sehr nützlich, um den Zustand zu erreichen, in dem man abschalten, zur Ruhe kommen und in die Meditation hineingleiten kann.

Meditation darf nicht anstrengend sein

Zunächst ist es wichtig, sich von allem Ehrgeiz und von übertriebener Willenskraft zu befreien. Meditation darf nicht anstrengen – ganz im Gegenteil. Es geht darum, sich zu entspannen, loszulassen. Meditation ist der Zustand, in dem Kinder staunend in die Welt schauen, in dem sie mit anderen Kindern kreative Spiele erfinden – also nichts, was anstrengend ist.

Um meditieren zu können, ist es wichtig, entspannt zu sein, etwas Zeit für sich zu haben und sich ein wenig aus dem Alltag herauszunehmen – zumindest gilt dies für den Anfang, später können Sie überall und jederzeit meditieren.

Heiter und gelassen vorgehen

Meditation ist nichts besonders Ernstes. Wir kommen einfach nur zur Ruhe, lassen die Gedanken still werden, öffnen uns für den gegenwärtigen Moment – dafür gibt es kein Geld, keine Noten und keine Medaille. Gehen Sie also heiter und gelassen vor. Ärgern Sie sich nicht, wenn Sie nicht gleich Erleuchtung erlangen.

Nehmen Sie sich selbst nicht zu ernst, und gehen Sie mit Humor an die Sache heran. Wenn Sie unbequem sitzen, dann ändern Sie eben die Körperhaltung. Versuchen Sie nicht, eiserne Disziplin zu wahren – auf dem Weg des Tao ist dies nicht sinnvoll. Heitere Gemütsruhe entsteht ganz von selbst, wenn der Körper entspannt ist, wenn Sie ein sanftes Lächeln auf Ihre Lippen zaubern und Ihren Geist sammeln.

Je mehr wir uns von unserem persönlichen Ich befreien, desto leichter finden wir zu mehr Gelassenheit und Heiterkeit. Versuchen Sie, sich wenigstens zeitweise zu lösen, von Ihren Wünschen und Begierden. Befreien Sie sich von Ja und Nein, von »das will ich« oder »das will ich nicht«.

Im »Huainanzi« steht: *»Höchste Verwirklichung wird erlangt, wenn der Geist nicht mehr zwischen Sorgen und Freuden unterscheidet. Höchste Stille entsteht, wenn du handelst, ohne dich zu wandeln. Die edle Leerheit wird verwirklicht, wenn die üblichen Begierden keine Macht über dich haben. Höchste Gelassenheit wird erreicht, wenn du nicht zum Spielball deiner Vorlieben und Abneigungen wirst.«*

Achten Sie darauf, dass der Platz, an dem Sie sich zur Meditation niederlassen, Ihre Energie nicht schwächt.

Gute Voraussetzungen schaffen

Je länger wir den Weg des Tao beschreiten, desto leichter wird es, überall und jederzeit in einem friedlichen, meditativen Zustand zu sein. Am Anfang ist ein wenig Struktur jedoch sehr hilfreich.

Ein ruhiges Plätzchen erleichtert die innere Sammlung sehr. Wenn Sie anfangs meditieren möchten, um Ihre Gedanken von den Problemen des Alltags zu lösen, ist es günstig, sich in ein ruhiges Zimmer zurückzuziehen. In der wärmeren Jahreszeit können Sie auch einen Platz in der Natur aufsuchen – etwa eine Wiese oder einen Waldrand. Je weniger Leute um Sie herum auftauchen, desto leichter wird es sein, innerlich still zu werden.

Taoisten halten sich sehr gerne in der Natur auf. Es gibt Orte der Kraft, die eine besonders heilsame Energie ausstrahlen. Überall, wo es zu heiß, zu kalt, zu windig, zu dunkel oder auch zu laut ist, wird es schwierig, sich zu sammeln und zur Ruhe zu kommen.

Kleiden Sie sich bequem. Ihre Lebensenergie kann nur dann ungehindert fließen, wenn sie nicht durch einengende Kleidungsstücke wie Krawatten, Gürtel usw. behindert wird. Tragen Sie atmungsaktive, lockere Kleider. Ziehen Sie möglichst oft die Schuhe aus, und nehmen Sie direkten Kontakt zum Boden auf.

Besonders die Zeit zum Sonnenauf- oder untergang bietet eine stimmungsvolle Atmosphäre, um zu meditieren.

Vermeiden Sie es, den Körper innerlich zu belasten. Nach einer Hauptmahlzeit sollten Sie nicht meditieren, denn ein voller Bauch meditiert nicht gern. Solange die Verdauungsorgane damit beschäftigt sind, die Nahrung zu verdauen, ist es eher empfehlenswert, sich auszuruhen oder einen Spaziergang zu machen, als sich zur Meditation hinzusetzen.

Theoretisch können Sie zu jeder Tageszeit meditieren. Erfahrungsgemäß ist der frühe Morgen sowie die Zeit nach Sonnenuntergang jedoch besonders günstig. Solange der Alltag noch nicht begonnen hat, ist der Geist noch nicht so sehr in seinem weltlichen Bewusstsein verstrickt – das spricht für den frühen Morgen. Wenn die Aufgaben des Tages erledigt sind, fällt es oft leichter, sich zu entspannen – das spricht für den Abend.

Versuchen Sie, anfangs regelmäßig zu meditieren: etwa zur selben Tageszeit, eine bestimmte Zeit lang, an ein und demselben Ort.

Gute Voraussetzungen sind gute Voraussetzungen – nicht mehr und nicht weniger. Sie können auch voll gegessen in der Mittagshitze eines schwülen Sommertages an einer mehrspurigen Straße, mit einem unbequemen Anzug und Krawatte bekleidet, meditieren, können dabei gelassen bleiben und Ihre Mitte wahren ... Doch warum sollten Sie es sich so schwer machen? Wenn Sie sanfter mit sich umgehen, wird es Ihnen viel leichter fallen, die heilsame Kraft der Stille zu erfahren.

Der Taoismus ist keine Disziplin und keine Technik, sondern eine Lebensphilosophie. Daher gibt es kaum Anleitungen über die richtige Meditationshaltung von den Tao-Meistern.

Die richtige Haltung

Üblicherweise wird der richtigen Haltung in allen Meditationsschulen viel Bedeutung beigemessen. Die dem Tao entsprechende Haltung besteht darin, die Lebensenergie nicht zu blockieren und einen Zustand wacher Entspannung herzustellen. Die innere und äußere Haltung sollten der jeweiligen Situation angemessen sein.

Alles, was einengt, behindert den freien Atem und ebenso den freien Energiefluss. Dies gilt auch für belastende Gedanken und Gefühle. Die richtige Haltung ermöglicht es uns, im Fluss zu bleiben. Ob wir sitzen, stehen oder liegen, ist dabei nicht wichtig. Wichtig ist, dass wir uns unseres Körpers bewusst sind, denn dies ist der erste Schritt zu einer lebendigen, meditativen Sichtweise.

Günstige Sitzhaltungen für die Meditation

Um Meditation gezielt zu üben, wird traditionell die sitzende Haltung empfohlen. Im Liegen neigen wir dazu einzuschlafen; im Stehen fällt es den meisten Menschen schwer, sich zu entspannen. Der aufrechte Sitz ist auch insofern ideal, als die Atmung dabei nicht behindert wird und das Qi (Ch'i) frei fließen kann.

Wenn Sie auf dem Boden sitzen wollen, sollten Sie ein Sitzkissen oder eine zusammengefaltete Decke benutzen. Auf diese Weise stabilisieren Sie die Haltung und müssen keine Anstrengung unternehmen, um sie zu bewahren. Es gibt mehrere Möglichkeiten, auf dem Boden zu sitzen, und es hängt von Ihrer Gelenkigkeit ab, welche Haltung Sie bevorzugen.

Im **Fersensitz** (Bild oben) sitzen wir auf den Fersen, die Fußrücken und die Vorderseite der Unterschenkel berühren den Boden. Um uns die Stellung zu erleichtern, können wir ein kleines Kissen zwischen Fersen und Gesäß legen oder einen Meditationsschemel benutzen.

Der **Lotossitz** (Bild unten) ist nur etwas für sehr gelenkige Menschen, wenngleich die aus dem Yoga stammende Haltung die beste Meditationshaltung ist. Beim Lotossitz werden die Beine gekreuzt, der rechte Fuß wird auf den linken Oberschenkel, der linke Fuß auf den rechten Oberschenkel (oder umgekehrt) gelegt. Dieser Sitz ist äußerst stabil, doch sehr schwierig, und man sollte ihn keinesfalls erzwingen, wenn man keine überdurchschnittliche Flexibilität besitzt.

Der **halbe Lotossitz** (Bild rechts) ist eine leichtere Variante. Wiederum werden die Beine gekreuzt; der rechte Fuß möglichst nahe zum Körper gezogen, dann wird der linke Fuß auf den rechten Unterschenkel gelegt (oder umgekehrt). Sitzkissen erleichtern es sehr, den halben Lotossitz einzunehmen und die Wirbelsäule aufrecht zu halten.
Im Fernen Osten ist – im Gegensatz zu uns – das Sitzen auf dem Boden weit verbreitet. Anfangs wird es Ihnen daher vielleicht leichter fallen, im Schneidersitz zu sitzen.
Doch natürlich können Sie auch auf einem Stuhl sitzen. Allerdings sollte der Stuhl so hoch sein, dass Ober- und Unterschenkel einen Winkel von 90 Grad bilden können. Sitzen Sie möglichst aus eigener Kraft. Halten Sie die Wirbelsäule aufrecht. Die Füße sollten etwa schulterbreit auseinander mit ihrer gesamten Fläche auf dem Boden stehen.

Hauptsache, wach und entspannt

Gleichgültig, ob Sie im Fersen-, Lotos- oder Schneidersitz oder auf einem Stuhl sitzen: Achten Sie immer darauf, dass Ihre Haltung bequem, stabil und entspannt ist. Lassen Sie die Schultern und die vielen kleinen Muskeln des Gesichts entspannt, schließen Sie die Augen, lassen Sie den Atem strömen.
Legen Sie die Hände locker auf die Oberschenkel, oder legen Sie sie in den Schoß, wobei die Handflächen nach oben weisen und die eine Hand in der Handfläche der anderen liegt.
Das Wichtigste ist, dass Sie sich in Ihrer Haltung wohl fühlen. Legen Sie nicht zu viel Wert auf das exakte Befolgen der einen oder anderen Körperhaltung – Perfektionismus steht der meditativen, spielerischen Einstellung im Wege, die den Geist des Tao ausmacht.
Es geht nicht darum, gekünstelt zu sitzen, sondern darum, innerlich zur Ruhe zu kommen. Dies meint auch Meister Wang Che: »*Es genügt nicht, einfach nur still dazusitzen und die Augen zu schließen, denn das wäre gekünsteltes Sitzen. Wesenhaftes Sitzen erfordert einen Geist, der völlig unbeweglich bleibt, wie ein Berg, ganz gleich, was geschieht und ob du aktiv bist oder ruhst … Verschließe die Tore – schließe Augen, Ohren und Mund, lasse nichts Äußeres nach innen gelangen. Stilles Sitzen ist nicht möglich, solange noch der kleinste Gedanke vorhanden ist.*«

Mit etwas Übung erhöht sich Ihre Gelenkigkeit schnell. Wählen Sie aber am Anfang eine Haltung, die Ihnen leicht fällt und die sich bequem anfühlt.

Zu sich kommen, in sich gehen, sich sammeln – ein Ort der Stille ist dafür besonders erquicklich.

Kleine Tao-Meditationsübungen

Bei der Tao-Meditation geht es darum, still zu werden, den Geist zu sammeln und den üblichen Fluss von Gedanken und Emotionen zur Ruhe kommen zu lassen. Ist der Zustand der inneren Stille erreicht, können wir Kontakt zu unserer ursprünglichen Quelle aufnehmen, unsere Lebensenergie stärken, Klarheit erlangen und tiefe Freude erleben.

Die einfachste Art, eine meditative Lebensweise zu kultivieren, besteht darin, die »Zehn Geheimnisse des Tao« umzusetzen. Die folgenden Tao-Meditationen sind lediglich zusätzliche Vorschläge.

Es ist nicht im Sinne des Tao, von Meditationstechniken zu sprechen. Konkrete Meditationsvorschläge können aber sehr hilfreich sein – vor allem, wenn die Meditation noch Neuland für Sie ist.

Still werden, sich sammeln

»Das größte Geheimnis verbirgt sich in der Stille«, sagte Meister Lü Yang. Die taoistische Lebensweise ist darauf ausgerichtet, sich dem Lärm, der Hektik und der zum Großteil unwesentlichen Geschäftigkeit der Welt zu entziehen. Dazu ist es nicht nötig, in die Berge zu ziehen und in einer Höhle zu wohnen. Sie können mitten in der Großstadt leben und äußerlich Ihrem normalen Leben nachgehen – und dabei innerlich vollkommen still und ruhig sein.

Zur Quelle zurückkehren heißt, still werden, den Geist sammeln. Sitzen Sie ruhig, ohne sich zu bewegen. Halten Sie den Körper entspannt, aber aufrecht. Lassen Sie Ihre Gedanken zur Ruhe kommen.

Zunächst ist es wichtig, sich der vielen Gedanken und Gefühle bewusst zu werden, die durch das Bewusstsein ziehen. Indem Sie jeden auftauchenden Gedanken, jedes auftretende Gefühl beobachten, erkennen, akzeptieren und sogleich wieder loslassen, kehrt Ihr Geist allmählich immer mehr zur Quelle zurück.

Wenn Gedanken umherschweifen, sollte man sich von ihnen lösen. Lassen Sie nicht zu, dass Sie sich in Vorstellungen von der irrealen Zukunft oder in Gedanken an die längst verstorbene Vergangenheit verstricken.

Lösen Sie sich vor allem von emotionalem Denken: Ärger, Neid, Eifersucht, Missgunst, aber auch Ängstlichkeit und Sorgen aller Art sind geistiges Unkraut. Sie halten das egozentrierte Denken in ständiger Bewegung und führen zu Unausgeglichenheit und inneren Anspannungen.

Bleiben Sie im Fluss, indem Sie in heiterer Gemütsruhe an der Quelle verharren und sich durch nichts aus der Ruhe bringen lassen – weder durch herumschweifende Gedanken noch durch äußere Reize wie Geräusche, ein Jucken an der Nase oder einen eingeschlafenen Fuß.

Versuchen Sie nicht um jeden Preis, zur Ruhe zu kommen: Kommen Ihnen Gedanken in den Kopf, akzeptieren Sie sie und lassen Sie sie wieder los.

Im »Wenzi« lesen wir: *»Sie [die Weisen] lassen ihre Augen entspannt und klar werden. Sie schauen nicht umher, sie schließen ihren Mund und sprechen nicht. Sie beruhigen ihren Geist und denken nicht; sie verabschieden sich von Besserwisserei und kehren zur absoluten Einfachheit zurück; sie lassen ihr Bewusstsein zur Ruhe kommen und machen sich von allem Wissen frei. So werden sie frei von ›Ja‹ und ›Nein‹ und erlangen die heilende Stille.«*

Je länger Sie in der Stille verweilen, desto heilsamer wirkt sich dieser Zustand auf Körper und Seele aus. Auf diese Weise können Sie Ihren Körper verjüngen, sich von Krankheiten befreien und Ihre eigentliche Natur erkennen.

Die Atemmeditation

Der Atem kann uns in den Zustand der Meditation hineintragen. Allerdings dürfen wir den Atem dazu nicht zwingen, sondern wir sollten ihn einfach nur entspannt kommen und gehen lassen. Wang Che sagt: *»Harmonisiere den Atem, während du zugleich deinen Geist zur Ruhe bringst. Bringe deinen Geist zur Ruhe, indem du zugleich den Atem harmonisierst.«*

Je ruhiger und fließender der Atem wird, desto klarer und ruhiger wird auch der Geist. Indem wir dem Ein- und Ausströmen des Atems achtsam folgen, sammeln wir unsere Lebensenergie und betreten das Reich der wohltuenden Stille.

Die Methode der Atemmeditation besteht darin, sich des Atems bewusst zu werden, was nicht heißt, dass wir den Atem dadurch verändern. Folgen wir einfach nur dem Auf und Ab der Bauchdecke, die sich beim Einatmen sanft hebt und sich beim Ausatmen wieder senkt. Je leiser der Atem dabei durch die Nasenlöcher strömt, desto besser.

Gerade für den Anfänger eignet sich die Atemmeditation besonders gut: Indem wir einfach entspannt dem Atem folgen, gleiten wir leicht in den Zustand der Meditation hinüber.

Meister Chang Sangfeng schreibt: *»Wem es leicht fällt, keine Gedanken aufkommen zu lassen, der muss überhaupt nicht auf den Atem achten. Wenn jedoch Gedanken auftauchen, kann der Atem genutzt werden, um wieder zur Ruhe zu kommen; dazu genügt es, die Achtsamkeit auf den Atem zu lenken, bis die Gedanken sich verflüchtigen. Übermäßige Konzentration auf den Atem ist nicht hilfreich.«*

Den Atem achtsam wahrzunehmen ist besser, als sich auf ihn zu konzentrieren. Durch Konzentration fixieren wir unseren Geist, durch entspannte Achtsamkeit hingegen ermöglichen wir es ihm, sich frei zu entfalten.

Beobachten Sie Ihren Atem so, wie Sie das Spiel der Wellen am Meer beobachten würden – heiter, entspannt, ein wenig neugierig,

Sich seines Atems bewusst zu werden ist eine wichtige Erfahrung beim Meditieren.

aber auf jeden Fall ohne Anstrengung und Willenskraft. Genießen Sie, wie Ihr Atem Körper, Seele und Geist durchdringt, und genießen Sie die Klarheit, die auf diese Weise ganz von selbst entsteht.

Die Lauschmeditation

Eine der einfachsten Möglichkeiten, seinen Geist von quälendem oder unnötigem Gedankenballast zu befreien, ist das Lauschen. Lauschen hat nichts mit oberflächlichem Hören zu tun. Bei der Lauschmeditation geht es darum, seine ganze Aufmerksamkeit auf die Welt der Klänge zu lenken.

Unser Gehör ist sehr aufnahmefähig. Während wir unsere Augen jederzeit schließen können, sind unsere Ohren immer geöffnet, offen und aufnahmebereit.

Durch Hören innerlich still werden – die Lauschmeditation ist eine der einfachsten Möglichkeiten, sich vom Ballast der Gedanken zu befreien.

Damit Lauschen eine heilsame Wirkung hat, ist es günstig, seine Ohren auf die Geräusche der Natur zu lenken, wie es auch schon die alten Taoisten taten.

Motoren-, Baustellen- und Großstadtgeräusche eignen sich als Meditationshilfen nicht besonders gut. Wenn Sie die Augen schließen, die Außenwelt vergessen und die Geräusche, die an Ihr Ohr dringen, wahrnehmen, ohne sie einzuordnen, kann allerdings selbst Motorenbrummen Meditation auslösen. Leichter und sinnvoller ist es jedoch, sein Ohr auf harmonischere Klänge zu richten.

Auch wenn Sie in der Stadt wohnen, können Sie sicher immer wieder einmal in die Natur hinausgehen. Bei einem Waldspaziergang, einer kleinen Bergwanderung oder einem Aufenthalt am Meer fällt die Kunst des Lauschens besonders leicht.

Naturklänge haben eine heilsame Wirkung auf Körper und Seele. Nicht umsonst werden sie auf CDs mit Meditationsmusik so oft eingesetzt.

Die Liveklänge der Natur sind allerdings wesentlich abwechslungsreicher und komplexer als die konservierten. Nützen Sie daher möglichst oft im Freien die Gelegenheit, dem Sausen des Windes, dem Rascheln der Bäume oder dem kräftigen Brausen des Sturms zu lauschen.

Bei einem Waldspaziergang können Sie Ihre Achtsamkeit auf den Gesang der Vögel richten. Wenn Sie sich am Meer aufhalten, sollten Sie sich in den Sand setzen und den Geräuschen des Meeres und der Wellen, die an Land gespült werden, lauschen.

Sich im Hier und Jetzt zu spüren erreicht man, indem man seiner Kreativität freien Lauf lässt.

Es gibt viele Gelegenheiten, zu lauschen und dadurch innerlich still zu werden: das Plätschern des Regens im Teich, das Laub, das unter Ihren Füßen raschelt, der Hagel, der auf das Dach schlägt, das Donnern eines nahenden Gewitters, der Gesang der Vögel, das Fließen des Baches usw.

Alles, was Sie tun müssen, ist, sich mit der Natur zu verbinden, die Augen zu schließen, die Ohren zu öffnen und den Geist zur Ruhe kommen zu lassen. Lauschen Sie den Klängen des Universums, als würden Sie einer kosmischen Musik lauschen. Auch dies ist eine Art, dem Weg des Tao zu folgen – sanft, fließend und ohne jegliche Anstrengung.

Die Augen schließen, die Ohren öffnen – lauschen Sie den Klängen der Natur, und lassen Sie den Geist zur Ruhe kommen.

Mit Poesie leben

Die Taoisten hatten einen ausgesprochenen Sinn für Poesie. Sie liebten die Schönheit der Natur und drückten diese Schönheit durch Musik, Malerei und Dichtung aus.

Wenn wir uns umsehen, erkennen wir, dass unsere Welt sehr nüchtern geworden ist. Zahlen, Tabellen, Formulare, Aktienkurse, Steuererklärungen, Rechtschutzversicherungen – alles nicht gerade poetische Dinge. Je weiter der Mensch sich von seinem natürlichen Ursprung entfernt, je zivilisierter er wird, je mehr er funktionieren und leisten muss, desto mehr stirbt seine Kreativität.

Dem Weg des Tao folgen wir auch, indem wir wieder Mut zur Kreativität haben. Kreativität bietet viele Möglichkeiten, in meditative Zustände zu versinken und die verloren gegangene Schönheit wiederzuentdecken.

Warum sollten wir uns mit einem grauen Alltag zufrieden geben? Eintönigkeit und Routine gehören nicht zu unserer wesenhaften Natur. Dem Weg der Natur folgen, das heißt auch, zu malen, zu musizieren, Gedichte zu schreiben oder ein selbst erfundenes Reisgericht mit exotischen Gewürzen zu kochen.

Es geht dabei gar nicht darum, irgendetwas Großartiges oder gar Perfektes herzustellen. Es geht vielmehr darum, dass wir das Recht haben, kreativ tätig zu werden, auch wenn das, was dabei herauskommt – etwas, was die Taoisten nie gekümmert hat –, den Ansprüchen der Kunstkritiker nicht gerecht wird.

Haben Sie keine Angst davor, mit Aquarellfarben herumzuexperimentieren, einer Bambusflöte einige Töne zu entlocken oder in Ihrem Zimmer ausgelassen herumzutanzen, wenn Ihnen danach zumute ist.

Erwecken Sie Ihre Kreativität zu neuem Leben – ganz egal, ob das Resultat den Ansprüchen der Kritiker gerecht wird oder nicht.

In allem, was wir tun, können wir kreativ sein, unserer Lebensfreude Ausdruck verleihen, uns in Einklang mit dem Tao bringen. Wenn wir das tun, was unserem innersten Wesen entspricht, wird das immer etwas Wertvolles sein.

Dieser Wert steckt jedoch nicht im Äußeren, in dem »Werk«, das wir schaffen, wenn wir kreativ sind. Nicht das Getane ist das, was wertvoll ist, sondern das Tun selbst. Es geht nicht darum, irgendetwas besonders Großartiges oder gar Perfektes herzustellen. Das Großartige und Perfekte ist vorhanden – nämlich im kreativen Tun oder der poetischen Betrachtung selbst.

Wichtig ist gerade, dass Sie sich keine Gedanken darüber machen, wie andere Ihr Tun bewerten. Denn nicht das Ergebnis Ihres Handelns, sondern der Weg dorthin, das kreative, freie, freudige Tun selbst ist das Entscheidende.

Poesie, Farben, Düfte und Klänge sind sehr wichtig für unsere seelische und körperliche Gesundheit. Die Menschen, die der Lebensphilosophie Tao folgen, denken nicht lange über Resultate nach. Offen und neugierig wie Kinder beschäftigen sie sich mit allem, was ihnen Freude macht. Auch das ist eine Art, sanft mit sich selbst umzugehen, seiner inneren Natur zu folgen und Meditation zu praktizieren.

Tao-Power

Die meisten Menschen haben schon einmal erlebt, wie es sich anfühlt, wenn es einem an Energie fehlt – wenn man morgens kaum aus dem Bett kommt, wenn man sich matt und müde fühlt, sich nicht konzentrieren und keinen klaren Gedanken fassen kann. Aber wahrscheinlich kennen Sie auch das Gegenteil: Es gibt Tage, da quellen Sie über vor Tatendrang, fühlen sich wohl und aktiv.

Die Künste der Shaolin-Mönche sind keineswegs übernatürlich; sie sind nur sichtbarer Ausdruck ihrer Energie.

Was ist das für eine Energie? Ihr Arzt wird sie nicht messen können, und dennoch fühlen Sie selbst ganz deutlich, dass es diese Energie gibt, die Sie manchmal förmlich durchströmt – was dazu führt, dass Sie sich dann besonders gut fühlen.

Wenn wir diese Energie verstärken und immer über sie verfügen könnten, würden wir eine Menge mehr schaffen. Das ist tatsächlich möglich. Wir müssen dazu nur die Geheimnisse des Tao beachten.

Lao Tse schreibt:

> *»Der die Fülle Wahrer Kraft bewahrt,*
> *gleicht dem neugeborenen Kind.«*

Die alten Chinesen nannten die Lebensenergie Qi. Am spektakulärsten zeigen sich die Möglichkeiten, die sich mit der Kultivierung des Qi entwickeln, bei den bekannten Shaolin-Mönchen, die ihre Künste in den letzten Jahren auch bei uns demonstriert haben: Ein Mönch zerschlägt Betonplatten mit dem Kopf, ein anderer schiebt schwere Gewichte mit einem Speer, dessen Spitze an seiner Kehle sitzt, ein weiterer läuft eine fünf Meter hohe Wand empor. Manche vermuten Übernatürliches hinter diesen Künsten, andere bewundern nur die große Körperbeherrschung.

Die Fähigkeiten der Shaolin-Mönche und anderer, die sich in taoistischen Methoden üben, sind keineswegs übernatürlich; ganz im Gegenteil: Diese Menschen nutzen nur das, was in jedem Menschen steckt – ihre Energie, ihr Qi. Auf der anderen Seite sind diese Künste nicht bloße Körperbeherrschung. Da mag einer noch so lange ins Fitnessstudio gehen und seinen Körper stählen: Diese Fähigkeiten wird er dadurch nicht erwerben. Natürlich trainieren die Shaolin-Mönche auch körperlich hart; doch in der Hauptsache üben sie taoi-

Ein Shaolin-Mönch, der beim Stockkampf im Moment der größten Konzentration geschmeidig und gelassen durch die Luft fliegt.

stische Methoden, die es ihnen ermöglichen, ihre Energie perfekt zu nutzen.

Uns geht es nicht darum, Sie zu einem Akrobaten, Kampfkünstler oder Shaolin-Mönch auszubilden. Auch halten wir es für wenig sinnvoll, mit dem Kopf Betonplatten zu spalten. Es geht uns darum, Ihnen zu zeigen, was Ihnen alles möglich sein kann, wenn Sie Ihre Energien kennen lernen. Jeder von uns kann lernen, seine Energien optimal zu nutzen – sie zu bewahren, anstatt sie, wie üblich, zu vergeuden.

Erkennen Sie, was Ihnen alles möglich sein kann, wenn Sie lernen, Ihre Energien optimal zu nutzen.

Dazu ist keinerlei Anstrengung oder hartes Training nötig. Vollziehen Sie einfach die folgenden drei Schritte:

- Üben Sie, Ihre Lebensenergie zu bewahren, indem Sie beobachten, was Ihnen Energie raubt, und es ablegen, und indem Sie beobachten, was Ihnen Energie gibt, und es kultivieren.
- Pflegen Sie die drei großen Kräfte, die Ihre Lebensenergie dauerhaft erhöhen – Mitgefühl, Nachsicht und Vergeben. Denken Sie in jeder Situation daran, Gelassenheit zu bewahren, und erlernen Sie die Kunst des inneren Lächelns.
- Praktizieren Sie ein paar einfache, aber höchst effektive Atemlenkungsübungen, die die alten Taoisten entwickelten (siehe Seite 81ff.).

Energie sparen

Wie viel mehr Energie können wir allein dadurch haben, dass wir unsere Lebensenergie nicht mit Dingen vergeuden, die uns nur schaden und keinerlei Vorteile bringen. Solche Dinge sind beispielsweise:

- Negative Gedanken und Gefühle über uns selbst
- Negative Gedanken und Gefühle gegenüber unseren Mitmenschen
- Negative Gedanken und Gefühle über unsere Lebenssituation
- Hassgefühle
- Neid
- Gier
- Sorgen.

Gedanken und Gefühle sind Ausdrucksformen der Lebensenergie. Positive, ruhige, gelassene, friedvolle und liebende Gedanken und Gefühle erhöhen die Lebensenergie. Negative Gedanken und Gefühle hindern den Fluss der Lebensenergie – und Energie, die stillsteht, ist verloren.

Die Energie unserer Gedanken und Gefühle wirkt sich auch auf unsere Welt aus: Wenn unsere Sichtweise von Gelassenheit und Heiterkeit geprägt ist, wird die Welt sich uns hell und schön darstellen, während sie düster und dunkel erscheint, wenn wir sie durch den Filter negativer Gefühle und Gedanken wahrnehmen.

Negative Gedanken und Gefühle sind Energieräuber: Sie entziehen uns wertvolle Lebensenergie.

Vermeiden Sie zerstörerische Energien

Dass Hass eine zerstörerische Energie ist, bedarf wohl kaum einer eingehenden Begründung. Der Hauptgrund aber, weshalb Hassgefühle so gefährlich sind, ist, dass Hass wieder Hass und Aggression erzeugt und ein Teufelskreis entsteht.

Hassgefühle wirken sich überdies vernichtend auf die Lebensenergie aus – alle Energien des Körpers und Geistes werden auf das Gefühl des Hasses gerichtet und verbrennen dort. Nur noch für das, auf das sich der Hass richtet, steht Energie zur Verfügung.

Hass schadet vor allem dem, der hasst: Wer einem schwierigen Kollegen mit Abneigung begegnet, wer sich über aggressive oder langsame Autofahrer erregt, wer andere Weltanschauungen, Nationalitäten, Lebensweisen, Religionen oder Hautfarben verachtet – der wird immer sich selbst Schaden zufügen und überdies den Keim weiteren Hasses säen.

Auch Neid ist ein großes Hindernis auf dem Weg zur Vervollkommnung. Und dabei ist Neid doch ein völlig unnötiges und hinderliches Gefühl. Jemand, der in irgendeiner Hinsicht weiter ist als man selbst, sollte doch eigentlich ein Grund zur Freude sein. Denn jeder Mensch, der weiter ist als man selbst, kann einem als Modell und Vorbild dienen und damit zu einer großen Hilfe und Motivation werden.

Wenn Sie glückliche, erfolgreiche, talentierte, weise Menschen sehen, sollten Sie nur Freude, Bewunderung und Zustimmung empfinden. Dann werden Sie spüren, dass Sie an Lebensenergie gewinnen – wenn Sie sich hingegen Neidgefühlen hingeben und dabei darauf achten, was in Ihnen geschieht, werden Sie feststellen, wie viel Energie Ihnen Neid raubt.

Eine weitere negative Energie ist die Gier. Sie ist die Wurzel allen Leidens. Und sie raubt Ihnen wertvolle Lebensenergie.
Ist ein Mensch von Gier befallen, wird er versuchen, diese Begierde zu befriedigen. Seine Energie wird sich einseitig auf das Objekt der Begierde richten und nicht mehr frei und ungehindert fließen – was gleichbedeutend mit einem Verlust an Lebensenergie ist.
Lassen Sie sich nicht von der Gier versklaven. Begierden werden Sie immer wieder in eine Sackgasse führen, denn alles ist vergänglich, und so wird jede Begierde letztlich enttäuscht werden. Je mehr unerfüllte Wünsche Sie hegen, desto stärker ist die Spannung, die sich aufbaut. Um Unzufriedenheit zu vermeiden, sollten Sie sich auf das Wesentliche konzentrieren. Die meisten Begierden entstehen nur, weil wir uns von den vielen Sinnesreizen – den »zehntausend Dingen« – verwirren lassen und darüber unsere Mitte verlieren.

Mitgefühl, Nachsicht und Vergeben sind positive Kräfte. Sie sind die besten Mittel für ein körperliches und seelisches Gleichgewicht.

Energieräubern begegnen

Allen negativen Kräften, die Ihnen Energie rauben, können Sie mit den drei großen Kräften begegnen: Mitgefühl, Nachsicht und Vergeben. Ob es sich um verrückte Autofahrer, ärgerliche Politiker, nervende Kollegen, streitsüchtige Freunde, aggressive Familienmitglieder, unverschämte Vorgesetzte oder unfreundliche Verkäufer handelt: Denken Sie stets ans Energiesparen. Wenn es Ihnen gelingt, die Energieräuber zu vermeiden, werden Sie den Zuwachs an Lebensenergie schnell an sich selbst erfahren.

Das Kultivieren der positiven Kräfte

Die positiven Kräfte Mitgefühl, Nachsicht und Vergeben sind die besten Heilmittel, um wieder ins körperliche und seelische Gleichgewicht zurückzufinden. Nun ist keine dieser drei Kräfte etwas, was man einfach an- und abschalten könnte. Sie müssen kultiviert und gepflegt werden. Doch ist das einfach, da Mitgefühl, Nachsicht und Vergeben den Kern des Menschseins ausmachen – Sie müssen wenig tun, um die drei Kräfte zu kultivieren; es genügt, ein wenig achtsamer zu sein und sich selbst zu beobachten. Dann werden Sie feststellen, dass alles, was Sie tun, Ihnen viel leichter fällt und Ihre Lebensenergie sich immer mehr entfaltet.

Die Fähigkeit, andere zu lieben, setzt voraus, sich selbst zu lieben.

Mitgefühl – die große Kraft

»Wen der Himmel bewahren will, bewahrt er mit der Kraft des Mitgefühls,« schreibt Lao Tse im »Tao Te King«. Mitgefühl ist in der Tat eine große Kraft. Ohne Mitgefühl gibt es keine echte Liebe. Liebe ohne Mitgefühl ist höchstens Selbstliebe.

Echtes Mitgefühl setzt voraus, dass man seine Selbstbezogenheit zurücknimmt und andere Menschen als gleichwertige Persönlichkeiten respektiert.

Barmherzigkeit, die man zur Schau stellt, um Bewunderung zu erfahren oder um das Selbstwertgefühl zu steigern, ist kein Mitgefühl. Auch das Beklagen misslicher Umstände oder Spenden an wohltätige Organisationen sind nicht dasselbe wie Mitgefühl. Wirkliches Mitgefühl bedarf der Achtsamkeit und Klarheit über die eigenen Motive.

Hört man auf die innere Stimme, dann zeigt sich schnell, ob man Mitgefühl empfindet, weil der innere Wesenskern tatsächlich mitfühlt, oder ob das Mitgefühl anderen Ursprungs ist. Sagt die innere Stimme: »Du bist doch wirklich ein guter, barmherziger Mensch!«, ist es kaum wirkliches Mitgefühl, was einen zu handeln veranlasst.

Mitgefühl zu üben scheint zunächst einfach. Der erste Schritt zu wahrem Mitgefühl ist das Zurücknehmen der Selbstbezogenheit. Mitgefühl entsteht, wenn man nicht ausschließlich auf sich selbst konzentriert ist, sondern offen und achtsam bleibt und von vorgefasstem Wissen Abstand nimmt.

Mitgefühl bedeutet auch, andere Menschen als gleichwertige Persönlichkeiten zu würdigen. Dazu gehört auch, ihnen nicht ihre Ent-

wicklungsmöglichkeiten zu nehmen. Es zeugt keineswegs von Mitgefühl, wenn man einem anderen jede Last und Herausforderung abnimmt. Wer anderen aus wahrem Mitgefühl heraus hilft, wird das immer so tun, dass der andere seine Würde behält.
Schon mit Kleinigkeiten können Sie viel erreichen. Beispielsweise, wenn Sie einem Bettler etwas Geld geben: Haben Sie wirklich mitgefühlt, wie es ist, obdachlos und ohne Hoffnung auf eine glückliche Zukunft zu sein? Oder haben Sie sich eher unangenehm berührt oder belästigt gefühlt? Haben Sie überflüssiges Kleingeld im Vorbeigehen in einen Hut geworfen, oder haben Sie überlegt, was Sie geben wollen? Haben Sie mit dem Bedürftigen ein paar nette Worte gewechselt und ihn angeblickt, oder haben Sie ihn gar nicht angesehen? Solche Kleinigkeiten machen einen gewaltigen Unterschied. Auch die Dankbarkeit dessen, dem Sie Mitgefühl bezeugt haben, ist völlig unwichtig. Wichtig wäre, selbst dankbar zu sein, eine Möglichkeit zu bekommen, Mitgefühl zu kultivieren.

Wenn man nichts Besseres zu tun hat, ist es kein Problem, eine Störung zu tolerieren. Toleranz und Nachsicht kann man dann beweisen, wenn man lieber seine Ruhe hätte.

Nachsicht und Toleranz üben

Wenn Sie die Kraft der Nachsicht kultivieren, werden Sie feststellen, dass Ihnen diese Kraft viel Energie gibt und Ihnen dabei hilft, Energieverschwendung entgegenzuwirken.
Nachsicht und Toleranz sind positive Mächte – doch wird oft missverstanden, was sie wirklich bedeuten. Die Mehrzahl der Menschen hält sich für großzügig und tolerant. Doch ihre Toleranz hat natürlich Grenzen – dort, wo sie etwas stört.
Am Anfang der Kultivierung der Nachsicht steht die Einsicht, dass Toleranz keineswegs dasselbe ist wie Gleichgültigkeit. Erst dann, wenn Sie bei einer wichtigen Tätigkeit gestört werden, Sie lieber Ihre Ruhe hätten und sich belästigt fühlen – dann können Sie Toleranz oder Nachsicht zeigen.
Es ist nicht immer leicht, Nachsicht zu üben. Überlegen Sie, welche gute Absicht hinter dem Verhalten eines Menschen steht – dann ist es schon viel leichter, nachsichtig zu sein. Machen Sie sich klar, dass nachsichtig zu sein nicht bedeutet, alles gutzuheißen.
Natürlich kann man es nicht gutheißen, wenn jemand stiehlt. Doch der Ruf nach härteren Strafen und das Ablehnen jeglicher Nachsicht wurzelt nicht in positiven Gefühlen. Wer nach Vergeltung und Strafe ruft, ist nicht gelassen, ruhig, mitfühlend und liebevollen

Herzens, ihn bestimmen eher Hass, Rachegefühle und andere zerstörerische Emotionen. Seien Sie nachsichtig mit sich selbst und anderen – um *Ihretwillen*.

Vergeben und verzeihen

Vergeben und Verzeihen sind Kräfte, die Ihr Leben erleichtern können. Vielleicht hat Ihnen jemand etwas so Schlimmes angetan, dass es Ihnen unmöglich scheint, ihm zu verzeihen. Das sind verständliche Gefühle – doch machen Sie sich klar, dass Sie, indem Sie jemandem etwas nachtragen, nur sich selbst schaden und Ihre Lebensenergie vergeuden.

Haben Sie das erkannt, werden Sie sehen, dass Sie besser daran tun, erlittenes Unrecht zu vergeben und zu verzeihen, als nicht zu verzeihen. Wenn Sie Menschen, denen Sie etwas nachtragen, verzeihen, können Sie eine große Last ablegen. Haben Sie jemandem wirklich verziehen, werden Sie sich fragen, warum Sie diese Bürde so lange mit sich herumgetragen haben.

Wenn Sie Ihren Mitmenschen ihre tatsächlichen oder vermeintlichen Schwächen vergeben und auch denen verzeihen, die Ihnen Unrecht getan haben, werden Sie die Welt mit den Augen des Herzens sehen können. Und die Augen des Herzens sind ein Quell der Lebensenergie.

Stellen Sie sich vor, ein Mensch, dem Schaden zugefügt wurde, muss dem Schädiger noch jahrelang einen großen Rucksack mit Alteisen hinterhertragen: Er wäre doppelt zu bedauern.

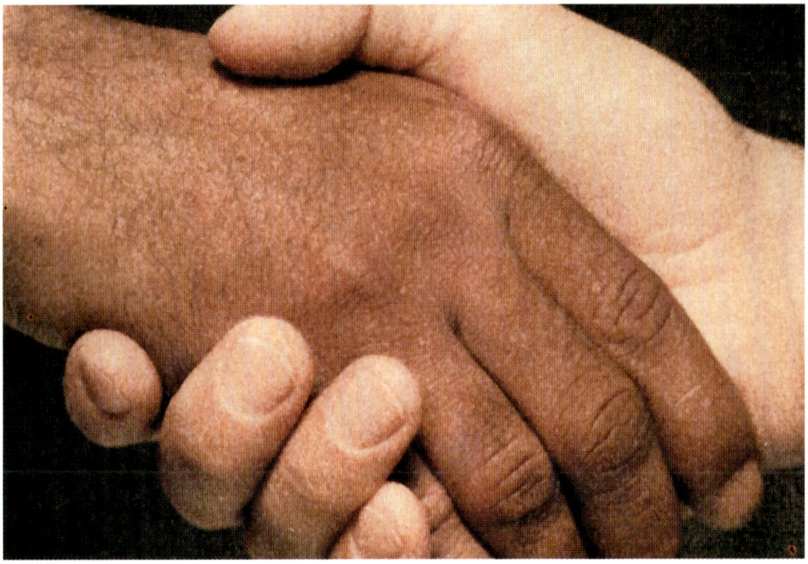

Echte Toleranz und Respekt anderen gegenüber sind die Schlüssel zum Vergeben und Verzeihen.

Die Kunst des inneren Lächelns

Es gibt eine einfache taoistische Methode, die Ihnen hilft, negative Energien zu neutralisieren und Ihre Lebensenergie zu stärken: die Kunst des inneren Lächelns.

Vielleicht kennen Sie Situationen, in denen Sie dazu neigen, sich unnötig aufzuregen: Den einen bringt ein verständnisloser Partner aus der Fassung, den anderen ein unfreundlicher Verkäufer oder eine lange Warteschlange im Supermarkt. Gefühle der Wut, des Ärgers oder der Aufregung blockieren und rauben Ihre wertvolle Lebensenergie.

Sobald Sie spüren, dass Gefühle wie Ärger, Wut oder Aufregung in Ihnen aufsteigen: Lächeln Sie sie einfach weg.

Es ist so einfach, dieser Energieverschwendung Einhalt zu gebieten, auch wenn es Ihnen bisher noch nicht gelungen ist, Mitgefühl, Nachsicht und Vergeben so weit zu entwickeln, dass Sie gelassen bleiben.

Lächeln Sie einfach die Wut, den Ärger, die Aufregung weg. Sobald Sie spüren, dass solche Gefühle in Ihnen aufsteigen, atmen Sie einfach dreimal tief durch und lächeln Sie. Sie werden erleben, wie viel Energie Ihnen dieser einfache taoistische Trick gibt.

Vielleicht mag dies auf Anhieb noch schwer fallen. Durch die folgende kleine Übung wird Ihnen das innere Lächeln jedoch schon nach kurzer Zeit zur lieben Gewohnheit werden.

Übung: ***Das innere Lächeln***

- Schließen Sie die Augen, und stellen Sie sich eine Situation vor, in der Sie sehr glücklich und gelassen waren. Bleiben Sie bei diesem inneren Bild, bis Sie merken, dass ein Gefühl der heiteren Ruhe in Ihnen erwacht.
- Atmen Sie tief durch, und verbinden Sie dieses Gefühl mit einer kleinen Bewegung, beispielsweise indem Sie die Hand auf den Bauch legen oder Daumen und Zeigefinger zusammenführen. Wiederholen Sie diese Technik einige Male.

Mit der Zeit wird es Ihnen immer leichter fallen, Ihr inneres Lächeln zu finden, indem Sie nur diese Bewegung machen. Die Bewegung ist durch die Übung für Ihren Geist ein Signal geworden, zu lächeln und sich zu entspannen.

Wenn Ihnen nun eine Situation begegnet, in der Sie sich bisher aufgeregt haben, machen Sie einfach die Bewegung, die Sie mit dem inneren Lächeln verknüpft haben, und die positiven Gefühle werden sich wie von selbst einstellen. Je öfter Sie dies praktizieren, desto besser klappt es. Schließlich brauchen Sie sich die Bewegung nur noch vorzustellen, um das innere Lächeln aufzurufen. So einfach kann es sein, Lebensenergie zu bewahren.

Qi – die Lebensenergie im Atem

Qi (oder Ch'i) nennen die Taoisten die universelle Lebensenergie. Nachdem wir schon darüber gesprochen haben, wie Sie Ihre Lebensenergie bewahren und langfristig durch die Kultivierung der drei positiven Kräfte erhöhen, wollen wir Ihnen nun eine Methode zeigen, mit der Sie Ihre Energie kurzfristig verstärken und den Fluss des Qi in Ihrem Körper verbessern können.
Doch lassen Sie uns mit einer kleinen Vorübung beginnen, die Sie die Wirksamkeit des Qi unmittelbar und deutlich spüren lässt.

Übung: ***Qi spüren***

- Schließen Sie die Augen, und atmen Sie langsam ein. Verfolgen Sie nun konzentriert und achtsam, wie die Luft durch das linke Nasenloch, durch die Luftröhre, in die linken Bronchien und schließlich in die linke Lunge strömt. Spüren Sie, wie die Luft in Ihre linke Lunge fließt und sie weitet.
- Atmen Sie auf diese Weise langsam und bewusst ein und aus, und verfolgen Sie dabei stets konzentriert den Weg der Luft in Ihre linke Lunge.
- Nach einer Weile atmen Sie dann normal weiter. Sie werden nun, wenn Sie die Übung einigermaßen konzentriert gemacht haben, einen deutlichen Unterschied zwischen rechts und links spüren können.

Mit einigen Übungen können Sie Ihr Qi, Ihre universelle Lebensenergie, spürbar verstärken und ihren Fluss in Ihrem Körper verbessern.

Allein dadurch, dass Sie Ihren Atem bewusst gelenkt haben, haben Sie diesen Unterschied bewirkt. Immer, wenn Sie den Fluss des Atems bewusst und achtsam lenken, lenken Sie auch die Qi-Energie an die entsprechenden Stellen. Sie haben Qi in Ihre linke Lunge gelenkt – und diese Energiesteigerung können Sie nun deutlich spüren.

Das Qi fließen lassen

Die Taoisten entwickelten eine Vielzahl von Atemübungen, die das Qi verstärken und Energieblockaden beseitigen können. Die vielleicht wichtigste und wirksamste dieser Übungen ist »Der Kleine Kreislauf des Qi«. In dieser einfachen Übung werden Sie lernen, die beiden wichtigsten Energiebahnen in Ihrem Körper vollständig zu öffnen, so dass das Qi frei fließen kann. Die Wirkung der Übung werden Sie schon beim ersten Mal deutlich spüren können. Sie gibt Ihnen einen starken Energieschub, harmonisiert die inneren Organe und den Stoffwechsel, gibt Ihrer Seele einen positiven Impuls und verschafft Ihnen ein Gefühl besonderer Klarheit und Wachheit. Aus dem letztgenannten Grund sollten Sie die Übung nicht abends machen. In der Übung werden Sie das Qi entlang zweier Kanäle durch Ihren Körper lenken. Sie haben ja bereits in der Vorübung Ihr Qi gelenkt, und zwar, indem Sie konzentriert Ihren Atem verfolgt haben. Genau das werden Sie auch in dieser Übung tun, nur dass Sie Ihren Atem durch Ihren ganzen Körper fließen lassen. Natürlich kann Ihre Atemluft nicht wirklich durch Ihren Körper strömen – aber das Qi, das Sie mit dem Atem aufnehmen.

Das Fließen des Qi ist immer mit der Atmung verbunden. Indem Sie sich vorstellen, wie Sie Ihren Atem durch Ihren Körper leiten, lenken Sie Ihr Qi.

Diener- und Lenkergefäß

Im kleinen Kreislauf des Qi lenken Sie Ihr Qi durch zwei Kanäle: das »Dienergefäß« und das »Lenkergefäß«. Auch hier zeigt sich das Prinzip von Yin und Yang: Das Dienergefäß versorgt die Organe mit Qi und ist für die Wahrnehmung verantwortlich; das Lenkergefäß steuert das Qi und ist für die Funktion des Nervensystems zuständig.

Das Dienergefäß (chin. *jen mo*) beginnt in der Mitte des Unterkiefers. Von dort aus verläuft es über die Unterlippe, das Kinn, den Hals, die Brust entlang der Vorderseite des Körpers bis zum Unterbauch, einige Zentimeter unterhalb des Nabels. Hier wendet sich das Dienergefäß nach innen und endet schließlich in der Mitte des Leibes im »Unteren Zinnoberfeld«, dem wichtigsten Energiezentrum in unserem Körper – dort treffen sich Diener- und Lenkergefäß.

Das Lenkergefäß (chin. *tu mo*) zieht vom »Unteren Zinnoberfeld« zum Damm zwischen Anus und Hoden bzw. Vagina. Von dort aus verläuft es weiter entlang der Wirbelsäule bis zum Kopf, dann weiter entlang der Mittellinie des Kopfes über Stirn und Nase bis zur Oberlippe und endet schließlich in der Mitte des Gaumens. Nun wissen Sie alles, was Sie benötigen, um mit der Übung »Der Kleine Kreislauf des Qi« zu beginnen.

Übung: ***Der Kleine Kreislauf des Qi***

- Atmen Sie ein paar Mal ruhig ein und aus. Legen Sie die Zungenspitze sanft an den Gaumen.
- Sie beginnen die Übung mit einem Ausatmen. Folgen Sie dem Atem (in Ihrer Vorstellung) nach unten, entlang des Dienergefäßes: vom Unterkiefer über die Vorderseite des Körpers bis zum Unterbauch, bis in die Mitte des Körpers.
- Nun atmen Sie ein. Der Fluss des Qi sollte nicht unterbrochen werden – das Qi fließt nun entlang des Lenkergefäßes: noch ein kleines Stück weit nach unten, zum Damm, von dort aus entlang der Wirbelsäule über den Kopf bis in den oberen Gaumen, an die Stelle, wo ihn die Zunge berührt.
- Der Kleine Kreislauf des Qi ist geschlossen.
- Atmen Sie auf diese Art und Weise weiter konzentriert und bewusst ein und aus. Halten Sie nach ein paar Atemzügen inne, und spüren Sie, wie die Energie in Ihnen stärker wird.

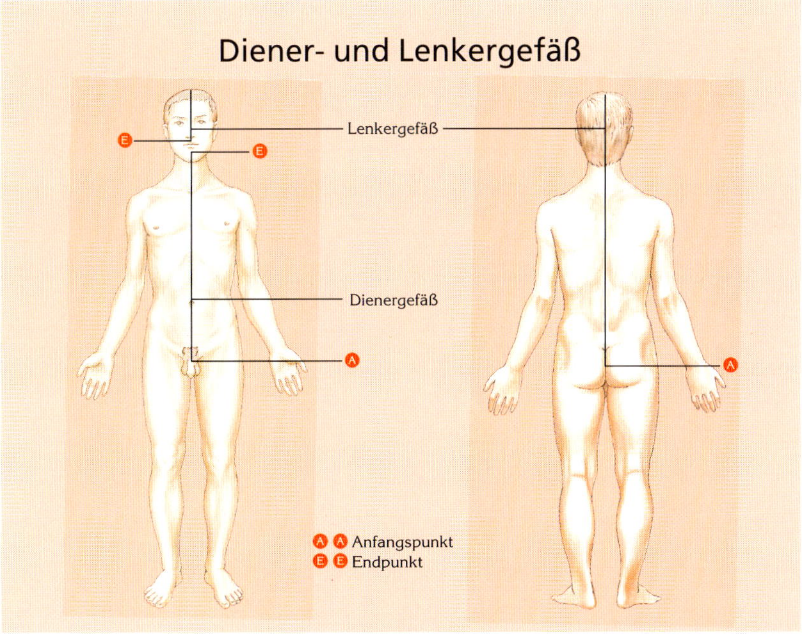

Vielleicht ist Ihnen aufgefallen, dass Diener- und Lenkergefäß zwar an ihrem unteren Punkt verbunden sind, nicht jedoch an ihren oberen Enden. Diese Verbindung kann man herstellen. Dieses Geheimnis haben Meditierende vieler Kulturen entdeckt: Der unterbrochene Energiefluss kann ganz einfach verbunden werden, indem Sie die Zunge gegen den Gaumen, knapp oberhalb der oberen Schneidezähne legen.

Das heilende Tao

Sie haben schon viel darüber erfahren, wie Sie Ihre Gesundheit erhalten und verbessern können. Die Beachtung der »Zehn Geheimnisse des Tao« wird nicht zuletzt auch positive Auswirkungen auf Ihre Gesundheit und Ihr Wohlbefinden haben. Lao Tse dazu:

> *»Wer weiß, wann er innehalten sollte,*
> *der kommt nicht in Gefahr,*
> *erlangt Unsterblichkeit.«*

In diesem Kapitel werden wir Ihnen eine taoistische Qi-Gong-Übungsserie zeigen, die Ihren gesamten Körper in ein harmonisches Gleichgewicht bringt, das Qi in Ihrem Körper verteilt und Ihr Körpergefühl verbessert: »Die Bewegungen der Fünf Tiere«.

Was ist wichtig, um vollkommene Gesundheit zu erlangen? Sie werden erraten, dass die Antwort der Taoisten nicht lautete: anstrengende Leibesübungen, Selbstkasteiung oder strenge Regeln.

Gesundheit – der natürliche Zustand des Körpers

Gesundheit ist der natürliche Zustand des Körpers. Wenn der Körper Probleme macht, zeigt das, dass irgendetwas Unnatürliches geschehen ist: übermäßige Anstrengungen, ein Mangel an Qi, Blockaden in den Energiebahnen des Körpers, negative Gefühle und Gedanken usw. Wer dem Tao folgt, kann nicht krank werden.
Eine Krankheit ist stets ein Zeichen dafür, dass der Betroffene eine Veränderung in seinem Leben vornehmen sollte – aus unseren Krankheitssymptomen können wir viel lernen, denn jede Krankheit ist ein Signal unseres Unterbewussten.
Wenn wir ein taoistisches Gesundheitsprogramm aufstellen wollten, sähe das ganz einfach aus:

- Achten Sie auf die Signale Ihres Körpers: Er sagt Ihnen, was nötig ist.
- Essen Sie maßvoll und nur Dinge, die Ihnen schmecken.
- Versuchen Sie, in jeder Situation Heiterkeit zu bewahren, und lernen Sie die Kunst des inneren Lächelns.

Besonders bei Übungen unter freiem Himmel und in der Gruppe wird Energie getankt.

- Konzentrieren Sie sich auf das Wesentliche. Werfen Sie alles über Bord, was Ihr Leben kompliziert und verwirrend macht.
- Atmen Sie tief und frei. Üben Sie den »Kleinen Kreislauf des Qi«.
- Bewegen Sie sich bewusst, achtsam und ohne übermäßige Anstrengung. Üben Sie die »Bewegungen der Fünf Tiere«.
- Kultivieren Sie Ihre sexuelle Energie im Sinne der taoistischen Liebeskunst.

Wenn Sie diese Punkte in Ihr Leben integrieren, werden Sie Krankheiten bald nur noch aus der Vergangenheit kennen.

Taoistisches Qi Gong – die Bewegungen der Fünf Tiere

Nicht umsonst üben mittlerweile auch bei uns Tausende von Menschen täglich Qi Gong: Die Übungen haben viele positive Wirkungen auf Körper, Seele und Geist.

Taoistische Meister entwickelten aus der Beobachtung der natürlichen Bewegungsabläufe von Tieren Übungen, die heute unter dem Namen »Qi Gong« bekannt sind. Diese Übungen haben eine Vielzahl positiver Wirkungen auf Körper, Seele und Geist.
In China wird Qi Gong sogar in Krankenhäusern eingesetzt. Die Erfolge versetzen westliche Mediziner oft in Erstaunen: Angeblich unheilbare Geschwüre bilden sich zurück, scheinbar unheilbare Arthritis verschwindet, Patienten mit schweren Lungenschäden üben wieder Leistungssport aus etc.
Das sind natürlich spektakuläre Fälle, doch die vielleicht interessantesten Wirkungen von Qi Gong sind nicht äußerlich, sondern innerlich. Auf der körperlichen Ebene wird das Immunsystem flexibler, die inneren Organe arbeiten harmonisch zusammen, die Durchblutung verbessert sich, die Verdauung normalisiert sich, und die Hormone kommen ins Gleichgewicht.
Auf der geistig-seelischen Ebene sind die Wirkungen des Qi Gong besonders beachtlich: Die Konzentrationsfähigkeit wird erhöht, das Gedächtnis wird besser, Ruhe und Gelassenheit kehren ein, der Schlaf vertieft sich, Ängste und Nervosität werden abgebaut.
Nützen auch Sie die Möglichkeiten, die in den alten taoistischen Übungen liegen. Qi Gong ist keineswegs nur für Kranke gut, sondern hilft jedem, ohne Anstrengungen und Mühen vollkommene Gesundheit zu erreichen und zu erhalten. Durch Qi Gong können Sie

- Ihre Gesundheit verbessern
- Ihre Muskeln und Sehnen beweglicher und kräftiger machen
- den Selbstheilungsprozess aktivieren
- Ihr Wohlbefinden erhöhen
- Ihr Immunsystem stärken
- Ihre geistige Leistungsfähigkeit verbessern
- innere Ruhe gewinnen
- Ihr Körpergefühl verbessern
- und vieles mehr ....

Sich in die fünf Tiere versetzen

Die »Bewegungen der Fünf Tiere« sind besonders leicht zu erlernen und auszuführen – im Gegensatz zu manchen anderen Qi-Gong-Übungen.

Zur Zeit der Han-Dynastie vor über 1000 Jahren beschrieb der Taoist Hua Tuo, einer der berühmtesten Ärzte Chinas, dessen Name im Reich der Mitte auch heute noch weithin bekannt ist, eine besondere Form des Qi Gong: Die »Bewegungen der Fünf Tiere«.
Die »Bewegungen der Fünf Tiere« sind in besonderem Maße geeignet, die Gesundheit zu festigen und zu fördern – und dabei, im Gegensatz zu manchen anderen Qi-Gong-Übungen, leicht zu erlernen und auszuführen. Sie müssen nicht besonders beweglich oder kräftig sein – aber Sie werden es mit der Zeit durch die Übungen werden.
Die »Bewegungen der Fünf Tiere« unterscheiden sich insofern von einer rein körperlichen Übung, als dabei nicht nur körperliche Bewegungen ausgeführt werden: Gleichzeitig mit den Bewegungen werden nämlich die Meridiane – so werden die Energiebahnen im menschlichen Körper bezeichnet – geöffnet, die Atmung vertieft und die Konzentration gefördert.
Obwohl den »Bewegungen der Fünf Tiere« die natürlichen Bewegungen von Tieren zugrunde liegen, werden nicht nur Bewegungen nachgeahmt. Die äußere Form der Bewegungen ist von nachgeordneter Bedeutung. Natürlich sind sie auch wichtig – sie regen den Kreislauf an, stärken die Muskulatur, führen zu mehr Flexibilität und sind, entsprechend den Vorbildern der nachgeahmten Tiere, harmonisch und natürlich.
Gleichzeitig jedoch werden die inneren Bewegungen der Tiere nachgeahmt. Das ist das eigentliche Geheimnis der »Bewegungen der Fünf Tiere«. Während Sie die Übungen ausführen, werden Sie die Spannkraft des Tigers, die Kraft des Hirsches, die Ruhe des

Bären, die Leichtigkeit des Kranichs und die Beweglichkeit des Affen nachfühlen.
Dieses Einfühlen in die Bewegungen des dargestellten Tieres ist keine mythologische oder traditionelle Zutat, sondern vielmehr von ganz praktischem Nutzen für die sinnvolle und effiziente Ausführung der Übungen. Durch den Gebrauch Ihrer Vorstellungskraft und Ihres Einfühlungsvermögens werden Sie viel mehr erreichen, als wenn Sie ausschließlich Bewegungen ausführen.
Das Nachempfinden der inneren Bewegungen der verschiedenen Tiere erleichtert auch das Erlernen der Übungen. Sie müssen keinen starr festgelegten Bewegungsmustern folgen – wir werden Ihnen die Übungen erklären, und Sie führen Sie ganz natürlich aus. Der einzige Leitfaden, den Sie benötigen, ist Ihr Gefühl: Sobald eine Bewegung für Sie anstrengend oder unnatürlich ist, verändern Sie sie. So wird es Ihnen leicht fallen, dem Tao zu folgen.

Der Tiger

Die wichtigsten Eigenschaften des Tigers sind seine Spannkraft und seine Schnelligkeit. Auch wenn er seine Muskeln anspannt, ist er doch niemals verspannt. Er kann sich jederzeit kraftvoll und schnell in jede Richtung bewegen und ist stets voll konzentriert, sich seiner Umgebung ganz bewusst und hellwach. Die Bewegungen des Tigers sind von Schönheit und Eleganz gekennzeichnet. Dem Tiger entspricht das Element Feuer.
Achten Sie also darauf, wenn Sie die Bewegungen des Tigers üben, darauf, in Ihren Bewegungen und in Ihrem Geist die Spannkraft, die Kraft, die Schnelligkeit, die Eleganz und die Schönheit des Tigers darzustellen. Halten Sie sich dazu die charakteristischen Eigenschaften des Tigers vor Augen.

Sobald eine Bewegung für Sie anstrengend oder unnatürlich ist, verändern Sie sie. So wird es Ihnen leicht fallen, dem Tao zu folgen.

Übung: ***Der Tiger schleicht durch den Wald***

Das Bild Der Tiger schleicht langsam und vorsichtig durch den Wald. Er will seine Beute nicht aufschrecken und setzt seine Pranken ganz leicht und ruhig auf – so, dass er kein Geräusch macht und keinen Zweig zerbricht, auf den er tritt. Er blickt aufmerksam um sich und nimmt alles um sich herum genau wahr. Äste von Büschen drückt er beiseite, ohne sie zu brechen.

Die Bewegung Gehen Sie zunächst nur ganz langsam und ruhig im Kreis. Dabei versuchen Sie, die Bewegung ganz kontrolliert auszuführen. Sie verlagern Ihr ganzes Gewicht auf ein Bein und heben erst dann das andere.

Ganz ruhig und gleichmäßig bringen Sie das Bein dann nach vorne und setzen den Fuß mit der Ferse auf. Rollen Sie den Fuß ab, bis die ganze Fußsohle den Boden berührt. Dann verlagern Sie Ihr ganzes Gewicht auf dieses Bein.

Gehen Sie auf diese Weise so lange im Kreis, bis Ihnen die Bewegung vollkommen angenehm und natürlich ist. Bleiben Sie in Ihrer Vorstellung bei dem Bild des Tigers, der durch den Dschungel bzw. durch den Wald streift.

Zwar geht der Tiger auf allen Vieren – doch natürlich werden Sie das nicht genauso machen. Es geht gar nicht darum, die Bewegungen des Tieres so genau wie möglich nachzuahmen. Diese Imitation wäre doch zu grob und verfehlte das Wesentliche: die natürliche Eleganz und fließende Beweglichkeit des Tigers. Sie wollen diese Eleganz und Natürlichkeit nachempfinden, also müssen Sie sich so natürlich bewegen wie der Tiger – da Sie kein Tiger sind, werden Ihre Bewegungen etwas anders aussehen: Anstatt der Vorderpfoten des Tigers heben Sie Arme und Hände. Sie werden diese nun gebrauchen, um den Tiger nachzuahmen, doch auf eine Ihrem Körper angemessene Art und Weise.

Behalten Sie während der Übung immer das Bild des Tigers vor Augen: seine Kraft, seine Spannkraft, seine Schnelligkeit, seine Eleganz und seine Schönheit.

Vergegenwärtigen Sie sich die Vorderpfoten und großen Pranken des Tigers, und versuchen Sie, sie durch Ihre Hände nachzuahmen. Ihre Hände sind also entspannt geöffnet und die Finger locker gestreckt.

Während Sie nun weiter im Kreis gehen, beschreiben die Arme abwechselnd kleine Kreise vor dem Körper. Ihre rechte Hand bewegt sich gleichzeitig mit dem rechten Bein nach vorne und erreicht ihren tiefsten Punkt immer dann, wenn Ihr Körpergewicht ganz auf dem rechten Bein liegt. Die linke Hand geht mit dem linken Bein nach vorn.

Hinweis Denken Sie bei Ihrer Ausführung der Übungen und der Bewegungen daran, dass Sie nicht allzu starr der Beschreibung folgen müssen – versuchen Sie einfach, sich so natürlich und anstrengungslos wie möglich zu bewegen, und behalten Sie dabei immer das Bild des Tigers, wie er durch den Dschungel schleicht, vor Augen.

Übung: *Der Tiger spannt sich zum Sprung*

Das Bild Der Tiger hat seine Beute entdeckt. Nun bereitet er sich darauf vor, auf sie zuzuspringen. Er spannt seine Muskeln und konzentriert sich voll und ganz auf sein Ziel. Intuitiv schätzt er die Entfernung ein und die Kraft, die er benötigt. In einer fließenden Bewegung verlagert er seinen Schwerpunkt auf die Hinterbeine, um dann ganz plötzlich nach vorn zu schnellen.

Die Bewegung Sie gehen, wie in der vorausgegangenen Übung beschrieben. Dann setzen Sie ein Bein etwas weiter nach vorn und verlagern das Körpergewicht auf dieses Bein. Gleiten Sie nun mit dem hinteren Bein noch etwas weiter nach hinten und drehen Sie dabei den Fuß leicht zur Seite. Jetzt verlagern Sie Ihr Gewicht auf das hintere Bein. Beugen Sie dabei das hintere Bein ein wenig. Das vordere Bein wird dabei leicht gestreckt. Achten Sie darauf, dass Ihre Füße mit den gesamten Sohlen den Boden berühren.

Die Bewegungen des Tigers sind von Schönheit und Eleganz gekennzeichnet. Im Sprung stehen seine Spannkraft und seine Kraft im Vordergrund.

Die Hand, die auf derselben Seite wie das hintere Bein liegt, ziehen Sie gleichzeitig nach oben, bis in die Höhe Ihres Ohres. Ihre andere Hand halten Sie in Höhe des Knies Ihres vorderen Beines. Ihre Hände bilden weiterhin die Tigerpranken, doch jetzt zeigen Sie »die Krallen«: Ihre Hände heben Sie in den Handgelenken ein Stück nach oben. Dadurch entsteht eine Spannung in den Armen, und Ihre Finger krümmen sich ein wenig.

Lassen Sie in sich das Bild des Tigers entstehen, der sich auf den Sprung vorbereitet.

Nun springt der Tiger. Sie halten eine Weile die Spannung und konzentrieren sich auf einen Punkt direkt vor Ihnen. Wenn Sie nun den Sprung ausführen, bewegen Sie Ihre Arme kraftvoll nach vorn, machen einen kleinen Schritt oder Sprung nach vorn und verlagern das Gewicht auf das vordere Bein. Gleichzeitig atmen Sie tief und kräftig aus – so wie der Tiger faucht.

Darauf kehren Sie wieder in die vorausgehende Stellung zurück.

Hinweis Es geht nicht darum, dass Sie wirklich einen Sprung machen. Wenn Sie nicht so beweglich sind oder Ihre Gelenke schmerzen, genügt es auch, anstelle des Sprunges oder Schrittes nur Ihr Gewicht nach vorne zu verlagern. Wichtig ist, dass Ihnen die Bewegung natürlich und angenehm ist.

Wiederholen Sie die Übung dreimal auf jeder Seite. Nach jedem Sprung gehen Sie einige Schritte wie in der ersten Übung »Der Tiger schleicht durch den Wald«.

Übung: ***Der Tiger schlägt mit den Pranken***

Das Bild Wenn der Tiger auf einen Rivalen in seinem Revier trifft, verteilt er ein paar warnende Prankenhiebe. Ein solcher Prankenhieb ist blitzschnell und genau – er will seinen Rivalen nur warnen und nicht verletzen. Beim Zuschlagen faucht der Tiger, und sein ganzer Körper kommt in Bewegung, ohne dabei im Mindesten aus dem Gleichgewicht zu geraten.

Die Bewegung Wiederum beginnen Sie damit, dass Sie gehen wie der Tiger. Dann bleiben Sie stehen. Ihr Gewicht ist dabei auf dem hinteren Bein – bis Sie »mit den Pranken schlagen«.

Zuerst schlagen Sie mit der Hand, die auf der Seite Ihres hinteren Beines liegt. Mit dem Schlag verlagern Sie Ihr Gewicht auf das vordere Bein und atmen tief und schnell aus und wieder ein – so symbolisieren Sie das Fauchen des Tigers. Sogleich folgt ein zweiter Prankenhieb mit der anderen Hand. Wiederum begleiten Sie den Schlag mit einem »Fauchen«. Gleichzeitig verlagern Sie Ihr Gewicht wieder zurück auf das hintere Bein.

Hinweis Versetzen Sie sich ganz in den Tiger hinein. Die Übung sollte unbedingt schnell ausgeführt werden – doch wie alle Bewegungen des Tigers, so ist auch der »Prankenhieb« vollkommen kontrolliert, flüssig und elegant.

Führen Sie die Übung mindestens dreimal aus, gehen Sie dann einige Schritte, und wiederholen Sie sie nochmals.

Der Hirsch

Der Hirsch ist das Symbol für Selbstbewusstsein und Stolz. Mit hoch erhobenem Haupt schreitet er furchtlos durch den Wald. Er ist kein Raubtier, doch er ist furchtlos und bereit zum Kampf, wenn er auf Rivalen oder Feinde trifft. Sein Schritt ist kraftvoll und fest. Der Hirsch entspricht dem Element Metall.

Bedenken Sie seine hervorstechenden Eigenschaften: Selbstbewusstsein, aufrechter, kräftiger Gang, Stabilität und Festigkeit.

Der Hirsch ist stolz, selbstbewusst und furchtlos. Vergegenwärtigen Sie sich während der Übungen seinen aufrechten und kräftigen Gang, seine Stabilität und seine Festigkeit.

Übung: ***Der Hirsch schreitet durch das hohe Gras***

Das Bild Der Hirsch schreitet durch das hohe Gras auf der Lichtung des Waldes. Dort stößt er auf seine Nebenbuhler. Stolz und selbstbewusst hebt er das Geweih. Um seine Größe und Macht zu demonstrieren, hebt er kraftvoll seine Beine, tritt fest und kräftig auf den Boden und hebt den Kopf mit dem mächtigen Geweih. Seine Bewegungen sind trotz des bevorstehenden Kampfes niemals nervös, sondern ruhig und fließend.

Die Bewegung Sie stehen gerade, die Beine bequem auseinander, und heben selbstbewusst Ihren Kopf. Anstelle des Geweihs, das die Waffe des Hirsches ist, heben Sie Ihre zu Fäusten geballten Hände neben dem Kopf, ein wenig über Kopfhöhe.

Sie schreiten nun wie der Hirsch durch das hohe Gras: Abwechselnd heben Sie Ihre Beine so weit, bis Ihre Oberschenkel parallel zum Boden sind. Dabei stehen Sie stets fest und sicher auf Ihrem jeweiligen Standbein. Sie heben und senken Ihre Füße immer ganz langsam. Wenn Sie den erhobenen Fuß auf dem Boden aufsetzen, so geschieht dies kraftvoll und mit der gesamten Fußfläche. Strecken Sie Ihre Beine niemals ganz durch, damit Sie sich sicher und federnd bewegen können.

Ahmen Sie während der Übungen nicht nur die Bewegungen des Hirsches nach. Fühlen Sie auch die inneren Bewegungen nach, und spüren Sie seine Kraft.

Während Sie die Beine heben und senken, bleibt Ihr Kopf stets aufrecht, und Ihre Arme, die das Geweih des Hirsches darstellen, bewegen sich ganz natürlich mit der Bewegung leicht auf und ab.

Hinweis Behalten Sie während dieser Übung stets das Bild des Hirsches vor Augen, wie er stolz, mit erhobenem Haupt und machtvollem Geweih in vollem Selbstbewusstsein die Lichtung überquert.

Übung: *Der Hirsch stößt mit dem Geweih*

Das Bild Beim Kampf mit seinen Nebenbuhlern verwendet der Hirsch sein Geweih zum Stoßen. In jedem Stoß liegt seine ganze Kraft. Er wendet den Kopf, senkt und dreht sein Geweih im Stoßen, doch verliert er dabei nie das Gleichgewicht, so dass er jederzeit seine volle Energie einsetzen kann.

Die Bewegung Sie beginnen die Übung wieder wie die vorausgegangene, indem Sie schreiten wie der Hirsch. Die Arme und Fäuste stellen wieder das Geweih des Hirsches dar. Machen Sie dann einen kleinen Schritt nach vorn. Nun stehen beide Beine fest auf dem Boden. Verlagern Sie Ihr Gewicht auf das vordere Bein, und drehen Sie den Körper leicht zur Seite. Jetzt beugen Sie sich seitlich leicht nach unten und stoßen mit Ihren Armen und Fäusten kraftvoll nach vorne. Dabei strecken Sie das hintere Bein und die Arme ein wenig.

Wiederholen Sie das Stoßen dreimal, und richten Sie sich dann wieder auf. Nachdem Sie wieder ein paar Schritte gemacht haben, wiederholen Sie die Übung zur anderen Seite.

Hinweis Behalten Sie während der Übung stets das Bild des Hirsches, wie er seinen Rivalen mit dem Geweih attackiert, vor Augen. Ihre Konzentration beim Stoßen ist dabei aufmerksam nach vorne gerichtet. Achten Sie darauf, dass Ihre Kraft in die Richtung des Stoßes fließt.

Übung: *Der Hirsch hebt den Kopf*

Das Bild Der Hirsch hat seinen Kampf siegreich bestanden und zeigt seine Lebensfreude und seine Macht, indem er den Kopf hoch emporhebt und seinen Sieg über seinen Rivalen mit lauter Stimme verkündet.

Die Bewegung Sie beginnen die Übung wieder mit dem »Schreiten wie der Hirsch«. Nach einigen Schritten machen Sie einen etwas weiteren Schritt, so dass die Beine etwa schulterbreit auseinander stehen. Geben Sie ein wenig in den Knien nach, damit Ihr Schwerpunkt tiefer liegt. Beugen Sie sich leicht nach vorne, gehen Sie noch etwas mehr in die Knie, und atmen Sie tief ein.

Wenn Sie nun ausatmen, richten Sie sich wieder ganz auf, strecken die Beine und legen den Kopf in den Nacken. Dabei strecken Sie die Arme. Mit dem Ausatmen stellen Sie sich vor, wie Sie mit der verbrauchten Luft auch alle unnötigen Sorgen und Ängste aus sich herauslassen.

Sie konzentrieren sich ganz und gar auf das Hier und Jetzt, spüren Ihren Körper und die Erde – lassen Sie sich von der Kraft des Selbstbewusstseins durchdringen. Während Sie ausatmen, lassen Sie einen lauten, tiefen Ton erklingen. Die Vibrationen Ihrer Stimme erzeugen Resonanz in Ihren inneren Organen und unterstützen die heilenden Kräfte dieser Übung.

Hinweis In diese Bewegung sollten Sie all Ihre innere Kraft und Lebensfreude legen. Visualisieren Sie das Bild des triumphierenden Hirsches. Wiederholen Sie diese Übung dreimal.

Der Bär

Der Bär ist ein Symbol für Ruhe und Kraft. Oft zeigt er seine Kraft spielerisch und freut sich an seiner überlegenen Energie. Wenn er jedoch einer Bedrohung gegenübersteht, zeigt er, wie gefährlich seine Kraft für den Angreifer werden kann. Verteidigt die Bärin ihre Jungen, zeigt sie ihren ungeheuren Mut, vor dem selbst eine Über-

Lassen Sie während der Bärenübungen alle Ängste los, und fühlen Sie die Kraft und Ruhe des Bären.

zahl von Feinden flieht. Doch in seinem inneren Wesen ist der Bär friedfertig und ruhig. Der Bär entspricht dem Element Erde.
Wenn Sie die Bewegungen des Bären üben, rufen Sie in sich die Eigenschaften des Bären, Ruhe, Mut und Stärke, wach. Sie lassen alle Ihre Ängste los und führen die Bärenübung ruhig und kraftvoll aus.

Übung: ***Der Bär durchquert den Fluss***

Das Bild Mit Kraft und Ruhe schreitet der Bär durch den reißenden Fluss. Doch weder die Kälte des klaren Flusses noch das schnell strömende Wasser können den Bären aus seiner Ruhe bringen. Er geht ruhig und sicher voran, selbst wenn das Wasser des Flusses an ihm zerrt und die Steine auf dem Flussboden rutschig sind.

Der Bär ist standfest und sicher. Fühlen Sie die Standfestigkeit und Ruhe in sich: Sie lassen sich nicht aus dem Gleichgewicht bringen.

Die Bewegung Ihre Füße stehen etwas mehr als schulterbreit nebeneinander. Verlagern Sie Ihr Gewicht allmählich und fließend auf das rechte Bein, heben Sie dann langsam das linke Bein, und setzen Sie es einen Schritt nach vorne. Den linken Fuß setzen Sie mit dem Fußballen auf und rollen den Fuß langsam ab. Wenn die Fußsohle vollständig Kontakt mit dem Boden hat, verlagern Sie Ihr Gewicht auf das linke Bein.
Gleichzeitig mit der Bewegung der Beine bewegen Sie auch Ihre Arme und Hände. Die Hände bilden dabei die Bärentatzen: Alle Finger sind leicht nach innen gekrümmt, so dass alle Fingerspitzen zueinander weisen. Während Sie den Schritt nach vorne machen, drehen Sie Ihren Körper ein wenig nach links, bringen die Arme auf die linke Seite und schieben mit den Händen kraftvoll nach seitlich hinten.
Nun wiederholen Sie die Übung zur anderen Seite: Das rechte Bein macht einen Schritt nach vorn, Sie drehen sich leicht nach rechts, bringen beide Hände auf die rechte Seite und schieben mit den Händen nach rechts hinten.

Hinweis Versuchen Sie, in dieser Übung die ruhigen, sicheren Bewegungen des Bären nachzufühlen. Sie »gehen wie der Bär« und kontrollieren jede einzelne Bewegung auf ihre Standfestigkeit. Sie sollten stets sicher und fest stehen wie der Bär, auch im stark strömenden Wasser. Auch wenn von irgendeiner Richtung eine Kraft auf Sie einwirkt, lassen Sie sich nicht aus dem Gleichgewicht bringen, und setzen Sie die Bewegung fließend und ruhig fort.

Übung: ***Der Bär droht den Wölfen***

Das Bild Der Bär wird von Wölfen angegriffen. Doch er verspürt keine Angst und stürmt auch nicht blindlings auf seine Angreifer los. Er kann sich auf seinen Mut verlassen und weiß, dass seine Größe und Kraft dem Gegner Furcht einflößen. Ruhig richtet er sich auf seinen Hinterbeinen auf und zeigt sich in seiner ganzen Größe. Das genügt schon, dass die Wölfe verängstigt das Weite suchen.

Die Bewegung Ihre Beine stehen parallel zueinander, die Füße etwas mehr als schulterbreit auseinander. Beugen Sie so weit wie möglich die Knie. Ihr Rücken sollte dabei gerade bleiben. Mit den Armen bilden Sie einen Kreis vor Ihrem Körper, so als hielten Sie einen großen Ball.

Nun richten Sie sich ganz auf und heben die Arme weit über den Kopf. Ihre Hände bilden dabei, wie bei allen Bewegungen des Bären, die »Bärentatzen«.

Atmen Sie aus, und geben Sie dabei einen brummenden Ton von sich. Versuchen Sie dabei, ein Gefühl des Mutes und der inneren Stärke in sich wachzurufen. Nun gehen Sie wieder »wie der Bär« und wiederholen die Übung dreimal.

Spüren Sie die Bärenkräfte in sich wachsen, und machen Sie sich die überlegenen Kräfte bewusst – selbst in Anbetracht einer Gefahr.

Hinweis Visualisieren Sie bei dieser Übung den Bären, der sich im Bewusstsein seiner überlegenen Kraft aufrichtet. Wecken Sie in sich den Mut des Bären, der furchtlos der Gefahr trotzt.

Übung: ***Der Bär umklammert einen Baum***

Das Bild Der Bär spielt gerne. Im Spiel umklammert der Bär einen Baum, als wollte er mit ihm ringen. Das Spiel ist ohne Aggressivität, er spielt, weil er Freude daran hat, seine Kraft zu fühlen. Seine Kraft ist enorm, aber er hat sie stets unter Kontrolle.

Die Bewegung Gehen Sie ein wenig in die Knie, und breiten Sie die Arme aus. Atmen Sie ein. Beim darauf folgenden Ausatmen richten Sie sich wieder auf. Ihre Knie bleiben dabei jedoch leicht gebeugt.

Führen Sie nun Ihre rechte Hand zur linken Schulter und die linke Hand zur rechten Schulter. Fassen Sie die Schultern, und ziehen Sie kräftig, so dass Sie dabei die Muskeln Ihrer Arme, Hände, Schultern und des oberen Rückens anspannen.

Nach einigen Atemzügen lassen Sie die Spannung wieder los und gehen einige Schritte im »Bärengang«.

Wiederholen Sie das »Umarmen des Baumes« dreimal.

Hinweis Stellen Sie sich bei der Übung vor, wie der Bär, spielerisch und um seine Kraft zu spüren, einen Baum umklammert und wie er sich an seiner Kraft freut. So spüren Sie »Bärenkräfte« in sich.

Der Kranich

Der Kranich steht für Langlebigkeit und Weisheit. Mit Leichtigkeit schwingt er sich in die Lüfte und schwebt schwerelos über der Erde. So symbolisiert er geistige Leichtigkeit und Klarheit. Dem Kranich entspricht das Element Luft.
Wenn Sie die Kranichübung ausführen, stellen Sie auch seine Weisheit, seine Klarheit und Leichtigkeit dar und nehmen sie in sich auf.

Der Kranich symbolisiert geistige Leichtigkeit und Klarheit. Er schwingt sich in die Lüfte und schwebt über der Erde.

Übung: *Der Kranich steht auf einem Bein*

Das Bild Der Kranich steht im seichten Wasser auf einem Bein. Sein äußeres Gleichgewicht spiegelt sein inneres Gleichgewicht wider. Er ruht nahezu unbeweglich und still in Harmonie mit sich und seiner Umgebung.
Ab und zu blickt er aufmerksam um sich und bleibt bei aller Ruhe stets bereit, sich in die Lüfte zu erheben.

Die Bewegung Heben Sie Ihr rechtes Bein, bis Ihr rechter Fuß in Höhe des linken Knies ist. Gleichzeitig heben Sie den rechten Arm. Die Handfläche der rechten Hand drehen Sie dabei nach oben; die Finger legen Sie aneinander und halten sie gerade. Den linken Arm senken Sie und drehen die Handfläche zum Boden.
Drehen Sie nun langsam den Oberkörper nach rechts. Gleichzeitig wechseln Sie die Positionen der Hände – die erhobene Hand bewegt sich nach unten, die nach unten weisende Hand nach oben. Ohne eine Pause zu machen, drehen Sie sich nun gleich wieder nach links zurück und wechseln wieder die Hand- und Armpositionen.
Wiederholen Sie diesen Wechsel sechsmal.
Dann stellen Sie Ihr erhobenes rechtes Bein wieder auf den Boden und heben sogleich das linke. Wiederholen Sie nun die gesamte Übung auf diesem Bein stehend.

Hinweis Versuchen Sie in der Übung, sich ganz in den Kranich hineinzufühlen und die innere Harmonie und das äußere Gleichgewicht des Kranichs in Ihrer Haltung darzustellen.

Übung: *Der Kranich fängt Fische*

Das Bild Der Kranich fängt Fische. Obwohl er sich dabei schnell und konzentriert bewegt, bleibt er stets im Gleichgewicht. Seine Aufmerksamkeit ist auf das Wasser gerichtet, und er ist bereit, blitzschnell zuzustoßen, wenn er einen Fisch entdeckt.

Die Bewegung Sie befinden sich im Kranichstand; Ihr linkes Bein ist gehoben. Senken Sie nun das Bein, und setzen Sie es einen Schritt nach hinten ab. Gleichzeitig senken Sie auch den erhobenen linken Arm.

Ohne den Fluss der Bewegung zu unterbrechen, gehen Sie nun in die Hocke und kreuzen die Arme vor den Knien. Versuchen Sie, mit Ihren Fingern dem Boden so nahe wie möglich zu kommen oder ihn sogar zu berühren.

In einer fließenden Bewegung erheben Sie sich nun wieder zurück in den aufrechten Stand. Ihre Arme kreuzen sich dabei vor dem Körper. Wiederholen Sie die Übung dreimal.

Hinweis In dieser Übung symbolisieren Ihre Arme den Schnabel des Kranichs. Konzentrieren Sie sich auf die natürlich fließende Gleichmäßigkeit der Übung, und behalten Sie dabei das Bild des Fische fangenden Kranichs vor Augen.

Denken Sie daran: Durch Ihre Vorstellungskraft und Ihr Einfühlungsvermögen in den Kranich erreichen Sie viel mehr, als wenn Sie nur die Bewegungen nachahmen.

Übung: *Der Flug des Kranichs*

Das Bild Der Kranich ist ein eleganter Flieger. Im Flug beweist er seine Leichtigkeit, sein Schweben über den Dingen und seine Eleganz. Ruhig, langsam und mühelos schwebt er über dem See.

Die Bewegung Ihre Füße stehen handbreit nebeneinander. Ihre Arme hängen locker an Ihrer Seite; Sie erhalten jedoch so viel Spannung aufrecht, dass die Arme Ihren Körper nicht berühren. Die Handflächen weisen zum Boden.

Heben Sie nun in einer gleichmäßigen, nicht zu langsamen, aber auch nicht zu schnellen Bewegung Ihre Arme. Lassen Sie dabei Ihre Hände sanft mitschwingen – Ihre Arme sind die Flügel, Ihre Hände die Flügelspitzen des Kranichs. Senken Sie nun Ihre Arme kontrolliert und kraftvoll, so als führten Sie einen Flügelschlag aus. Gleichzeitig mit dieser Bewegung setzen Sie Ihr rechtes Bein einen Schritt zurück und drücken mit der Fußsohle kräftig gegen den Boden.

Heben Sie dann die Arme wieder, und bringen Sie gleichzeitig das rechte Bein wieder nach vorne. Ihre Füße stehen jetzt wieder handbreit nebeneinander.

Sie wiederholen die Übung nun, setzen diesmal jedoch das linke Bein einen Schritt nach hinten. Wiederholen Sie den gesamten Ablauf fünfmal.

Hinweis Versuchen Sie, in dieser Übung das Gefühl des Fliegens und des Schwebens über den Dingen in sich wachzurufen.

Der Affe

Der Affe ist intelligent und lebensfroh. Besonders bewundernswert sind auch seine Beweglichkeit, seine Sorglosigkeit, Auffassungsgabe und Klugheit. Er kann sich leicht den Gegebenheiten anpassen, ist geistig ebenso flexibel wie körperlich. Dem Affen entspricht daher das Element Wasser.

In der Übung des Affen versuchen Sie, die körperliche und geistige Beweglichkeit nachzuahmen, die für den Affen charakteristisch ist. Sie nehmen Ihre Umwelt bewusst und intensiv wahr wie der Affe und versuchen auch, der Lebensfreude in Ihrer Übung Ausdruck zu verleihen.

Versuchen Sie in der Übung des Affen, die körperliche und geistige Beweglichkeit nachzuahmen, die für den Affen charakteristisch ist.

Übung: *Der Affe erklimmt den Baum*

Das Bild Mühelos erklettert der Affe den Baum und schwingt sich spielerisch von Ast zu Ast. Er verfolgt seine Kameraden im Spiel und lässt sich von ihnen verfolgen. Dabei probiert er immer wieder neue Bewegungen aus – er ist mit ganzem Herzen bei der Sache und hat Freude an dem, was er tut.

Die Bewegung Stehen Sie mit leicht gebeugten und gespreizten Beinen und geradem Rücken. Heben Sie nun beide Arme vor dem Körper bis in Kopfhöhe.

Greifen Sie abwechselnd mit der linken und der rechten Hand so weit wie möglich nach oben, und schließen Sie dann Ihre Hand, so als würden Sie sich an einem Ast festhalten. Greifen Sie fest zu, und ziehen Sie den Arm langsam unter Spannung in den Armmuskeln nach unten, so als zögen Sie sich jetzt an dem Ast nach oben.

Hinweis Stellen Sie sich während der Übung deutlich vor, wie Sie sich Ast um Ast an einem Baum nach oben hangeln. Sie werden feststellen, dass die Bewegung eine ganz andere ist, als wenn Sie Ihre Arme nur einfach nach unten bewegen – schließlich ziehen Sie Ihr ganzes Gewicht nach oben; daher wird sich Ihr Körper leicht drehen. Genießen Sie die Bewegung.

Übung: ***Der Affe blickt aufmerksam um sich***

Das Bild Der Affe ist auf den Baum gestiegen. Nun hält er sich an einem Ast fest und blickt neugierig und aufmerksam um sich. Er nimmt alles ganz genau wahr und genießt den Blick von oben. Dabei ist er immer voll und ganz achtsam – was auch wichtig ist, wenn man sich hoch über dem Boden in den Baumkronen bewegt.

Die Bewegung Sie setzen die vorangegangene Übung fort. Wenden Sie Ihren Körper in die Richtung des Armes, an dem Sie sich gerade nach oben ziehen. Gleichzeitig setzen Sie den Fuß des Beines der gegenüberliegenden Seite ein kleines Stück nach hinten.
Ziehen Sie den Arm, der sich in der Abwärtsbewegung befindet, weiter nach unten. Mit dem anderen Arm greifen Sie nach oben.
Wenden Sie den Kopf nun ein paar Mal langsam nach rechts und nach links, und blicken Sie wach und aufmerksam um sich. Der Körper und die Arme bleiben ruhig, während Sie den Kopf drehen.

Hinweis Stellen Sie sich vor, wie Sie hoch auf einen Baum gestiegen sind und sich nun auf einen Ast unter Ihnen stützen, während Sie sich mit der anderen Hand an einem höheren Ast festhalten. Versuchen Sie, in der Übung die Aufmerksamkeit und Neugier des Affen nachzufühlen, der in einem Baumwipfel um sich blickt.

Übung: ***Der Affe streicht sein Fell***

Das Bild Der Affe liebt die Sauberkeit und genießt es, sein Fell zu pflegen und rein zu halten. So sitzt er da und streicht sich über sein Fell und ist sich dabei seines Körpers ganz bewusst.

Die Bewegung Sie stehen mit leicht gebeugten Beinen und etwa schulterbreit voneinander entfernten Füßen bequem und mit geradem Rücken.
Heben Sie nun abwechselnd die linke und die rechte Hand über den Kopf. Streichen Sie mit der Hand über den Kopf, über den Hinterkopf, über den Nacken – so weit hinab, wie es Ihnen möglich ist.
Wenn Sie dies ein paar Mal getan haben, streichen Sie abwechselnd über Ihre Schultern und Arme und schließlich über Ihre Seiten und den Bauch.

Hinweis Versuchen Sie, bei dieser Übung ganz bewusst Ihren Körper zu spüren. Achten Sie auf den Kontakt Ihrer Hand mit den verschiedenen Körperstellen und darauf, wie unterschiedlich sich die Berührung an den verschiedenen Stellen anfühlt. Genießen Sie dabei die sanfte Massage, und kommen Sie ganz zur Ruhe.

Versuchen Sie, bei dieser Übung ganz bewusst Ihren Körper zu spüren. Genießen Sie dabei die sanfte Massage, und kommen Sie ganz zur Ruhe.

Das Tao der Ernährung

»Wenn dir deine Nahrung nicht schmeckt, iss nicht. Wenn du Hunger hast, schmeckt auch der trockene Teigfladen, bist du übersatt, wird selbst der Kuchen des Kaisers dir Übelkeit erregen. Tun, was keine Freude bringt, hat geringen Nutzen«, schreibt Meister Liang Lü. Die Taoisten haben schon vor Tausenden von Jahren erkannt, dass es wenig Sinn hat, sich nach Nährwerttabellen, starren Regeln und allgemein gültigen Vorschriften zu ernähren. Ebenso wenig aber redeten sie der Völlerei und dem Schlemmen das Wort oder hielten es für gleichgültig, was wir zu uns nehmen. Nur ist mit Regeln, die dem Menschen die Freude am Essen rauben, wenig gewonnen.

Die meisten Menschen unterschätzen ihre Intuition. Lieber vertrauen sie der klaren, aber nicht selten in die Irre führenden Stimme ihres Verstandes.

Unsere Ernährung spielt eine wichtige Rolle. Der deutsche Philosoph Ludwig Feuerbach formulierte es so: »Der Mensch ist, was er isst.« Wir wollen noch hinzufügen: »... und *wie* er isst«.

Einerseits ist unsere Ernährung von großer Wichtigkeit für die Funktionsweise unseres Körpers – im Übrigen auch für unseren Geist und unsere Seele, da durch eine falsche Ernährungsweise auch die Energieflüsse in uns in Unordnung geraten. Auf der anderen Seite behaupten die Taoisten, es nütze wenig, sich nach Ernährungsregeln und -vorschriften zu richten.

Wenn Sie lernen, achtsam zu sein, auf die Bedürfnisse, Vorlieben und Abneigungen Ihres Körpers zu hören und Ihrer Intuition zu vertrauen, werden Sie sich mit Leichtigkeit gesund und richtig ernähren – und dabei Ihr Leben und Ihr Essen wirklich genießen.

Wie viele Menschen entkräften sich durch Fasten oder Diäten, richten ihr Leben nach Vitamin- und Nährstofftabellen, versagen sich viele Genüsse. Sie hoffen, damit schlanker, vitaler und gesünder zu werden und länger zu leben. Doch diese Hoffnung wird meist enttäuscht. Sicher haben auch Sie einen uralten Verwandten in Ihrer Familie, der sein Leben lang geraucht und dem Wein und dem Essen kräftig zugesprochen hat. Das heißt natürlich nicht, dass Rauchen, Alkohol im Übermaß oder Völlerei grundsätzlich nicht gesundheitsschädlich wären – aber es bedeutet: Es gibt keine allgemein gültigen Regeln.

Die Taoisten drücken dies so aus, dass jeder seiner inneren Natur folgen muss.

Die Nahrungsmittel sorgfältig auszuwählen ist ein erster Schritt zu einer bewussten Ernährung.

Essen, was einem schmeckt

Schon die Befreiung von starren Vorschriften ist ein Schritt hin zu einem gesünderen Leben: Denn wer genießt, lebt gesünder, da er weniger Stress hat und den Stress besser ausgleichen kann.

Ein starres Ernährungssystem ist also etwas, das der Intuition und der Lebendigkeit nicht so viel Raum lässt, wie es eigentlich nötig wäre. Mancher wird dem entgegenhalten: Ich esse aber nun einmal gerne Schokoladentorte, trinke gern jeden Abend ein Fläschchen Wein, und auch einen fetten Schweinebraten hätte ich gern jeden Tag auf dem Tisch. Das kann doch nicht stimmen, dass ich einfach essen soll, was mir schmeckt.

Das Glück des Menschen ist nicht in Regeln zu fassen, und auch seine Gesundheit folgt keinen starren Regeln. Jeder Mensch ist einmalig – also muss auch sein Tun individuell angemessen sein.

Wir behaupten: Wenn die Achtsamkeit und die Intuition gut ausgebildet sind, wird niemand diese Gelüste haben. Der Körper wird uns sagen, was uns gut tut. Mit anderen Worten, die meisten Menschen haben verlernt, wirklich zu spüren, was ihnen schmeckt.

Um den Weg zu mehr Achtsamkeit und einer ausgeprägten Intuition in Bezug auf die Ernährung zu erleichtern, wollen wir kurz eine taoistische Ernährungslehre vorstellen. Sie werden den Unterschied zu den starren Vorschriften verschiedener Ernährungsgurus aber bald erkennen. Im Taoismus geht es darum, das zu tun, was den natürlichen Abläufen angemessen ist – die aus dem Taoismus hervorgegangene Lehre von den Fünf Elementen gibt dafür gute Anhaltspunkte.

Jeder muss für sich selbst herausfinden, was ihm am besten schmeckt und ihm gut tut.

Die Lehre der Fünf Elemente

Im alten China erforschten die Taoisten die Wege der Natur und erkannten, dass alle natürlichen Vorgänge bestimmten Prinzipien folgen. Um diese Prinzipien zu erfassen und auf intuitive Weise Einsicht in größere Zusammenhänge zu gewinnen, betrachteten sie die unterschiedlichen Kraftimpulse als Elemente.
Gemeint sind nicht die chemischen Elemente unserer westlichen Wissenschaften, sondern grundlegende Kräfte, die in der Natur zu finden sind. Die Taoisten bezeichneten diese Kräfte als Feuer, Erde, Metall, Wasser und Holz.
Die Fünf Elemente heißen im Chinesischen *wu hsing,* was auch als »Fünf Wandlungsphasen« übersetzt werden kann. Diese Wandlungsphasen oder Wesenskräfte sind überall in der Natur wiederzufinden: in den Jahreszeiten, in den Persönlichkeiten der Menschen, in Geschmacksrichtungen, in Farben, Formen, Energien – und in Nahrungsmitteln.
Die Einteilung der Nahrungsmittel nach Elementen trieb merkwürdige Blüten und verleitete Menschen, die sich nach festen Systemen sehnen, dazu, genaue Tabellen aufzustellen, welches Nahrungsmittel mit welchem Element zu verbinden wäre und welche – natürlich nach Elementen eingeordneten – Menschen es zu welchen Jahres- oder Tageszeiten zu sich zu nehmen hätten.

Es hat wenig Sinn, abstrakte Ernährungsvorschriften zu entwickeln: Sie sind unnatürlich und machen niemanden gesünder oder glücklicher.

Der Kreislauf der natürlichen Veränderungen

»Herr Bauch-wie-ein-Ochse wollte das Volk lehren, wie es zu essen habe. Bei Südwind die Speisen, die dem Holz zugehören, bei Nordwind solche, die dem Wasser zugehören, bei Westwind solche, die dem Feuer zugehören, bei Ostwind solche, die der Erde zugehören, bei Windstille aber solche, die dem Metall zugehören. Er hatte viele Schüler. Es kam ein Sturm auf, mal blies er von Osten, mal von Westen, mal von Norden, mal von Süden. Ab und an aber war es windstill. Der Sturm währte zwei Wochen. Als er sich legte, waren alle Schüler tot.« (Liang Lü)
Es hat wenig Sinn, Nahrungsmittel nach den Elementen einzuteilen und daraus abstrakte Vorschriften für unsere Ernährung zu entwickeln. Das ist völlig unnatürlich und wird keinen Menschen glücklicher oder gesünder machen.

Der Versorgungszyklus

Die Bedeutung der Lehre von den Fünf Elementen besteht darin zu zeigen, wie jede natürliche Veränderung bestimmten Prinzipien folgt. Aus diesen Prinzipien ergeben sich keine Regeln, sondern Einsichten.

Die Fünf Elemente stehen in einer kreisförmigen Wechselbeziehung, einem Zyklus. Es gibt zwei wichtige Zyklen, den »Versorgungszyklus«, der zeigt, wie ein Schritt auf natürliche Weise zum nächsten führt, und den »Kontrollzyklus«, der verdeutlicht, wie sich verschiedene Vorgänge gegenseitig kontrollieren.

Beim Versorgungszyklus sieht das so aus: *Feuer* verbrennt Materie, die dann zu *Erde* wird; die *Erde* bringt *Metall* hervor, *Metall* fängt *Wasser* auf, *Wasser* lässt *Holz* wachsen – das »Ziel« ist erreicht, doch der Kreislauf beginnt nun von neuem: *Holz* nährt das *Feuer* …

Beim Kontrollzyklus ist es ähnlich: *Feuer* schmilzt *Metall,* dieses schneidet *Holz,* Bäume halten mit ihren Wurzeln die *Erde* fest, die *Erde* dämmt den Fluss des Wassers ein – *Wasser* seinerseits kontrolliert das *Feuer,* und auch dieser Kreislauf schließt sich.

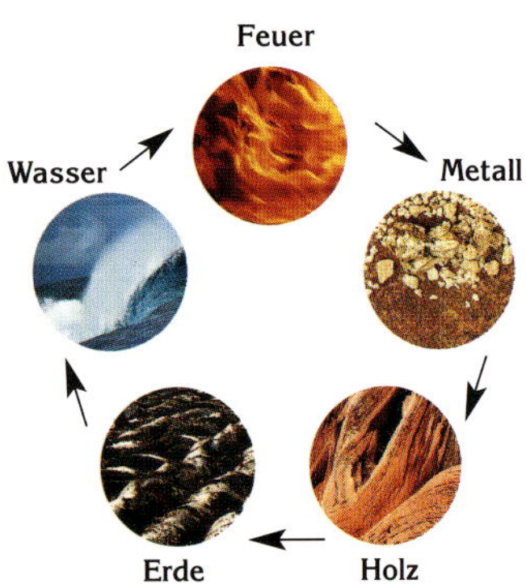

Der Kontrollzyklus

Der Versorgungszyklus und die Ernährung

Betrachten wir die Ernährung im Licht der Lehre von den Wandlungsphasen. Was bedeutet der Versorgungszyklus für unsere Ernährung?

Zu Beginn der Nahrungsaufnahme sollte ein Hungergefühl (Feuer) stehen. Wenn wir essen, obwohl wir keinen Hunger haben, wird der natürliche Ablauf der nachfolgenden Wandlungsphasen gestört. Haben wir Hunger, führt das dazu, dass unsere Aufmerksamkeit unserem Körper (Erde) zugewandt ist und unser Körper uns sagt, welcher Nahrung wir bedürfen. Wir wählen aus der verfügbaren Nahrung aus (Metall), was wir essen. Wenn wir essen, passen wir diese Auswahl den Gegebenheiten an (Wasser), indem wir uns an der tatsächlichen Beschaffenheit der Nahrung orientieren, die wir durch unseren Geschmacks- und Geruchssinn wahrnehmen. Wenn Sie einen Apfel ausgewählt haben, werden Sie ihn dennoch nicht essen, wenn er faul oder wurmstichig oder unreif ist. Sind wir dann satt, verdauen wir die Nahrung – dadurch wird unser Körper aufgebaut (Holz). Nachdem wir unsere Bedürfnisse auf körperlicher Ebene erfüllt haben, sind wir bereit für einen neuen Anfang, für einen neuen Hunger (Feuer), beispielsweise den Hunger nach Erkenntnis.

Der Kontrollzyklus und die Ernährung

Der Kontrollzyklus hat folgende Bedeutung: Wenn wir Hunger (Feuer) haben, aber keine Nahrung zur Verfügung steht, hilft es nichts, sich mit dem Hunger zu quälen. Der Kontrollzyklus zeigt, dass wir uns den Gegebenheiten am besten anpassen (Wasser) sollten, wenn es nicht möglich ist, den nächsten Schritt zu tun. Wenn wir unsere Nahrung auswählen (Metall), sollten wir darauf achten, dass dies nicht vom Hunger (Feuer) bestimmt wird. Müssen wir unsere Körperkräfte aufbauen (Holz), ist es besonders wichtig, richtig aus der vorhandenen Nahrung auszuwählen (Metall). Ist unsere Aufmerksamkeit unserem Körper (Erde) zugewandt, weil wir an Schmerzen oder einer Krankheit leiden, ist es notwendig, unsere Körperkräfte aufzubauen (Holz). Die richtige Auswahl (Wasser) unserer Nahrung wird davon bestimmt, wie aufmerksam wir unserem Körper zuhören (Erde).
Es geht bei den Fünf Wandlungsphasen um keine abstrakte Lehre, sondern vielmehr um die Überlegungen, zu denen sie uns anregen.

Taoistische Ernährungstipps

Aus den Überlegungen zu den Fünf Wandlungsphasen können wir ein paar nützliche Dinge ableiten, die uns erleichtern, das Essen zu genießen und gleichzeitig gesund zu essen.

Essen Sie nur, wenn Sie hungrig sind

Es sollte eigentlich so selbstverständlich sein, dass man es gar nicht erwähnen müsste, und wird doch von vielen Menschen missachtet: Wenn wir essen, sollten wir auch hungrig sein.
Befolgte jeder nur diesen einen Rat, gäbe es wohl niemanden, der mit Gewichtsproblemen zu kämpfen hätte. Schließlich sagt uns unser Körper ganz genau, wann er Nahrung benötigt. Signalisiert er uns kein Bedürfnis nach Nahrung, würden wir gegen unsere Natur handeln, wenn wir dennoch Essen in uns hineinstopften.
Aus mehreren Gründen ist das unsinnig. Zum einen verschwenden wir, wenn wir ohne Hunger essen, sinnlos wertvolle Nahrung. Zum anderen aber schaden wir damit unserer gesamten Entwicklung.

Wir sollten aufhören zu essen, wenn wir satt sind. Die Energie, die wir dafür einsetzen, überschüssige Nahrung zu verdauen oder dem Körper in Form von Fettpolstern aufzuladen, können wir für andere Ziele einsetzen.

Essen Sie nur das, was Ihnen schmeckt

Hinter dem Prinzip »Iss, was dir schmeckt« steckt mehr, als vielleicht auf den ersten Blick deutlich wird. Erst einmal gilt es herauszufinden, welche Ernährungsweise einem überhaupt entspricht.

Eine weitere Erkenntnis, die uns der Taoismus bringt, ist sehr befreiend und angenehm: Iss nur das, was dir auch schmeckt!
Für Menschen, die sehr auf ihre Ernährung achten, sich nach den Vorschriften verschiedenster Diätprogramme richten und infolgedessen wenig schmackhafte Speisen verzehren, klingt diese Erkenntnis wahrscheinlich ketzerisch.
Zunächst scheint das Prinzip »Iss, was dir schmeckt« ohne Nutzen, beachten es doch viele Menschen ohnehin – sehr zu ihrem Nachteil. Schließlich ist es gerade das Prinzip der Schlemmer, Fettsüchtigen und Herz-Kreislauf-Kranken.
»Iss, was dir schmeckt« bedeutet nicht etwa »stopf in dich hinein, wonach dir gerade ist«. Tatsächlich bedarf es Bewusstheit, Intuition und der Fähigkeit zum wahren Genießen, erkennen zu können, was einem wirklich schmeckt. Nur wer auf seine Intuition anstatt auf den spontanen Appetit hört und wer wachsam darauf achtet, wie das, was er isst, überhaupt schmeckt, wird herausfinden, welche Ernährungsweise seiner Natur entspricht.
Der erste Schritt auf diesem Weg ist, seine Nahrung bewusst und langsam zu genießen. Wer langsam und bewusst isst, gibt seinem Geschmackssinn erst die Möglichkeit, die einzelnen Nuancen des Geschmacks wahrzunehmen. Erst dann können wir wirklich entscheiden, ob sie uns tatsächlich schmecken.

Essen Sie heimische Nahrung

Der dritte Punkt, den die Taoisten immer wieder erwähnten, ist der große Vorteil vorwiegend einheimischer Nahrung. Dieser Ratschlag mag überraschend klingen – dabei ist er heute, wenn auch aus anderen Gründen, aktueller denn je. Die Taoisten hatten vor allem im Sinn, auch bei ihrer Ernährungsweise so gut wie möglich der Natur zu folgen. Und das geht am besten, indem man die Nahrung isst, die dort vorhanden ist, wo man selbst lebt. Außerdem wirken die Einflüsse des Klimas, des Bodens, der Höhenlage etc. auf die Pflanzen unserer Umgebung ebenso wie auf uns. Nahrungsmittel, die sozusagen dieselbe Schwingung wie wir haben, sind besonders gut für uns geeignet. Da wir in derselben Umgebung leben, werden wir von ihrer Kraft profitieren.

Es ist nicht nur wichtig, gesunde und vitaminreiche Kost zu sich zu nehmen, sondern auch, wie man sie zu sich nimmt.

Die sieben Essensregeln von Meister Lü

Bei einem der alten Taoisten, Meister Liang Lü, der sich besonders intensiv mit der rechten Ernährungsweise des Menschen auseinander gesetzt hat, finden wir eine ganze Reihe weiterer praktischer Tipps:

Bewusst essen

Die vielleicht wichtigste Regel, über die es sich nachzudenken lohnt, ist: Essen Sie immer ganz bewusst, und genießen Sie. Beides gelingt Ihnen besonders leicht, wenn Sie vermeiden, in unruhiger Umgebung zu essen, wenn Sie keine Diskussionen während des Essens führen, wenn Sie beim Essen nicht lesen, arbeiten oder fernsehen. Wenn Sie essen, sollten Sie ganz darauf konzentriert sein und nichts anderes tun.

Die meisten Übergewichtigen merken überhaupt nicht, dass sie so viel essen – weil sie ihre Nahrung unbewusst oder nebenbei zu sich nehmen: beim Fernsehen, beim Lesen, während der Arbeit, im Restaurant zwischen Gesprächen. Denken Sie daran, dass Sie Ihr Essen nur wirklich genießen können, wenn Sie sich ihm bewusst zuwenden.

Die praktischen Tipps des Meister Liang Lü sind zeitlos gültig und problemlos im Alltag anzuwenden.

Maß halten

Damit das Essen ein Genuss ist und auch danach keine Reue aufkommt, sollten Sie beim Essen immer das rechte Maß bewahren und aufhören zu essen, bevor Sie sich voll fühlen. Zum rechten Maß gehört auch, dass Sie Hungerkuren meiden. Beide Abweichungen sind schädlich: Wenn Sie zu viel essen, vergeuden Sie Ihre Energie, belasten Ihre Verdauung und Ihren Kreislauf unnötig. Wenn Sie zu wenig essen, wird es Ihnen an Energie fehlen, und Sie belasten Ihr Immunsystem, da Hunger Stress bedeutet.

Ihr Körper und Ihre Seele geben Ihnen die richtigen Signale – Sie müssen nur lernen, auf sie zu achten.

Langsam essen

Denken Sie immer wieder an den taoistischen Ratschlag, Energie zu sparen: Atmen Sie langsam, essen Sie langsam. Anspannung und Hast sind gerade beim Essen immer schädlich. Wenn Sie langsam essen, schmecken Sie Ihre Nahrung erst richtig, und Sie spüren, wann es Zeit ist aufzuhören. Übrigens ist es auch deshalb gut, die Nahrung gut durchzukauen, bevor Sie sie schlucken, da das Zerkleinern der Speisen die Verdauung erleichtert – Sie sparen Verdauungsenergie, die Ihnen dann für andere Dinge zur Verfügung steht.

Kein Hunger – kein Essen

Essen Sie wirklich nur dann, wenn Sie Hunger verspüren. Wenn Sie keinen Hunger haben, sollten Sie auch nichts essen. Wenn Sie nur

Seien Sie sich jeden Bissens, den Sie zu sich nehmen, bewusst! So werden Sie Ihrem Körper gerecht, und er wird es Ihnen danken.

essen, um die Zeit totzuschlagen, behindern Sie sich in Ihrer Entwicklung und vergeuden Ihre Energie. Vielleicht ist es anfangs ein wenig schwierig, Hunger und Appetit zu unterscheiden.
Achten Sie auf Ihren Körper und Ihre Gefühle, werden Sie den Unterschied deutlich merken, sowohl während des Essens als auch danach: Wenn Sie das wirkliche Bedürfnis haben zu essen, werden Sie mit viel mehr Freude essen und dadurch besser erkennen, was Ihnen gut tut.

Indem Sie auf die Stimme Ihres Körpers hören und beispielsweise weder zu kalt noch zu heiß essen, können Sie auch Yin und Yang ins Gleichgewicht bingen.

Nach dem Essen trinken

Aus taoistischer Sicht ist es eine Unsitte, während des Essens zu trinken. Wenn Sie dennoch das Bedürfnis verspüren, ist dies ein Zeichen dafür, dass Ihre Nahrung entweder unpassend gewählt ist oder Sie sie nicht genügend gekaut haben. So kann der Durst während des Essens ein Wegweiser für Sie sein. Wenn Sie während des Essens trinken, werden Sie mehr essen und eher geneigt sein zuzunehmen.

Nicht zu kalt und nicht zu heiß

Um bei der Ernährung die Harmonie von Körper und Umwelt zu erreichen, ist es auch wichtig, dass Sie Ihre Nahrung weder zerkochen noch alles roh essen. Ihre Nahrung sollte Ihrem Körper entsprechen: Das bedeutet, Sie sollten Ihr Essen nicht zu kalt und nicht zu heiß zubereiten und essen. Dem Körper die ihm entsprechende Nahrung zukommen zu lassen heißt auch, dass Sie Ihr Essen und Trinken den äußeren Gegebenheiten anpassen sollten: Ein Rohkostteller passt besser in die warme Jahreszeit, eine heiße Suppe besser zum Winter.

Nicht durcheinander essen

Ihre Nahrungsmittel sollten miteinander und mit Ihrem Körper in einer harmonischen Beziehung stehen. Das heißt erstens, dass Sie nur solche Lebensmittel essen sollten, die Ihnen schmecken. Und es bedeutet, Sie sollten nicht zu viele unterschiedliche Geschmacksrichtungen, Nahrungsmittel und Gewürze auf einmal zu sich nehmen. Zu viele Geschmacksreize bewirken ein Durcheinander in Ihrem Organismus und bringen die Energieströme aus dem Gleichgewicht.
Als letzte und wichtigste Regel aber gilt: Vergiss alle Regeln, und genieße dein Essen.

In der Fülle des Angebots müssen wir herausfinden, wo unsere tatsächlichen Bedürfnisse liegen.

Taoistische Ernährung heute

Die Lehren des Tao sind auch heute leicht zu befolgen, indem wir Freude mit Achtsamkeit verbinden.

Die Ratschläge der alten Taoisten sind auch heute gültig und wertvoll – sie befreien uns von Vorschriften und legen uns nahe, mehr zu genießen.

Es ist eine traurige Wahrheit, dass hierzulande die meisten Menschen zu viel, zu fett und zu hastig essen. Wenn wir ein wenig auf die Taoisten hörten und langsamer und bewusster essen würden, könnten wir diese Probleme erkennen und bis zu einem gewissen Grad vermeiden.

Der Grund dafür, dass uns das so schwer fällt, ist sicher das riesige Angebot, das uns lockt. Deshalb müssen wir heute mehr darauf achten, ob wir wirklich Hunger oder nur Appetit haben.

Eine Unsitte unserer Kultur ist auch, dass beinahe jedes Nahrungsmittel mit Geschmacksverstärkern, künstlichen Aromastoffen und anderen Nahrungsmittelzusätzen angereichert ist.

Das heißt, wir müssen uns erst einmal informieren, was wir tatsächlich essen. Auch Herkunft und Herstellungsweise unserer Nahrung sind uns meistens nicht bekannt. Natürlich können wir fanatisch vor dem Einkauf jedes Nahrungsmittels langwierige Recherchen anstellen, in jedem Aromastoff das reinste Gift sehen und uns das Essen zur Lebensaufgabe machen.

Wer aber dem Tao folgt, wird seine Intuition, seinen Geschmackssinn und sein Vertrauen in die Weisheit des Körpers verstärken und die Kunst des Genießens erlernen.

Sich am Essen erfreuen

Eine der schlechten Angewohnheiten unserer Zeit ist, dass wir uns immer weniger nach unseren Bedürfnissen und immer mehr nach festgelegten Uhrzeiten richten. Hinterfragen Sie Ihre Gewohnheiten: Ist es wirklich nötig, um eine bestimmte Zeit zu essen? Wenn man Hunger hat, sicher – aber wenn nicht? Manchmal ist dieses Problem nur zu lösen, wenn wir unsere Lebensweise ändern.

Es ist nicht immer nötig, genau um eine bestimmte Uhrzeit zu essen. Vielleicht haben wir ja gerade dann gar keinen Hunger und sollten es lieber lassen.

Aber vielleicht sollten wir etwas verändern, und es würde uns gut tun. Womöglich sind die angeblichen Zwänge gar nicht so stark, wie sie uns manchmal scheinen …

Der wichtigste Rat der alten Taoisten ist auch heute der wichtigste: Erfreuen Sie sich an Ihrem Essen, und genießen Sie es in Ruhe. Sie werden bald erfahren, welche Heilkraft in natürlicher Nahrung liegt; und dazu müssen Sie nicht zum Ernährungsexperten werden.

Nehmen Sie nur Speisen auf, wenn Sie wirklich Lust und das Bedürfnis dazu haben.

Der taoistische Weg zum Erfolg

Kennen Sie auch den Spruch, nach dem die Götter vor den Erfolg den Schweiß gesetzt haben? Lassen Sie sich davon nicht irreführen – die Götter haben nichts dergleichen getan.
Den Taoisten war klar, dass wirklicher Erfolg nur möglich ist, wenn man nicht gegen seine eigene Natur arbeitet. Erfolg wird sich nur dann mühelos einstellen, wenn man sich nicht darum bemüht. Mit großen Mühen werden Sie Ihren Erfolg dagegen nur mühevoll, im Schweiße Ihres Angesichts erreichen – wenn überhaupt. Lao Tse meinte dazu:

Erfolg stellt sich nur und gerade dann ein, wenn man sich nicht darum bemühen muss. Die Dinge, die Ihnen leicht fallen und dazu noch Freude bereiten, werden Ihnen die größten Erfolge bescheren.

> *»Beim Nicht-Tun angelangt bleibt nichts ungetan.*
> *Die wahre Herrschaft über die Welt*
> *erlangt nur, wer frei von Geschäftigkeit.*
> *Die Geschäftigen sind nicht fähig,*
> *die wahre Herrschaft über die Welt zu erlangen.«*

Erfolg ist, wenn man glücklich ist

Es gibt viele Arten, wie Menschen Erfolg definieren:

- Erfolg ist, wenn man viel hat (z. B. viel Geld, ein teures Auto, ein großes Haus usw.).
- Erfolg hat man, wenn man angesehen ist (z. B. als Künstler, als Chef einer Firma, als Vorgesetzter).
- Erfolg ist Macht (über Untergebene, über die Wähler, über die Familie, über das Publikum).

Aber was helfen einem Geld, Ruhm, Ansehen, Macht, wenn man unglücklich ist? Natürlich weiß jeder, dass Geld nicht glücklich macht. Andererseits macht Geld auch nicht unglücklich. Dasselbe gilt für immaterielle Werte wie Ruhm, Macht oder Ansehen.
Warum sagt niemand: Erfolg hat man, *wenn man glücklich ist?*

Ein glückliches Leben ist auch ein erfolgreiches Leben.

Erfolg haben wir dann, wenn wir das erreichen, was wir uns vornehmen. Wir nehmen uns etwas vor, um glücklicher, froher und zufriedener zu werden.

So selbstverständlich es auch klingt: Erfolg soll immer unserem Glück dienen. Er steht also nicht im leeren Raum. Es gibt keinen Erfolg um des Erfolges willen.

Ist Ihnen das klar, können Sie sich ein paar Ziele aufschreiben, durch die Sie Ihren Erfolg verwirklichen wollen. Dann machen Sie einmal eine kleine Übung: Stellen Sie jedem der angegebenen Ziele die Frage: »Wozu dient das genau?« Stellen Sie außerdem jeder Antwort, die Sie geben, diese Frage.

Erfolg soll immer unserem Glück dienen. Sonst ist er kein Erfolg.

Die Taoisten würden ablehnen, dem Erfolg hinterherzulaufen. Wen Daofeng schreibt dazu: *»Das Ziel, das du fest packen musst – lass es, es lohnt der Mühe nicht. Dein Ziel kommt zu dir, wenn du nur endlich einmal stillstehen würdest ...«*

Wenn Sie Ihren Zielen mühsam hinterherrennen müssen, dann überlegen Sie einmal: Sind das dann wirklich geeignete Ziele für Sie?

Handeln ohne Anstrengung

Der taoistische Meister Dschuang Tse schrieb: *»Wir setzen den Dingen Widerstand entgegen und reiben uns an ihnen auf, bis wir uns doch wieder unterordnen müssen: Unser Handeln gleicht einem galoppierenden Pferd, dem niemand Einhalt zu gebieten vermag – wie bedauerlich. Ein Leben lang mühen wir uns ab und haben doch keinen Erfolg. Wir erschöpfen uns in der Arbeit, ohne einen Sinn darin zu sehen. Sollten wir darüber nicht betrübt sein?«*

Dschuang Tse meint, wir müssen nur aufhören, den Dingen Widerstand entgegenzusetzen, uns an ihnen aufzureiben. Dann werden wir Erfolg haben.

Wie setzen wir den Dingen Widerstand entgegen? Auf kaum einem Gebiet sind die Menschen so einfallsreich wie darin, sich selbst das Leben schwer zu machen. Das beginnt morgens: »Ach, wie schrecklich! Jetzt muss ich zur Arbeit, oh weh! Ich würde viel lieber noch länger schlafen. Und am Wochenende kommt Tante Erna, auch das noch!« usw.

Und schon ist zumindest der Morgen schrecklich. Auf dieser Grundlage wird es auch nicht schwer fallen, den Rest des Tages als Bußübung zu betrachten.

Am meisten Widerstand setzen wir unserem Erfolg entgegen, wenn wir uns selbst herabsetzen: »Das schaffe ich ohnehin nicht!«, »Das kann ich nicht!«, »Dafür bin ich noch nicht bereit« usw.
Dabei ist es denkbar einfach, den Dingen keinen Widerstand entgegenzusetzen: Sie müssen nichts tun, zumindest nichts Unangenehmes – Sie brauchen sich z. B. keine Gründe mehr dafür einfallen lassen, warum der Tag schlecht ist oder Sie ein Ziel, das Sie wirklich erreichen möchten, nicht erreichen.

Setzen Sie sich nicht herab, und reden Sie sich nicht ein, dass sie etwas sowieso nicht können. Gehen Sie positiv an die Sache heran, und lassen Sie die Dinge sich entwickeln.

Wu-Wei – Aktives Nicht-Tun

Den Dingen keinen Widerstand entgegenzusetzen, das bedeutet keinesfalls, dass wir unseren Zielen und unserem Erfolg näher kommen, indem wir uns hängen lassen, uns alles gleichgültig wird und wir uns keine Ziele setzen.
Die Taoisten haben für die Geisteshaltung des Aktiven Nicht-Tuns einen Begriff: Wu-Wei. Die tiefere Bedeutung von Wu-Wei ist »bedachtes Tun«, »aufmerksames Handeln« oder »waches Bewusstsein«.
Die Taoisten würden uns raten, uns natürlich Ziele zu setzen, uns aber davor zu hüten, diese Ziele durch Willensanstrengungen und Betriebsamkeit erreichen zu wollen. Die Konsequenzen einer Handlung sind letztlich kaum absehbar. Daher ist es sinnvoll, immer mit wachem Bewusstsein zu handeln bzw. lieber nicht zu handeln.
Ein moderner Zweig der Physik, die Chaostheorie, die versucht, die komplizierten Wechselwirkungen in natürlichen Systemen wie Flüssen, der Atmosphäre oder auch Lebewesen zu verstehen, hat gezeigt, dass kleinste Ereignisse gewaltige, nicht voraussehbare Wirkungen haben können. Manchmal klingen die Chaosforscher geradezu taoistisch: »Der Flügelschlag eines Schmetterlings in China kann einen Wirbelsturm in Amerika auslösen.«
Die Taoisten erkannten bereits längst, dass alle Dinge miteinander verbunden sind. Jedes Ereignis hat Folgen für alle weiteren Ereignisse. Mathematische Berechenbarkeit und klare Ordnung sind nicht die Regel in der Welt, sondern absolute Ausnahmen.
Je mehr wir uns in unübersehbares Tun verstricken, desto unübersehbarer wird unser Leben. Wenn wir von der Sicht der wechselseitigen Verbundenheit aller Dinge ausgehen, ist das Wu-Wei der

Taoisten die vernünftigste Art, unser Tun überschaubar und sinnvoll zu gestalten.

Ängstlichkeit ist ein schlechter Lehrmeister – vor allem die Angst, neue Möglichkeiten zu erkunden.

Doch bei aller Bedachtsamkeit und Bewusstheit ist Ängstlichkeit immer ein schlechter Lehrmeister. Vor allem die Angst, neue Möglichkeiten zu erkunden, ist immer ein Fehler. Wu-Wei heißt: nicht ängstlich, nicht unbedacht, nicht im Glauben, alles zu wissen, handeln.

Der Weg zu Ihrem Ziel

Es ist an der Zeit, Ihnen zu zeigen, wie Sie mit Hilfe taoistischer Einsichten Ihre Ziele erreichen.

Im Grunde ist es ganz einfach: Ein Ziel, mit dem Sie in natürlichem Einklang stehen, werden Sie erreichen, weil Sie dann dem Tao folgen und nicht wider Ihre Natur handeln. Das ist aber leichter gesagt als getan. Wie findet man ein Ziel, mit dem man in natürlichem Einklang steht?

Ihr Ziel im Wandel der »Fünf Elemente«

Im Kapitel über die taoistische Ernährung (siehe Seite 101ff.) haben wir Ihnen die taoistische Lehre von den Fünf Elementen oder Fünf Wandlungsphasen vorgestellt. Sie können die Fünf Wandlungsphasen auch dazu verwenden, um sich von Ihren Zielen ein besseres Bild zu machen. Wenn Sie erst einmal in Einklang mit Ihrem Ziel kommen, wird Sie kaum noch etwas davon abhalten können, Ihr Ziel zu erreichen und Erfolg zu haben.

Vergegenwärtigen Sie sich noch einmal den »Versorgungskreislauf« der Fünf Wandlungsphasen: Auf das Element Feuer folgt das Element Erde, darauf Metall, darauf Wasser, darauf Holz, und dann schließt sich der Kreislauf wieder mit dem Element Feuer.

Sehen wir uns einmal an, was das für Ihre Zielbestimmung bedeutet:

Feuer

Das Element Feuer entspricht einem Bedürfnis. Dieses Bedürfnis setzt in Bewegung. Machen Sie sich klar, was genau Ihr Ziel ist. Benennen Sie es ganz konkret, setzen Sie einen Zeitrahmen, in dem

Sie Ihr Ziel erreicht haben sollen, und achten Sie darauf, dass Sie Ihr Ziel durch eigene Kompetenz erreichen können.

Erde

Das Element Erde steht für das Konkrete, Wachsende. Sehen Sie sich also einmal alle Einzelheiten Ihres Zieles an. Führen Sie sich die Zielmerkmale vor Augen, anhand derer Sie erkennen, dass Ihr Ziel erreicht ist. Welche Aktivitäten, welche Gefühle, welche Wahrnehmungen sind mit dem Ziel verbunden? Machen Sie sich vor Ihrem inneren Auge ein lebendiges Bild von Ihrem Ziel.

Auf dem Weg zum Ziel: Wählen Sie ein Ziel aus, das Sie aus eigener Kompetenz erreichen können, machen Sie sich ein lebendiges Bild von Ihrem Ziel, und hinterfragen Sie, ob sich das Ziel für Sie lohnt.

Metall

Das Element Metall entspricht hier der Entscheidung. Es geht um die Entscheidung, ob sich das gesetzte Ziel wirklich für Sie lohnt. Machen Sie sich deutlich, welche Veränderungen in Ihrem Leben eintreten, wenn Sie Ihr Ziel erreichen. Hat es Sie weitergebracht, Ihr Ziel erreicht zu haben, oder wird es Sie unbefriedigt an einer Endstation zurücklassen?

Wasser

Das Element Wasser steht für Anpassung. Alles hat seinen Gegenpol. Auch das positivste Ziel hat eine andere, dunkle Seite. Wenn Sie nicht auch diese Seite Ihrer Ziele kennen, werden Sie oft böse Überraschungen erleben.

Wie wichtig es ist, nicht nur auf den positiven Teil eines Zieles zu achten, zeigt eine Anekdote aus den Schriften des taoistischen Meisters Liä Dsi: Sie erzählt von einem armen Bauern, der sich so sehr wünschte, reich zu werden. Eines Tages zog er seinen Mantel an und begab sich in die Stadt. Als er über den Marktplatz schlenderte und darüber nachdachte, wie schön es wäre, reich zu sein, sah er einen Fürsten, der einige schwere Goldketten trug. Ohne zu überlegen, stürzte sich der arme Bauer auf den Fürsten und entriss ihm eine der Goldketten. Doch als er fliehen wollte, wurde er sogleich gefasst. Vor Gericht fragte ihn der Richter: »Wie kamst du nur auf die Idee, mit dem Gold fliehen zu können – du hast doch gesehen, dass der Marktplatz voller Leute war?« Der arme Bauer antwortete

reumütig: »Ich war so sehr vom Anblick des Goldes überwältigt, dass ich die Leute überhaupt nicht mehr gesehen habe.«
Es ist ratsam, nicht denselben Fehler wie der arme Bauer zu machen und sich nicht von dem Glanz eines Zieles so sehr blenden zu lassen, dass man die dunkle Seite nicht mehr sieht.

Holz

Nehmen Sie auch die möglichen Nachteile Ihres Zieles zur Kenntnis. Und fragen Sie sich, ob das Ziel mit Ihrer Persönlichkeit in Einklang steht.

Das Element Holz schließlich steht für den organischen Aufbau. Überlegen Sie, welche Fähigkeiten, Kräfte, Fertigkeiten Sie brauchen können, um Ihr Ziel zu erreichen. Führen Sie sich dann vor Augen, in welchen Situationen Sie diese Fähigkeiten schon einmal gezeigt haben: Denn Sie haben, auch wenn Sie das noch nicht wissen, bereits alle Fähigkeiten, die Sie brauchen, um Ihre wahren Ziele zu erreichen.
Nun schließt sich der Kreis der Wandlungsphasen – nach dem Element Holz kommt das Element Feuer. Wenn die Zielvorstellung die Fünf Wandlungsphasen durchlaufen hat, taucht jetzt ein neuer Hunger, ein neues Bedürfnis auf: sich auf sein Ziel loszubewegen.
Wenn Sie Ihr Ziel vor Augen haben und das Ziel eines ist, das im Einklang mit Ihrer Persönlichkeit steht – dann werden Sie Ihr Ziel immer erreichen, indem Sie das tun, was Sie gerne tun.

Im Wald kommen Sie der Lebendigkeit des Elements Holz nah und können sich dort über dessen Qualitäten besonders bewusst werden.

Ohne Mühen zum Erfolg

Wenn Sie sich auf den Weg gemacht haben, Ihren Erfolg zu verwirklichen, befreien Sie sich von der Vorstellung, Sie müssten um Ihren Erfolg kämpfen. Erfolge, bei denen wirklich lohnende Ziele verwirklicht werden, sind nicht mit Schweiß und Mühe zu erreichen, sie müssen nicht errungen werden – sie stellen sich dann von selbst ein, wenn Sie dem Tao folgen, d. h. wenn Sie mit Ihren Zielen eins sind. Denn wenn Sie eins mit Ihrem Ziel sind, kann nichts zwischen Ihnen und Ihrem Ziel liegen.

Sind die Gedanken erregt, wird der Geist angestrengt, arbeitet man stundenlang mit zusammengebissenen Zähnen, kann man nichts erreichen. Ihre geistigen und seelischen Kräfte wirken dann am positivsten und stärksten, wenn Sie sie Ihrer Natur gemäß einsetzen – wenn Sie dem Tao folgen.

Wenn Sie das, was Sie tun, mit Freude machen und ganz und gar bei der Sache sind, werden Sie am erfolgreichsten sein.

Sicher kennen Sie das Phänomen: Sie denken über ein Problem nach und kommen an einen Punkt, an dem Sie stecken bleiben und nicht mehr weiterwissen. Entnervt geben Sie auf – aber wenig später finden Sie die Lösung, wenn Sie gar nicht mehr an das Problem denken. Je mehr Sie sich bemühen, desto weniger gelingt.

Viele Menschen versuchen, ihren Willen mit aller Kraft einzusetzen, um etwas zu erreichen. Doch nicht die Menschen mit dem stärksten Willen sind am erfolgreichsten, sondern diejenigen, die ganz und gar bei einer Sache sind, die das, was sie tun, mit Freude tun – die ihrer Natur folgen. Am erfolgreichsten ist, wer den Erfolg nicht vorsätzlich herbeizuzwingen versucht.

Die Kraft des nutzlosen Tuns

Was Sie Ihrem Erfolg näher bringt, können Sie niemals bis in alle Einzelheiten voraussehen. Wenn Sie sich darauf beschränken, Dinge zu tun, die Sie nach gründlicher Überlegung als nützlich erkennen, verzichten Sie auf einen großen Teil Ihres Potenzials.

Gerade Dinge, die Ihnen vielleicht auf den ersten Blick nutzlos erscheinen, können Sie auf unerwartete Weise weiterbringen. Einfallsreichtum, Kreativität, Intuition oder Einfühlungsvermögen sind Eigenschaften, die Sie immer Ihrem Erfolg näher bringen – wie auch immer Sie sich Ihre Ziele gesetzt haben. Diese Fähigkeiten erwerben Sie jedoch nicht durch ein festgelegtes Übungsprogramm, sondern durch nutzloses Tun. Kultivieren Sie nutzloses Tun, und fördern Sie Ihre verborgenen Möglichkeiten: Tanzen Sie, singen Sie, malen Sie, lernen Sie, ein Instrument zu spielen, schreiben Sie Gedichte …

Gerade Dinge, die Ihnen auf den ersten Blick nutzlos erscheinen, können Sie auf unerwartete Weise weiterbringen.

Wichtig ist nur, dass Sie kein unangebrachtes Leistungsdenken entwickeln. Das Tun an sich ist wichtig, nicht das, was dabei herauskommt. Absichtsloses Tun wird Sie nicht nur Ihren konkreten Zielen auf überraschende Art und Weise näher bringen, sondern Ihr ganzes Lebensgefühl verändern.

Geben Sie Ihren Gefühlen Ausdruck durch Tanzen, Singen, Malen, Musizieren oder Dichten, und Ihre Lebensfreude wird Ihnen zeigen, dass Sie auf dem richtigen Weg sind.

Willenlos – und doch zielstrebig

Lao Tse schreibt im »Tao Te King«:

»Nichts auf der Welt gleicht dem Wasser
in Nachgiebigkeit und Weichheit.
Und doch vermag nichts so wie das Wasser
das Harte und Starre zu bezwingen.«

Damit sprach er eine der wichtigsten taoistischen Weisheiten aus. Immer wieder taucht das Beispiel des Wassers auf, wenn Taoisten vom glücklichen und naturgemäßen Leben sprechen.

Tatsächlich ist Wasser ein hervorragendes Bild für taoistisches Leben: Das Wasser ist willenlos und doch erreicht es sein Ziel mühelos und ohne Anstrengung. Zielstrebig, doch ohne sich um das Ziel zu bemühen, fließt das Wasser von seiner Quelle zum Meer. Ohne Mühe überwindet es jedes Hindernis, das ihm im Weg steht. Bewegliches bewegt es, Unbewegliches umfließt es.

Auf seinem Weg vollbringt Wasser große Leistungen: Es trägt Schiffe, treibt Mühlräder an, bewässert unfruchtbares Land, wäscht Schluchten in hartes Gestein. Und doch strengt es sich dabei nicht an, sondern tut lediglich das, was in seiner Natur liegt. Lao Tse schrieb über das Wasser:

»Das nenne ich klare Einsicht:
Das Weiche besiegt das Harte.«

Taoistische Kampfkunst für Ihren Erfolg

Was beim Wasser jedem einleuchtet, erscheint plötzlich unrealistisch, wenn es um das eigene Leben, um das Erreichen gesetzter Ziele, um den Erfolg im Leben geht.
Dass die taoistischen Lehren aber durchaus praktische Anwendungen haben, kann man besonders gut an den chinesischen Kampfkünsten erkennen, von denen wohl Kung Fu und T'ai Chi Ch'uan am bekanntesten sind.
Wie ist die friedvolle und gelassene Haltung der Taoisten mit Kampfkünsten vereinbar? Dass manche Menschen hier einen Widerspruch sehen, liegt daran, dass man mit Kampf Aggression, rohe Gewalt und physische Kraft verbindet und davon ausgeht, dass das Starke und Harte das Nachgiebige und Weiche selbstverständlich überwindet.
Doch die taoistisch beeinflussten Kampfkünste, die sich an das Vorbild des Wassers halten, gehen vom Gegenteil aus: Das Weiche und Nachgiebige ist eben durch seine Weichheit und Nachgiebigkeit unbesiegbar. Die scheinbare Schwäche erweist sich als Stärke.

»Das Weiche siegt über das Harte,
das Nachgiebige über das Starre:
Wer wüsste das nicht?
Und doch handelt niemand danach.« (Lao Tse)

Ein T'ai-Chi-Meister wird einer angreifenden Kraft, z. B. einem Schlag, nicht aktiv ausweichen. Stattdessen nimmt er die Kraft ohne Gegenkraft auf und verwandelt sie in eine Drehbewegung. Er verhält sich so wie das Wasser: Eine Faust, die auf Wasser schlägt, wird das Wasser nur in Bewegung versetzen, aber keine schädliche Wirkung entfalten können – das Wasser weicht dem Schlag mühelos aus und umschließt die Faust. Wenn sich der Angreifer zurückzieht, wird der T'ai-Chi-Meister einfach den Kontakt halten und seine ganze Kraft in das Zurückweichen des Angreifers fließen lassen, ihn damit aus dem Gleichgewicht bringen und ihn ohne Gewalt überwinden.

Viele Menschen verbinden die chinesischen Kampfkünste Kung Fu und T'ai Chi Ch'uan mit Aggression, roher Gewalt und physischer Kraft. Gerade das Gegenteil ist der Fall.

Tatsächlich siegt also das Weiche über das Harte – und zwar nicht in mystischen Gedankengebäuden oder in der Welt der Analogien, sondern auch ganz wörtlich.

Kampflos siegen

Sie kommen ohne Ellbogeneinsatz aus, wenn Sie die taoistischen weichen Kampfkünste ausüben. Und genau dasselbe gilt für Ihren täglichen Lebenskampf. Machen Sie sich die taoistischen Prinzipien zunutze, und siegen Sie, ohne zu kämpfen.

Gerade durch seine Weichheit und Nachgiebigkeit ist das Weiche und Nachgiebige unüberwindlich. Die scheinbare Schwäche erweist sich als seine Stärke: in der Kampfkunst, bei geschäftlichen Verhandlungen, bei Auseinandersetzungen mit Ihrem Partner, beim Kampf gegen den inneren Schweinehund. Wahre Nachgiebigkeit ist der Schlüssel zum Erfolg, was auch immer Ihr Ziel sein mag.

Wahre Nachgiebigkeit, die scheinbare Schwäche, erweist sich als Stärke und ist der Schlüssel zum Erfolg: Sie ist nichts anderes als Flexibilität und wird Sie nicht nur kampflos siegen lassen. Auch Ihre geistigen und seelischen Möglichkeiten werden sich erweitern.

Wahre Nachgiebigkeit ist allerdings etwas ganz anderes als Aufgeben, Resignieren, sich ausnutzen zu lassen, zurückzustecken oder faule Kompromisse einzugehen. Nachgeben bedeutet, nicht seine eigene Kraft zu vergeuden, um entgegengerichtete Kräfte aufzuhalten, sondern sie umzuleiten und für sich arbeiten zu lassen.

Stellen Sie sich Ihren Geist wie einen Bogen vor: Jeder Kraft, die ihn angreift, gibt der Bogen nach, bis er vollends gespannt ist – wenn sich dann die angreifenden Kräfte erschöpft haben, wird die Energie des Bogens frei und entfaltet ihre Wirkung. Diese Energie ist fast ausschließlich das Ergebnis der angreifenden Kräfte; wenn der Bogen gespannt ist, muss er sich nicht darum bemühen, den Pfeil dem Ziel entgegenzuschleudern.

Wenn Sie lernen zu siegen, ohne zu kämpfen, haben Sie mehr als nur einen Kampf gewonnen.

Das taoistische Prinzip des kampflosen Siegens wird durch den gespannten Bogen versinnbildlicht.

Lächeln Sie

Ein Geheimnis der taoistischen Kampfkunst für den Alltag ist das »innere Lächeln«. Wenn Sie sich dies zunutze machen, werden Sie feststellen, wie allein dadurch die meisten Ihnen entgegengerichteten Energien nicht nur spurlos an Ihnen vorübergehen, sondern Ihnen sogar Kraft geben.
Wir kamen im Kapitel Tao-Power (siehe Seite 73ff.) bereits auf die Energie zu sprechen, die Ihnen die Kunst des inneren Lächelns verleihen kann.
Gerade im Hinblick auf Erfolg ist das innere Lächeln besonders wichtig. Üben Sie diese Kunst in jeder konfliktbeladenen Situation, ganz gleich, ob Sie es mit inneren oder äußeren Spannungen zu tun haben. Sie werden feststellen, wie viel mehr sich mit innerer Heiterkeit und Gelassenheit erreichen lässt als mit Aggression, Gewalt, Wut und Angriff.

Nicht die Menschen sind so unterschiedlich, sondern ihre Sichtweisen über die Wege, die zum Glück führen. Daraus entstehen die schlimmen Dinge in der Welt.

Der Natur folgen

Jeder von uns sucht das Gute, Schöne und Angenehme. Selbst wenn es auf den ersten Blick nicht so aussehen mag – letztlich wünscht sich jeder Mensch Glück, Zufriedenheit und innere Ruhe. Mancher gerät dabei allerdings auf Irrwege. Unschön sind die Hindernisse und Probleme, die sich die Menschen selbst schaffen: nicht, weil sie sich in ihrer Einzigartigkeit verwirklichen, sondern gerade, weil sie gegen ihre Natur handeln.
Von der Nachgiebigkeit und dem Wesen des Wassers war bereits die Rede. Wenn Sie »mit dem Strom schwimmen« und alles tun, wie der Strom es will, folgen Sie nicht Ihrer wahren Natur, sondern werden manipuliert und treiben auf Ziele zu, die nicht die Ihren sind. Wenn Sie »gegen den Strom schwimmen«, machen Sie es sich schwer, vergeuden Ihre wertvolle Lebensenergie und kommen nicht voran. Wenn Sie jedoch »dem Lauf des Wassers folgen«, indem Sie auf Ihre wahren Bedürfnisse hören und ihnen keinen Widerstand entgegensetzen – dann werden Sie mühelos Ihr Ziel erreichen.
Gehen Sie den Weg des geringsten Widerstandes. Diese Aufforderung kommt Ihnen sicher merkwürdig vor, da die Redewendung in der Regel abwertend gebraucht wird.

Wie der Nebel über dem See sich hebt, so klar werden auch Sie, wenn Sie Ihrer Natur folgen.

In der Tat gibt es Menschen, die jedem Hindernis aus dem Weg gehen, jede Anstrengung scheuen, durch Untätigkeit und Trägheit ihre Mitmenschen ausnutzen und in ihrem eigenen Leben nicht vorankommen. Sieht man sich diese Menschen genauer an, erkennt man, dass sie keineswegs den Weg des geringsten Widerstandes gehen. Ganz im Gegenteil nehmen sie allerhand auf sich, um körperliche oder geistige Anstrengungen zu vermeiden. Glücklich und zufrieden werden sie dadurch nicht.

Wir meinen folglich etwas anderes, wenn wir vom Weg des geringsten Widerstandes sprechen.

Gehen Sie den Weg des geringsten Widerstandes, d. h.: Setzen Sie Ihrer Natur keinen Widerstand entgegen.

Die meisten von uns haben seit ihrer Kindheit gelernt und verinnerlicht, ihre Kraft und ihren Willen einsetzen zu müssen, um etwas zu erreichen. Manche Menschen sind so sehr davon überzeugt, dass es ihnen geradezu natürlich und selbstverständlich erscheint, sich anstrengen zu müssen, um es zu etwas zu bringen. Es ist bedauerlich, dass so viele das Geheimnis wahrer Stärke, das gerade in dem Sich-nicht-Anstrengen liegt, nicht kennen. Sie würden sich und anderen das Leben viel leichter machen.

Kennen auch Sie Menschen, die Glückskinder sind und denen alles gelingt? Diese Menschen bleiben in beinahe jeder Lage gelassen, haben eine starke Ausstrahlung und Wirkung auf andere und erscheinen durch ihre innere Ruhe voller Kraft. Damit nicht genug, scheinen sie immun gegen Krankheiten zu sein und erhalten sich bis ins hohe Alter ihre jugendliche Frische. Glückskinder sind Menschen, die das Geheimnis des mühelosen Erfolges durchschaut haben. Einfach, indem sie ihrer wahren Natur keinen Widerstand entgegensetzen und den Weg des geringsten Widerstandes gehen, erreichen sie alles.

Lassen Sie sich auf dem Weg zu Ihrem Erfolg von Ihren Gefühlen leiten: Wahrer Erfolg ist mühelos und ohne Qualen.

Die Anekdote vom alten Holzfäller

Dazu gibt es eine kleine taoistische Anekdote: Meister Liu Pang wanderte einmal durch einen großen Wald, als er einem alten Mann begegnete, der dabei war, einen großen Baum zu fällen. Liu Pang staunte: Obwohl der Holzfäller wohl schon weit über achtzig Jahre zählte, bewegte er sich mit einer wunderbaren Leichtigkeit um den Baum herum, und schon nach kurzer Zeit neigte sich der mächtige Baum. »Ihr seid wahrhaftig ein großer Meister in eurer Kunst!«, sprach ihn Liu Pang an. Der alte Holzfäller entgegnete bescheiden: »Ihr irrt, ehrwürdiger Meister. Es ist nur so, dass ich alt und schwach bin. Ich habe nur wenig Kraft, und so folge ich achtsam der Säge durch die Fasern des Baumes. Ich lasse die Säge den leichtesten Weg gehen, denn so werde ich nicht müde und meine Säge nicht stumpf!« Da verneigte sich Meister Liu Pang vor dem alten Holzfäller, der dem Tao ohne Willen und ohne Absicht so vollkommen folgte.

Durch den Mangel an äußerer Kraft setzte der alte Holzfäller seinen Willen nicht der Natur entgegen. Gerade dies führte dazu, dass er das, was er tat, vollkommen tun konnte – mittels der inneren Kraft, die seiner Achtsamkeit, nicht seinem Willen entsprang.

Auch Sie können dieses Prinzip jederzeit in Ihrem Alltag anwenden: Sobald Sie nicht verbissen an Ihrem Willen festhalten, können Sie das, was Sie tun, viel müheloser tun. Achten Sie einfach darauf, wo der kleinste Widerstand auf Ihrem Weg ist. Folgen Sie wie das Wasser dem natürlichen Weg zu Ihren Zielen. Wenn Sie diese harmonische Einheit erreichen, werden Sie Leichtigkeit und Freude empfinden, wo Sie sich sonst anstrengen und bemühen müssten.

Lassen Sie sich auf dem Weg zu Ihrem Erfolg von Ihren Gefühlen leiten: Wenn Sie sich unangenehm, gestresst, belastet, ausgebrannt, unzufrieden fühlen – dann bewegen Sie sich von Ihrem Erfolg weg. Wahrer Erfolg ist mühelos und ohne Qualen: Gelassenheit, Heiterkeit und Frieden sind seine Merkmale.

Die taoistische Liebeskunst

Es gibt viele unterschiedliche Wege, dem Tao zu folgen. Die »Zehn Geheimnisse des Tao« (siehe Seite 13 ff.) zeigen uns Möglichkeiten auf, unsere Gesundheit zu pflegen, unsere Lebensenergie zu aktivieren sowie Heiterkeit und Gemütsruhe mitten im Alltag zu pflegen. Wir können den Weg des Tao ganz für uns alleine beschreiten und auf diese Weise absolute Befreiung und höchstes Glück finden. Es gibt aber auch die Möglichkeit, den Weg des Tao gemeinsam mit einem Partner zu gehen.

Die taoistische Liebeskunst, die auch als »sexuelle Alchemie« oder »Das Geheimnis des Schlafgemachs« bezeichnet wird, bietet allen Paaren die Chance, ihre Zweisamkeit auf eine neue Weise zu erleben. Die altchinesische Liebeskunst ist von vielen taoistischen Prinzipien geprägt. Sie zeigt uns Wege, liebevoll, zärtlich und wach miteinander umzugehen und Gewohnheit, Routine und Langeweile zu durchbrechen.

Sie können dem Weg des Tao folgen, ohne ein Wort über die taoistische Liebeskunst zu lesen. Viele taoistische Meister wanderten unverheiratet durchs Leben und erlangten die höchste Erleuchtung. Auf der anderen Seite lehnten die Taoisten Liebe und Partnerschaft niemals ab.

Bei den Taoisten gibt es eine Fülle von Anweisungen für ein harmonisches Leben zu zweit. Obwohl diese Quellen jahrtausendealt sind, können wir ihre Vorteile auch heute noch nutzen.

Liebeskunst für mehr Lebensenergie

Die Erkenntnisse der taoistischen Meister der Liebe sind zeitlos. Die taoistischen Praktiken sind heute genauso wirkungsvoll wie vor Tausenden von Jahren – sie klingen sogar besonders aktuell. Nicht umsonst ist das allgemeine Interesse an fernöstlichen Liebespraktiken groß.

Im Gegensatz zum indischen Tantra dient die taoistische Liebeskunst vor allem praktischen Zwecken: der Gesundheit und Lebensverlängerung, aber auch der Steigerung der Freude am Liebesspiel. Den Taoisten zufolge ist die sexuelle Energie die fundamentale

In der taoistischen Liebeskunst werden ebenso wie in der indischen (s. Bild links) Stellungen angeboten, doch dienen sie vor allem dem Wohlbefinden.

Energie des Menschen. Wer in einer Partnerschaft lebt, sollte lernen, seine sexuelle Energie zu kultivieren. Nur wenn die Wurzeln stark sind, kann ein Baum gut wachsen. Nur wenn die vitale Energie genährt wird, können beide Partner Erfüllung finden und – sofern sie das wollen – eine gute Basis für ein harmonisches Familienleben schaffen.

Die taoistische Liebeskunst ist eine natürliche und einfache Methode, die auf der Liebe zum Leben gründet. Sie weist den Paaren den Weg zu mehr Sinnlichkeit und Freude am Sex.

Die Liebesfähigkeit steigern

Wer »Das Geheimnis des Schlafgemachs« kennt, stärkt seine Lebensenergie. Darüber hinaus lernt er,

- Das Liebesspiel in einer unverkrampften, entspannten und bewussten Weise durchzuführen
- Die Freuden der sexuellen Vereinigung zu genießen, ohne sich durch Vorurteile, Hemmungen, Schuldgefühle oder Ängste behindern zu lassen
- Seine Liebesfähigkeit auszudehnen
- In Harmonie mit sich und seinem Partner zu leben
- Die ekstatische Vereinigung zweier Körper und Seelen zu erleben,
- Ja zu seinem eigenen Körper zu sagen, ihn liebevoll anzunehmen und sich nicht ständig auf unwichtige kleine Schönheitsfehler zu konzentrieren
- Seine körperliche und seelische Gesundheit zu pflegen
- Seine Lebensenergie zu sammeln und selbst in sehr hohem Alter noch jugendlich und vital zu sein

Das Tao der sexuellen Vereinigung macht liebesfähiger und empfänglicher. Es hilft uns, das Du auf einer tieferen Ebene zu entdecken, unserem Geliebten oder unserer Geliebten nicht nur im körperlichen, sondern auch im energetischen und spirituellen Bereich zu begegnen.

Die Kultivierung der sexuellen Energie ist eine Kunst, die immer vor dem Hintergrund der taoistischen Weisheitslehre zu sehen ist. »Das Geheimnis des Schlafgemachs« dient nicht dazu, seine Triebe zügellos auszuleben, sondern in einer bewussten, meditativen Weise zu lieben und den Zustand der Ekstase zu genießen.

Das Tao der Liebe bietet Paaren Gelegenheit, mehr Offenheit, Empfindsamkeit und Sinnlichkeit in ihre Beziehung zu zaubern.

Traditionell spielen Frauen als die Meisterinnen des Tao eine wichtige Rolle.

Die Quellen der taoistischen Liebespraktiken

Die Liebespraktiken des Tao sind vermutlich fast 5000 Jahre alt. Die taoistische Liebeskunst ist eng mit der ursprünglichen chinesischen Medizin verbunden. Die gesundheitsfördernden, lebensbewahrenden Wirkungen spielen eine besonders große Rolle. Die alten Chinesen sahen eine erfüllende Beziehung zwischen Mann und Frau als Grundvoraussetzung für die Entfaltung der Lebensenergie an – und damit für die Erhaltung der Gesundheit.

Taoistische Liebeskunst dient der Entfaltung der sexuellen Energie und zeigt Paaren, wie sie in Harmonie leben können.

Vermutlich wurden die Geheimnisse der sexuellen Alchemie schon lange, bevor es erste schriftliche Aufzeichnungen gab, mündlich überliefert. Wie im Tantra spielten die Frauen eine wichtige Rolle: Die Meisterinnen des Tao weihten die Herrscher der damaligen Zeit in die Kunst der Liebe ein und berieten sie in Liebesdingen.

Zu den wichtigsten Quellen der »Geheimnisse des Schlafgemachs« zählen die Dialoge zwischen dem Gelben Kaiser und seiner weisen Beraterin Su-nü. Su-nü, »das bescheidene Mädchen«, klärt den Kaiser über den Orgasmus der Frau, die Praxis der Ejakulationskontrolle und andere sexuelle Geheimnisse auf.

Eine weitere wichtige Quelle stellt das »Ts'an T'ung Ch'i« dar. Es wurde vom Alten Meister Hsien (Wu Hsien) verfasst und von Wei Po-Yang überarbeitet und kommentiert (beide um 200 v. Chr.).
Wegen der engen Verwandtschaft der taoistischen Liebeskunst mit der Medizin haben vor allem chinesische Ärzte die Methoden der sexuellen Alchemie in ihren Schriften verbreitet. Vor allem der chinesische Arzt Sun Tsu-mo (581 – 682 v. Chr.), verfasste interessante Abhandlungen über das Tao der Liebe: Er soll die Geheimnisse der taoistischen Liebeskunst selbst praktiziert und sein hohes Alter darauf zurückgeführt haben.

Tabuisierungen oder der Gedanke der Sünde waren den Taoisten fremd. Einzig Unbewusstheit galt ihnen als Fehler, den Paare begehen können.

Sexualität als natürliche Lebensäußerung

Es ist kein Zufall, dass sich Liebeskünste wie Tantra oder die sexuelle Alchemie des Tao im Fernen Osten entwickelt haben.
Anders als in der westlichen Welt galt die Sexualität bei den alten Chinesen als natürliche Lebensäußerung. Der Gedanke der Sünde war den Menschen vollkommen fremd. Viele Werke der chinesischen Literatur sind erotische Ratgeber, in denen Liebesstellungen und andere Techniken in literarischer Form vorgestellt werden. Auch in Zeichnungen und Gemälden wurden Szenen der sexuellen Vereinigung von Mann und Frau in China ebenso freizügig dargestellt wie in den tantrischen Tempeln Indiens.
Weder die Inder noch die Chinesen unterschieden zwischen irdischer und sakraler Liebe. Die sexuelle Vereinigung hatte für die Meister der Liebeskünste immer eine spirituelle Dimension. Die Anziehung zwischen Mann und Frau war für sie ebenso natürlich wie die Experimentierfreude beim Liebesspiel.
Einzig Unbewusstheit galt den Meistern und Meisterinnen des Tao als Fehler, den Paare begehen können. Wo die Triebe die Oberhand gewinnen und Partner unbewusst und lieblos miteinander umgehen, ist das Tao nicht zu erlangen. Ansonsten war und ist auf dem Weg des Tao alles erlaubt, was Freude bereitet.

Tao ist nicht gleich Tantra

Der zunehmend freier werdende Umgang mit der Sexualität hat unser Interesse an den sexuellen Gebräuchen fremder Kulturen erhöht. Nicht umsonst erfreuen sich fernöstliche Methoden, die uns neue Dimensionen des Liebens eröffnen, großer Beliebtheit. Vor allem Tantra, das Kamasutra und das Tao der Liebe stehen im Mittelpunkt des Interesses.

In den Medien wird allerdings in einen Topf geworfen, was nicht zusammengehört. Tatsächlich sind Tantra und das Kamasutra insofern eng verwandt, als das Kamasutra eine der wichtigsten Tantraschriften ist. Im Gegensatz dazu sollte die taoistische Liebeskunst jedoch nicht mit Tantra verwechselt werden. Obwohl der Tantrismus vermutlich vom Taoismus beeinflusst wurde, hat er einen ganz anderen Weg genommen.

Die fernöstlichen Methoden eröffnen uns neue Dimensionen des Liebens. Dabei sind Tantra, Kamasutra und Tao nicht miteinander zu verwechseln.

Unterschiede zwischen Tao der Liebe und Tantra

Taoistische Liebeskunst	**Tantra**
chinesischen Ursprungs	indischen Ursprungs
nicht an eine Religion gebunden	religiöse Lehre, im Hinduismus verankert
nicht ritualisiert, ohne Gebete, keine Vorschriften für Zeremonien	streng ritualisiert, Weihehandlungen, Anrufung von Göttern, Singen heiliger Laute
spirituell und medizinisch orientiert	rein spirituell orientiert

Obwohl Tantra viel strengere Rituale befolgt, in der hinduistischen Religion wurzelt und im Gegensatz zum Tao nicht ohne weiteres im Westen übernommen werden kann, gibt es wichtige Gemeinsamkeiten.

Sowohl das Tao der Liebe als auch der Weg des Tantra

- Entwickeln die Sinnlichkeit
- Erhöhen die Freude an der sexuellen Vereinigung
- Arbeiten mit sexuellen Energien
- Streben eine Umwandlung der Sexualität an, durch die das Bewusstsein erweitert wird
- Halten Sex ohne Liebe für einen Irrweg, der nie zum Glück führen kann

Nähe, Hingabe und Liebe werden erst reicher, wenn man sich ihrer bewusst wird.

Die wichtigsten Prinzipien der taoistischen Liebeskunst

Der Weg des Tao fordert, die Routine aufzugeben und sich auf das Neue einzulassen. Wach und bewusst sollen wir uns mit unserem Geliebten vereinigen, den eigenen Körper und den des geliebten Menschen wirklich spüren.

Schon durch die Beachtung weniger taoistischer Prinzipien wird Sexualität zu einem beglückenden und erfüllenden Bestandteil einer Partnerschaft, und die Ziele der taoistischen Vereinigung werden erreicht: Gesundheitspflege, Erhöhung des Wohlbefindens, Verlängerung der Lebensdauer und die Erfahrung der Ekstase.
Was die taoistische Liebeskunst von der gewöhnlichen körperlichen Vereinigung unterscheidet, sind vor allem vier Aspekte:

Bewusstheit beim Lieben

Das Tao der Liebe wird in einer meditativen Verfassung, ohne Hetze und Leistungsdenken, geübt. Die Meister/Meisterinnen der Taoliebe lassen sich nicht von ihren sexuellen Trieben steuern, sondern gehen sanft, einfühlsam und liebevoll mit ihrem Partner/ihrer Partnerin um.
Eines der wichtigsten taoistischen Geheimnisse lautet »sich nicht anstrengen, nicht kämpfen«. Schließlich sprechen wir vom Liebesspiel und nicht vom Liebeskampf. Leistungsdenken hat im Schlafzimmer nichts verloren. Der wesentliche Unterschied zwischen

gewöhnlichem Sex und der taoistischen Liebeskunst besteht darin, dass Ersterer oft mechanisch und triebgesteuert stattfindet, während Letztere eine Form der Meditation zu zweit ist.
Bewusstheit ist der Schlüssel zu einer wachen und zugleich entspannten Sexualität. Durch Zärtlichkeit, Achtsamkeit und Lebendigkeit kann das Tao der Liebe Mann und Frau ermöglichen, »an die Quelle zurückzukehren«. Richtig verstanden ist die taoistische Liebeskunst also nichts anderes als Meditation zu zweit.

Für die Taoisten sollen Sexualität und Liebe nicht getrennt werden. Wenn die reinen Triebe die Oberhand gewinnen, entstehen Energieverlust und Frustration.

Liebe statt Triebe

Die Taoisten sagen, Sexualität und Liebe dürfen nicht getrennt werden. Die körperliche Vereinigung mit einem Menschen, der seelisch nicht zu einem passt, führt zu Energieverlust und Frustration. Taoisten empfinden rein sexuelle Befriedigung deshalb als unbefriedigend.
Eines der »Zehn Geheimnisse des Tao« besagt, wir sollen sanft mit uns und anderen umgehen. Sanft – d. h. vorsichtig, einfühlsam und vor allem liebevoll.
Tatsächlich steht die Liebe im Mittelpunkt der taoistischen Liebeskunst. Damit Yin und Yang sich ergänzen, damit Frau und Mann sich gemeinsam entwickeln, müssen sie sich gegenseitig respektieren, sich vertrauen und Zuneigung füreinander empfinden. Nur wenn beide Partner auch seelisch zueinander passen, kommt es zu einer Verschmelzung von Yin und Yang.
»Die Liebe und die Nahrung sind für die Gesundheit von gleicher Wichtigkeit«, meint Meister Ko Hung. Die Liebe ist die Nahrung für die Seele. Ohne Liebe sind ein glückliches, erfülltes Leben und ein Einswerden mit dem Tao unmöglich.
Sex ohne Liebe gilt den Taoisten als Energieverschwendung. Paare, die sich seelisch nah sind, sollten indes möglichst oft miteinander schlafen. Durch die liebevolle Vereinigung findet ein Energieaustausch statt, von dem beide Partner profitieren. Die Taoisten nennen dies »die wechselseitige Kultivierung«.
Mediziner bestätigen die positiven Auswirkungen von sexueller Erfüllung auf den Hormonhaushalt. Regelmäßige sexuelle Aktivität gilt als Jungbrunnen: Alle Organe und Zellen werden durch die Ausschüttung der Sexualhormone mit Energie versorgt. Nicht umsonst bleiben Menschen, die Freude am Sex haben, länger gesund und vital.

Die Befriedigung der Frau

Voraussetzung dafür, dass Yin und Yang sich gegenseitig stärken können, ist, dass beide Partner Freude am Sex haben: Der Befriedigung der Frau kommt folglich große Bedeutung zu. Nur wenn der Mann lernt, seine Erregungskurve an die seiner Partnerin anzugleichen, können beide Partner Freude an der sexuellen Vereinigung haben.

Obwohl wir im Zeitalter der Emanzipation leben und die sexuelle Revolution schon einige Jahrzehnte zurückliegt, scheinen Frauen vielen Männern noch heute ein Buch mit sieben Siegeln zu sein.

Aufgrund ihrer Yin-Natur verläuft die Erregungskurve der Frau anders als die des Mannes: Männer sind schneller zu erregen und zu befriedigen als Frauen. Dies ist einer der Gründe dafür, dass Frauen oft keinen Orgasmus haben. Auch die patriarchalisch geprägten Gewohnheiten spielen eine Rolle: Der Lust der Frau wird weniger Bedeutung beigemessen als der des Mannes. Aus taoistischer Sicht ist dies ein folgenschwerer Irrtum: Das »Geheimnis des Schlafgemachs« besagt, Gesundheit, Langlebigkeit und körperlich-seelisches Wohlbefinden können nur erreicht werden, wenn Yin und Yang sich durchdringen. Daher muss der Mann lernen, für die weiblichen Energien empfänglich zu werden, den Rhythmus des Weiblichen zu erkennen und sich ihm anzupassen.

Schon in den Gesprächen zwischen dem Gelben Kaiser und seiner Beraterin Su-nü nennt Su-nü dem Kaiser Anzeichen, an denen man erkennt, ob die Frau Befriedigung findet. Hier ein Auszug aus dem Gespräch:

Nur wenn beide – Mann und Frau – sexuelle Erfüllung finden, wirkt in der taoistischen Liebeskunst Energie positiv.

»Da sind fünf Anzeichen [...], denen der Mann Beachtung schenken sollte. Die fünf Zeichen sind folgende:
1. Ihr Gesicht ist rot, ihre Ohren sind heiß, da sie begonnen hat, sich gedanklich auf das Liebesspiel einzulassen. Nun kann der Mann behutsam und spielerisch beginnen, mit ihr zu schlafen; er soll sich dabei jedoch nur sanft bewegen und beobachten, wie sie reagiert.
2. Auf ihren Nasenflügeln entstehen kleine Schweißtröpfchen; ihre Brustwarzen verhärten sich, da ihre Begierde entflammt ist. Der Jadeschaft sollte nun bis in die Mitte ihres Jadetors eindringen. Er soll erst dann tiefer eindringen, wenn ihr Verlangen sich noch weiter entfaltet.
3. Noch größer wird ihr Begehren, wenn ihre Stimme tief und etwas rau klingt. Dann sind ihre Augen geschlossen, ihr Atem ist laut und ihr Mund leicht geöffnet, so dass die Zungenspitze zu sehen ist.
4. Wenn ihr Verlangen sich der Ekstase nähert, ist ihr Jadehügel ganz und gar benetzt und jeder weitere Stoß lässt ihre Liebesflüssigkeiten fließen. Jetzt kann der Mann sich frei bewegen, mal schnell, mal langsam, mal von links, mal von rechts, ganz wie es ihm gefällt.
5. Wenn sie ihren Geliebten mit ihren Füßen umschlingt, ihre Schenkel an seine Hüften drückt und sich mit ihren Händen in seinem Rücken festkrallt, hat die Hitze ihres Verlangens den Höhepunkt erreicht. Noch immer ist ihre Zunge zu sehen; ihr Geliebter kann jetzt ganz tief in ihre Jadekammer stoßen, wodurch sie in vollkommener Ekstase zur Befriedigung kommen wird.«

Es sollte selbstverständlich sein, dass nicht nur der Mann, sondern auch die Frau bei der sexuellen Vereinigung Erfüllung findet. Tatsächlich kommen die Frauen beim Liebesspiel aber oft zu kurz.

Die Ejakulationskontrolle

Als wichtigste Methode der Tao-Liebe gilt die Kontrolle der Ejakulation. Viele Bücher wurden zu diesem Thema geschrieben, da alle anderen Prinzipien der taoistischen Liebeskunst mit der Ejakulationskontrolle zusammenhängen. Erstens ist Bewusstheit nicht möglich, solange der Mann sich nur von seinem Trieb steuern lässt; zweitens überschatten die Triebe leicht die Liebe, wenn die (schnelle) Ejakulation des Mannes Ziel des Liebesspiels ist; und drittens ist die geforderte Befriedigung der Frau nicht zu erreichen, wenn der Liebesakt nur wenige Minuten dauert. Der chinesische Arzt Li Tung-Hsüan schreibt: *»Der Mann sollte lernen, seine Ejakulation zu verzögern, bis seine Partnerin vollkommen befriedigt wurde.«*

Lebensenergie und Vitalität können durch die Kunst der Taoliebe gesteigert werden kann. Dazu muss der Mann lernen, sparsam mit seinem Samen umzugehen und seine Energie nicht durch ausschweifendes Verhalten zu verschwenden. Meister Wei Po-Yang sagt: *»Meidet bei der Vereinigung jegliche Hast, gebt ausschweifende Lust auf, so werdet ihr lange leben.«*

Der Mann sollte lernen, Kontrolle über seine Ejakulation zu gewinnen und den Samenerguss zu verzögern. Folgt man den Taoisten, hat die Ejakulationskontrolle viele positive Wirkungen:

- Sie ermöglicht dem Mann, während des Liebesaktes bewusst zu bleiben und seinen Samenerguss nicht dem Zufall zu überlassen.
- Sie verlängert das Liebesspiel, wodurch es der Frau erleichtert wird, einen Orgasmus zu bekommen.
- Sie verlängert und vertieft die Intensität des männlichen Orgasmus.
- Sie erhöht die Lebensenergie.
- Sie erhält die Potenz.
- Sie ermöglicht die Umwandlung sexueller Energie zu Heilzwecken oder für die spirituelle Entwicklung.
- Sie verlängert die Lebensdauer. (Tao-Meister sprachen sogar davon, dass die Verwandlung der sexuellen Energie zum Erlangen der »Unsterblichkeit« führt.)

Durch Beobachtung und Erfahrung vieler Generationen erkannten die Taoisten, dass die Verzögerung der Ejakulation große Vorteile hat.

Das Geheimnis der Ejakulationskontrolle

Die Meister/Meisterinnen der taoistischen Liebeskunst bezeichnen die Ejakulationskontrolle als »das edelste aller Geheimnisse«. Erst wenn der Mann Kontrolle über seinen Samenerguss gewonnen hat, kann der sexuelle Akt nach Belieben in die Länge gezogen werden. Im Tao der Liebe wird viel Wert auf ein möglichst langes Liebesspiel gelegt, denn erst dadurch kann es zu einem gründlichen Austausch zwischen Yin und Yang kommen.

Die Kontrolle der Ejakulation gilt auch als das Mittel, um Energie zu sammeln. In der chinesischen Medizin werden die Geschlechtsorgane als Speicher für die ursprüngliche Lebensenergie angesehen. Das Tao der sexuellen Alchemie betrachtet den Samen und andere Körperflüssigkeiten wie Speichel als körperlichen Ausdruck der ursprünglichen vitalen Energien im Körper.

Die Ching-Energie bewahren

Im Gegensatz zur universalen Lebensenergie Qi ist *ching* die Energie, die jedem Menschen mit der Geburt auf den Weg gegeben wird. Sie ist die zeugende Kraft, die persönliche Energie jedes Menschen, die den Körper erhält und in der sexuellen Potenz und in der körperlichen Vitalität zum Ausdruck kommt. Es geht vor allem darum, Ching zu sammeln.

Der Begriff »Ching« wird oft mit Essenz übersetzt. Auch der männliche Samen wird häufig so bezeichnet. Tatsächlich dient die Kontrolle der Ejakulation in erster Linie dazu, die essenzielle Energie zu sparen.

Die taoistische Liebeskunst bietet die Möglichkeit, Ching zu kultivieren und diese sexuelle Energie in Gesundheit, Wohlbefinden und Lebensenergie umzuwandeln. Wu Hsien sagte: *»Die Urenergie kann transformiert werden, indem die Zeugungskraft [ching] gesammelt wird. Auf diese Weise entsteht ein Heilmittel, das Jugend und Harmonie in Körper und Seele erzeugt.«*

Bei Meister Hsü heißt es: *»Um die Energie aufrechtzuerhalten, darf man nicht der Lust und Emotionalität anhaften.«* Wer der Lust anhaftet, neigt dazu, verschwenderisch mit seinem Sperma umzugehen, was das Gegenteil der taoistischen Haltung ist.

Der richtige Umgang mit Spannung und Entspannung gehört zu den Künsten der taoistischen Liebe. Die schnelle Entladung der Lust mag reizvoll sein, mit der hohen Kunst der Tao-Liebe lässt sie sich aber nicht vergleichen.

Die Spannung erhalten

Die Methode der Ejakulationskontrolle ist vor allem eine geistige Methode: Der Geist steuert den Körper und nicht umgekehrt. Die Technik beinhaltet das Verzögern und Verhindern des Samenergusses. Werden die triebgesteuerten Leidenschaften gezügelt, bleibt die Vitalität erhalten, und viele körperliche und seelische Probleme werden verhindert.

In Bezug auf das Liebesspiel besteht das Geheimnis der Ejakulationskontrolle im Erhalten der Spannung. Das Erhalten der Spannung hat positive Auswirkungen auf die Zweisamkeit: Da die Meister der Tao-Liebe nicht verschwenderisch mit ihrer Energie

umgehen, kennen sie weder Langeweile noch Übersättigung. Ihr Liebesleben ist immer frisch und lebendig, und es bleibt auch in langjährigen Partnerschaften aufregend.
Männer, die die Technik der Ejakulationskontrolle beherrschen, können sich über Stunden mit ihrer Geliebten vereinigen. Fortgeschrittene können ohne weiteres darauf verzichten, bei jedem Beischlaf zu ejakulieren. Der scheinbare Verzicht führt zu intensiveren Genüssen, und das erotische Interesse an der Partnerin bleibt länger erhalten.

Das Tao fordert keine Enthaltsamkeit

Viele taoistische Meister warnen ausdrücklich vor sexueller Enthaltsamkeit, da diese nur Anspannungen und Erkrankungen verursacht.

Es ist ein häufiges Missverständnis, dass die taoistische Liebeskunst Enthaltsamkeit und Kasteiung fordere: Es geht nicht darum, die sexuelle Energie zu unterdrücken, sondern lediglich darum, sie bewusst zu steuern.
Das Tao empfiehlt im Gegenteil Paaren ausdrücklich, sich häufig zu vereinigen, da die »wechselseitige Kultivierung« die Lebensenergie beider Partner stärkt. Beherrschung fordert die taoistische Liebeskunst einzig in Bezug auf die Ejakulation. Dabei sagt das Tao nicht, dass der Mann keinen Samenerguss haben sollte, es empfiehlt lediglich, nicht zu häufig zu ejakulieren.
Seltenere Ergüsse steigern die Lust. Die Meister des Tao entdeckten auch, dass die Ejakulation nicht der Höhepunkt der Lust sein muss. Mit etwas Übung können Männer lernen, eine besonders intensive Form des Orgasmus zu erlangen, ohne dabei zu ejakulieren. Auch Kinsey, der berühmte Sexualforscher, bestätigte, dass Männer die Fähigkeit besitzen, einen Orgasmus ohne Samenerguss zu erleben.

Häufigkeit der Ejakulation

Die »Sexuelle Alchemie« erfordert die bewusste Entscheidung, die üblichen, von triebhaften Mechanismen gesteuerten Sexualgewohnheiten zu durchbrechen und den Samen zu bewahren.
Der Tao-Lehre zufolge verlieren Männer bei jedem Samenerguss wertvolle Ching-Energie. Der Mann ist von Yang-Aspekten dominiert. Er ist schnell erregt, gibt seine Energie schnell ab und verausgabt sich schnell. Die Frau wird vorwiegend von Yin beeinflusst. Sie nimmt auf, empfängt und bewahrt.

Um sich nicht zu verausgaben und wertvolle Ching-Energie zu erhalten, sollten Männer – gemäß der Tao-Lehre – die Häufigkeit ihrer Ejakulation kontrollieren.

In der chinesischen Symbolik repräsentiert das Wasser die Frau, während das Feuer die männliche Energie versinnbildlicht. Da Wasser das Feuer kontrolliert (siehe »Die Lehre der Fünf Elemente«,), sind Frauen stärker und ausdauernder als Männer.

Männer müssen lernen, ihr Ching zu bewahren, um ihre Energie zu erhalten. *»Ein Mann kann nur dann ein hohes Alter und vollkommene Gesundheit erlangen, wenn er sparsam mit seinem Samen umgeht«,* heißt es bei Wu Hsien. Wie sparsam er mit seinem Samen umgehen soll, dazu gibt es in den unterschiedlichen Schulen verschiedene Anleitungen.

Männer sind nach dem sexuellen Akt müde, und es dauert einige Zeit, bis sich ihr Energiepegel wieder aufgeladen hat. Frauen dagegen scheinen danach meist frisch und voller Energie.

Einer der berühmtesten taoistischen Ärzte Chinas, Sun Tsu-mo, war Anhänger der Methode des »inneren Elixiers«, *nei-tan,* das bei der wechselseitigen Kultivierung ganz von selbst entsteht. Von ihm gibt es Richtlinien, wie oft ein gesunder Mann einen Samenerguss haben sollte: Er empfahl Zwanzigjährigen, nur alle vier Tage zu ejakulieren; ein Dreißigjähriger sollte nur alle acht Tage, ein Vierzigjähriger alle zehn Tage und ein Mann, der älter als 60 Jahre alt ist, möglichst nur einmal im Monat einen Samenerguss haben.

Um es noch einmal hervorzuheben: Es geht nicht um die Häufigkeit der Liebesakte, sondern lediglich um die Häufigkeit der Ejakulationen. Das Tao der Liebe empfiehlt Paaren jeden Alters, sich möglichst häufig zu vereinigen und das Liebesspiel regelmäßig zu genießen. Dies wird einem älteren Mann jedoch nur gelingen, wenn er lernt, sparsam mit seiner Lebensenergie umzugehen.

Neben Sun Szu-mo haben viele andere Taoisten Empfehlungen bezüglich der Anzahl der Ejakulationen gemacht. Der chinesische Arzt Li Tung-Hsüan schreibt: *»Der Mann sollte herausfinden, welche Anzahl von Ejakulationen günstig für ihn ist und sich dann einfach danach richten. Es ist jedoch allgemein nicht ratsam, sich bei zehn Vereinigungen öfter als zwei- oder dreimal zu ergießen.«*

Die Weisheit des Tao erkennt man nur, wenn man Neues ausprobiert und alte Muster durchbricht. Ebenso wie bei der Ernährung, in der Meditation oder in der Verwirklichung seiner Ziele kann man die taoistischen Prinzipien auch im Liebesspiel anwenden. »Die Lebensenergie bewahren«, »Yin und Yang ins Gleichgewicht bringen« und »Zur Quelle zurückkehren« sind Geheimnisse des Tao, die durch die Übung der Sexuellen Alchemie besonders deutlich erfahren werden können.

Am Anfang sollte der Mann sich besser zu früh zurückziehen. Durch kurze Pausen kann die Erregung etwas abklingen und dann erneut gesteigert werden.

Die Praxis der Ejakulationskontrolle

Wie oben beschrieben ist die Kontrolle der Ejakulation ein gutes Mittel, um Lebensenergie zu sammeln, die Potenz zu erhalten und das erotische Interesse nicht ermüden zu lassen. Der Taomeister Peng-Tsu sagte dazu: *»Nach der Ejakulation wird der Mann müde, seine Ohren summen, seine Lider werden schwer, und er wünscht sich nichts sehnlicher als den Schlaf. Mag die Ejakulation ihm auch kurzzeitige Befriedigung verschaffen, so folgen darauf doch viele Stunden der Erschöpfung. Sobald der Mann gelernt hat, seine Ejakulation zu kontrollieren und die Anzahl der Ergüsse zu verringern, wird sein Körper an Kraft, sein Geist an Gelassenheit und seine Sinne an Schärfe gewinnen. Die Freude, sich mit seiner Geliebten zu vereinen, wird sich erhöhen, und er wird sie nicht oft genug lieben können.«*

Die einfachste Technik der Ejakulationskontrolle besteht darin, den Jadeschaft (Penis) kurz aus dem Jadetor (Vagina) zu ziehen, sobald die Erregung eine bestimmte Intensität erreicht hat. Nach kurzem Pausieren kann das Liebesspiel fortgesetzt werden. Die so genannten Verschlussmethoden vereiteln den Samenerguss. Bei der westlichen Methode, dem Coitus reservatus, die hauptsächlich der Empfängnisverhütung dient, verhindert der Mann den Samenerguss, indem er seine Genitalmuskulatur kräftig zusammenzieht. Der Samen wird erst zurückgehalten, wenn er bereits im Ausströmen begriffen ist. Im Gegensatz dazu dienen die Verschlussmethoden der taoistischen Liebeskunst dazu, die zum Samenerguss führende Erregung so weit zurückzuführen, dass es nicht zur Ejakulation, idealerweise aber dennoch zum Orgasmus kommt.

Die taoistische Verschlussmethode ist die älteste beschriebene Technik zur Bewahrung des Samens. Wu Hsien schreibt, der Mann solle, bevor er die Kontrolle verliert, seinen »Jadeschaft« so weit zurückziehen, dass er gerade noch in der Pforte des »Jadetores« verbleibt. In dieser Stellung atmet er einmal tief in das Zwerchfell und zieht den »Unterleib zusammen, als ob er Harndrang verspürte«.

Eine andere Verschlussmethode wendet eine Drucktechnik an, die ebenfalls sehr einfach ist. Kurz bevor es zum Samenerguss kommen würde, übt der Mann mit Zeige- und Mittelfinger einer Hand einen kräftigen Druck auf den Damm, den Punkt zwischen Hoden und After, aus. Gleichzeitig sollten er und seine Partnerin jegliche Bewegung einstellen und mindestens eine halbe Minute lang stillhalten. Während dieser Zeit sollten beide Partner einige Male tief ein- und ausatmen. Anschließend können sie mit dem Liebesspiel fortfahren.

Die Verschlussmethoden können beliebig oft eingesetzt werden. Dadurch wird die Dauer der Vereinigung erhöht, während die Spannung in Wellen immer weiter aufgebaut werden kann.

Seltenere Ergüsse schmälern die Lust nicht, sie steigern sie. Auch muss der Samenerguss nicht der Höhepunkt der Lust sein: Männer können eine besonders intensive Form des Orgasmus erlangen, ohne dabei zu ejakulieren.

Durch verschiedene Techniken kann der Mann erreichen, auch ohne Ejakulation zum Orgasmus zu kommen und seine Ching-Energie zu bewahren.

Taoistische Liebesspiele

Wie die taoistische Vereinigung von Mann und Frau konkret aussieht, ist nicht leicht zu beschreiben. Starre Regeln oder gar festgeschriebene Rituale waren und sind den Taoisten fremd. Wer das Tao erlangen will, sollte seine eigenen Vorlieben und Neigungen herausfinden und vor allem seiner Intuition vertrauen. Das Tao der Liebe erlaubt alles, was beiden Partnern Freude bereitet und ihre Lust erhöht.

Wer dem Weg des Tao und den »Zehn Geheimnissen des Tao« folgt, kann die Kunst der Tao-Liebe ganz von selbst erlernen.

Die Zehn Schätze der Sexuellen Alchemie

In den »Zehn Schätzen der Sexuellen Alchemie« sind alle wichtigen Prinzipien der taoistischen Liebeskunst zusammengefasst.

1. Das Tao kann man nicht denken, man muss es leben. Für die taoistische Vereinigung gilt: Weniger denken, mehr lieben. Denken Sie nicht zu viel über Methoden und Techniken nach. Handeln Sie aus dem Bauch, und lassen Sie sich von Ihrer Intuition leiten.

2. Kämpfen Sie nicht, strengen Sie sich nicht an. Gehen Sie mit Ruhe und Gelassenheit vor. Machen Sie aus der sexuellen Vereinigung keinen Leistungssport und keine Akrobatik. Im »Huainanzi« steht: *»Ist der Körper frei von hektischem Tun, so ist der Zustand des inneren Friedens erreicht.«* Dies lässt sich auch auf das Liebesspiel übertragen. Nur wenn Körper und Geist entspannt sind, können sich die sexuellen Energien frei entfalten.

3. Gehen Sie sanft mit sich und Ihrem Partner/Ihrer Partnerin um. Streicheln Sie sich gegenseitig. Bewegen Sie sich sanft wie fließendes Wasser, lassen Sie Ihre Hände wie Wolken über die Haut des/der Geliebten streichen. Zärtlichkeit ist der einfachste Weg zur Tao-Liebe.

4. Bewahren Sie Heiterkeit. Humor kann im Liebesspiel nicht schaden. Nehmen Sie sich selbst nicht zu ernst, und lachen Sie gemeinsam mit Ihrem Partner/Ihrer Partnerin, wenn eine heitere Situation dazu einlädt.

5. Folgen Sie Ihrer Natur. Handeln Sie nicht gegen Ihre Bedürfnisse, und spielen Sie keine Rollen. Wer sich verstellt, blockiert den Fluss seiner Energie und kann das Tao nicht finden. Schlafen Sie nur mit Ihrem Partner/Ihrer Partnerin, wenn Sie auch Lust dazu haben, und sagen Sie offen, wenn Sie etwas stört.

6. Kehren Sie zur Quelle zurück. Denken Sie daran, dass die taoistische Liebeskunst eine Form der Meditation ist. Nehmen Sie Ihren

Partner mit allen Sinnen wahr. Blicken Sie in die Tiefe: Entdecken Sie in Ihrem Geliebten das Ur-Männliche (Yang), in Ihrer Geliebten das Ur-Weibliche (Yin), das sich seit Anbeginn der Menschheit von Generation zu Generation immer neu offenbart. Nehmen Sie beim Liebesspiel Kontakt zu der ursprünglichen Energie auf, die Ihr Partner/Ihre Partnerin verkörpert.

7. Schlafen Sie nur mit einem Menschen, den Sie auch lieben. Verzichten Sie auf »one-night-stands« und Prostituierte, denn dies führt aus taoistischer Sicht zum unnötigen Verlust Ihrer wertvollen Lebensenergie.

8. Beachten Sie, dass Mann und Frau Freude am Sex haben sollten. Die Befriedigung der Frau steht im Mittelpunkt der Sexuellen Alchemie.

9. An alle männlichen Leser: Lernen Sie, Ihre Ejakulation zu kontrollieren. Dies heißt nicht, dass Sie ganz auf Samenergüsse verzichten sollten, wohl aber, dass Sie sie nicht im Überfluss haben sollten. Das Zurückhalten der Ejakulation ist eine einfache Methode, das Liebesspiel zu verlängern und seine Lebensenergie zu sammeln.

10. Bleiben Sie bewusst und achtsam. Es ist nicht so wichtig, welche Sexualpraktiken Sie bevorzugen oder wann und wo Sie sich gerne lieben möchten; wichtig ist vielmehr, dass Sie Erotik und Sexualität bewusst und wach erleben. Nur so kann das Geheimnis der taoistischen Liebeskunst erfahren werden.

Wer die »Zehn Schätze der Sexuellen Alchemie« beachtet, kann auf dem Weg der Tao-Liebe schon nichts mehr falsch machen.

In der taoistischen Liebeskunst folgen beide Partner ihrer Intuition und geben sich bewusst hin.

Sinnlichkeit entwickeln

Das Ziel in der taoistischen Liebeskunst ist die Meditation zu zweit. Es genügt nicht, sich körperlich zu vereinigen: Nur wenn Yin und Yang miteinander verschmelzen und die Partner sich auf seelischer und spiritueller Ebene verbinden, können sich die vielen positiven Wirkungen einstellen und beide in die Dimension der Ekstase eintauchen.

Taoistische Liebe hat immer auch eine spirituelle Dimension. Nur wenn die Partner sich auch auf seelischer und spiritueller Ebene verbinden, können beide in die Dimension der Ekstase eintauchen.

Dazu muss die Wahrnehmung geschärft werden: Wir müssen lernen, uns selbst und unseren Partner/unsere Partnerin möglichst wach und intensiv wahrzunehmen. Der beste Weg zu einer intensiveren Wahrnehmung und einer Steigerung des erotischen Erlebens ist die Sinnlichkeit.

Sinnlichkeit wird oft mit Lüsternheit oder Unsittlichkeit verwechselt; Sexualität und Sinnlichkeit werden von den meisten Menschen der westlichen Welt unterbewusst mit Sünde verbunden. Die Taoisten, die den Begriff der Sünde nicht kannten, unterschieden dagegen nur zwischen förderlich und hinderlich. Was die Lebensenergie stärkt, das Wohlbefinden erhöht und die spirituelle Entwicklung unterstützt, ist den Taoisten willkommen.

Lao Tse, Dschuang Tse und andere Meister des Tao warnten immer wieder vor Überfluss und unnötigem Luxus. Auch beim Kultivieren der Sinnlichkeit geht es nicht darum, sich möglichst vielen Reizen auszusetzen. Das Tao der Liebe ist sehr einfach: Es verzichtet auf Zerstreuung und Ablenkung.

Rituale, Räucherungen, Schmuck und ausgetüftelte Sexualpraktiken sind eher hinderlich als förderlich. Wache Sinne sind notwendig. Nur wenn Sie Ihren Partner/Ihre Partnerin mit all Ihren Sinnen wahrnehmen, können Sie die sexuelle Vereinigung in ekstatischer Weise erfahren und in den Zustand der Selbstvergessenheit eintreten, der tief in die Meditation hineinführt.

Den Partner verwöhnen

Am einfachsten lässt sich Sinnlichkeit durch Einschränkung entwickeln. Um Tiefe und Klarheit zu gewinnen, ist es nötig, wenige Reize bewusst und konzentriert wahrzunehmen. Es gibt viele Möglichkeiten, seine Sinne zu öffnen und mehr Bewusstheit zu entwickeln:

- Tauchen Sie mit Ihrem/Ihrer Geliebten in die Welt der Sinne ein, indem Sie Ihren Körper pflegen: Baden oder duschen Sie gemeinsam, seifen Sie sich gegenseitig ein, und trocknen Sie sich gegenseitig ab. Die gemeinsame Reinigung ist eine gute Vorbereitung auf das Liebesspiel.
- Pflegen Sie die Kunst der Berührung. Verwöhnen Sie Ihren Partner/Ihre Partnerin mit Streicheleinheiten und Umarmungen, und lassen auch Sie sich von ihm verwöhnen.
- Erotische Massagen können gut in das Liebesspiel eingebunden werden. Sie können sich Ihr eigenes Massageöl mischen, indem Sie 1 EL Mandel- oder Jojobaöl mit 2 – 3 Tropfen ätherischem Öl (am besten Rosen- oder Jasminöl) vermengen. Das wohlriechende Massageöl wird über die Haut und die Atmung aufgenommen. Sinnliche Massagen regen den Fluss der Lebensenergie an; sie wirken luststeigernd und harmonisieren Körper und Seele. Lassen Sie sich massieren oder massieren Sie Ihren Partner/Ihre Partnerin von Kopf bis Fuß mit langsamen, streichenden Bewegungen. Gehen Sie dabei entspannt und behutsam vor.

Sinnlichkeit ist der beste Weg zu einer intensiveren Wahrnehmung und einer Steigerung des erotischen Erlebens.

- Insbesondere Paare, die schon lange zusammenleben, schauen sich oft nicht mehr bewusst an. Kultivieren Sie das Sehen. Setzen Sie sich mit Ihrem Partner/Ihrer Partnerin einander gegenüber im Schneidersitz auf das Bett, und fassen Sie sich bei den Händen. Schauen Sie sich entspannt in die Augen. Atmen Sie dabei ruhig, und versuchen Sie, jegliche Anstrengung im Gesichtsausdruck zu vermeiden.
Brechen Sie die Übung nicht zu früh ab; erst nach einiger Zeit gelingt es, Einblick in die Tiefe und das Wesen Ihres/Ihrer Geliebten zu bekommen. Geben Sie sich ganz dem Augen-Blick hin. Schauen Sie wach und entspannt, und lächeln Sie ein wenig.
- Kultivieren Sie die Kunst des Lauschens. Nehmen Sie Ihren Partner/Ihre Partnerin auch über den Hörsinn wahr. Lauschen Sie dem Klang seiner/ihrer Stimme, seinem/ihrem Lachen, Stöhnen oder auch nur den sanften Geräuschen seines/ihres Atems.
- Sorgen Sie für eine angenehme Atmosphäre, die Ihre Konzentration auf Partner/Partnerin unterstützt. Das Zimmer sollte warm genug sein. Achten Sie darauf, dass Sie ungestört bleiben, und schalten Sie das Telefon aus. Zu helles Licht kann beim Liebesspiel recht unangenehm sein. Einige Kerzen zaubern hingegen schnell eine schöne Atmosphäre.

Die Kunst des Küssens

Ebenso wie der Samen gilt auch der Speichel als Träger von *ching*. Wu Hsien nennt die Ching-Energie den »Schatz der ewigen Jugend«. Beim intensiven Küssen vermischen sich der Speichel von Mann und Frau. Die Taoisten empfahlen diesen Austausch der Jadeflüssigkeit, da es dadurch, ebenso wie durch den Geschlechtsverkehr, zur wechselseitigen Kultivierung von Yin und Yang kommt.
Verschmelzen die männlichen und weiblichen Energien miteinander, kann die Lebensenergie ungehindert durch die Körper fließen, alle Zellen werden mit neuer Energie versorgt, das Immunsystem wird aktiviert, belastende Gedanken kommen zur Ruhe, und Freude breitet sich im Herzen aus.
Küssen und sexuelle Vereinigung dienten den Taoisten schon vor Tausenden von Jahren dazu, Ching zu erzeugen, zu bewahren und umzuwandeln. Auch wissenschaftliche Untersuchungen haben die gesundheitsfördernde Wirkung des Küssens erkannt. Die Forscher vermuten, dass es durch das Küssen zu einem Immuntrainingseffekt kommt. Sicherlich spielen aber auch die körpereigenen Glücksstoffe, die so genannten Endorphine, dabei eine Rolle.
Lippen und Zunge sind erogene Zonen. Durch das Küssen werden Tast- und Geschmackssinn angeregt, und die Sinnlichkeit wird geweckt.

Paare sollten sich oft und innig küssen. Durch das Küssen werden Tast- und Geschmackssinn angeregt und die Sinnlichkeit geweckt.

In den verschiedenen Schulen der Tao-Liebe werden unterschiedliche Kusstechniken beschrieben, darunter Küsse auf Brüste, Wangen, Hals und Rücken. Darüber hinaus werden auch intime Küsse im Bereich des Penis und der Schamlippen genannt. Im Mittelpunkt steht jedoch der Kuss von Mund zu Mund.
Küsse können sanft und flüchtig, aber auch drängend und wild sein. Beim saugenden Kuss werden die Lippen des Partners/der Partnerin eingesogen und festgehalten. Mit der Zunge kann der Mund des/der Geliebten erkundet werden. Neben dem Erkunden wird auch das Vordrängen und das Zurückziehen erwähnt.
Das Tao der Liebe schreibt keine besonderen Kusstechniken vor. Es empfiehlt Paaren jedoch, sich oft und innig zu küssen. Für einen lustvollen Austausch der Jadeflüssigkeit ist eine gründliche Mundhygiene wichtig. Mund und Gesicht sollten entspannt bleiben. Unnötige Anspannungen und Verkniffenheit behindern den Fluss der Lebensenergie.

Beim Küssen verschmelzen männliche und weibliche Energien, woduch die Lebensenergie gesteigert wird.

Wu Hsiens Liebestipps für Anfänger

Dem Anfänger auf dem Weg der Tao-Liebe helfen einige Ratschläge:

- *»Für den Anfänger ist es günstig, nicht übererregt oder allzu leidenschaftlich vorzugehen.«*
- *»Für den Beginn ist es für den Mann empfehlenswert, eine Partnerin zu suchen, die keine allzu starke erotische Ausstrahlung hat; auch sollte ihr Jadetor möglichst nicht zu eng sein. Die Selbstbeherrschung wird sonst sehr schwer fallen. Allzu schöne Frauen verwirren den Geist über die Maßen; allzu enge Jadetore entfachen das Feuer der Erregung über die Maßen.«*
- *»Am Anfang ist es günstig, wenn die Erektion beim Eindringen nicht zu stark ist.«*
- *»Der Anfänger sollte die Beckenstöße langsam und vorsichtig ausüben.«*
- *»Am Anfang ist es hilfreich, das Becken im Rhythmus ›dreimal flach – einmal tief‹ vorwärts zu stoßen; dies sollte über die Dauer von 81 Stößen befolgt werden.«*
- *»Sobald die Erregung zu stark zu werden droht, soll der Mann seinen Jadeschaft sogleich hinausziehen, bis nur noch seine Spitze in das Jadetor eingeführt ist. Erst nachdem die Erregung wieder abgeklungen ist, sollte er von neuem im Rhythmus ›dreimal flach – einmal tief‹ fortfahren.«*
- *»Jegliche Ungeduld und Hast ist beim Erlernen der Ejakulationskontrolle zu vermeiden.«* <

Im Zentrum der taoistischen Vereinigung von Mann und Frau stehen die »Zehn Schätze der Sexuellen Alchemie«. Die Ratschläge des Meisters Wu Hsien können aber gerade für Anfänger auf dem Weg zur Tao-Liebe hilfreich sein.

Liebesstellungen des Tao

In den Schriften der Sexuellen Alchemie werden verschiedene Liebesstellungen beschrieben. Die Stellungen dienen vor allem der Abwechslung. Im Tao der Liebe geht es nicht um Akrobatik; das Variieren der Stellungen ist jedoch eine gute Möglichkeit, den Körper flexibel zu halten und keine Routine aufkommen zu lassen.

Der Wechsel zwischen den einzelnen Stellungen sollte nie abrupt, sondern immer sanft und fließend vorgenommen werden. Auch spricht nichts dagegen, zwischen zwei Stellungen zu pausieren und sich gegenseitig zu streicheln. Jede Liebesstellung hat eine andere Wirkung auf den Energie-Körper; bei allen Stellungen der Liebe sollen sich Yin und Yang durchdringen und die männlichen und weiblichen Energien einander stärken und harmonisieren.

Finden Sie gemeinsam mit Ihrem Partner oder Ihrer Partnerin heraus, welche Liebeshaltungen Ihnen beiden am meisten liegen.

Auch für die Wahl der Liebesstellungen gilt: Folgen Sie Ihrer Natur. Tauschen Sie sich mit Ihrem Partner/Ihrer Partnerin aus, welche Stellungen Sie beide bevorzugen.

I. Die Frau liegt auf dem Rücken

Die Liebesstellungen, bei denen der Mann auf der Frau liegt, sind den meisten Paaren gut bekannt. In diesen Stellungen beeinflusst die Yang-Energie die Yin-Energie besonders stark. Liegt die Frau auf dem Rücken, hat sie relativ wenig Bewegungsfreiheit, weshalb der Mann dabei die Führung übernehmen sollte.

Liegt der Mann oben, übernimmt er den aktiven Part im Liebesspiel.

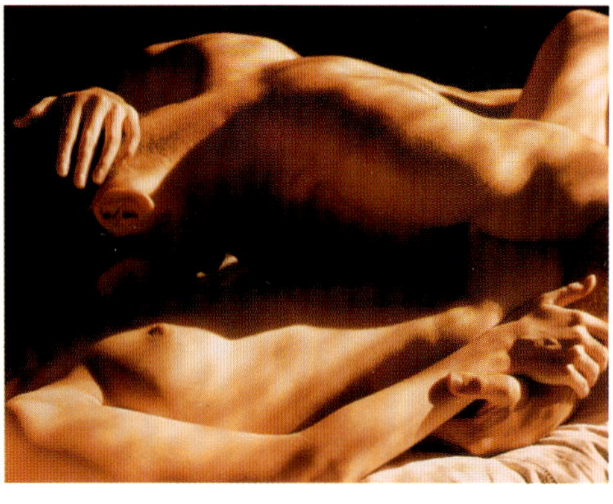

Die Lotosblüte schließt sich

Die Frau liegt ausgestreckt auf dem Rücken und spreizt die Beine nur wenig. Ihr Geliebter hält sie an den Händen und legt sich flach auf sie, wobei er seine Beine ebenfalls leicht spreizt. In dieser Stellung ist der Hautkontakt besonders intensiv.

Die Lotosblüte öffnet sich

Diese Stellung ist bei uns als Missionarsstellung bekannt. Die Frau liegt auf dem Rücken; im Gegensatz zur geschlossenen Lotosblüte spreizt sie die Beine diesmal weit, so dass ihr Partner sich bequem dazwischenlegen kann.

Die Bambusschaukel

Auf dem Rücken liegend zieht die Frau ihre leicht gespreizten Oberschenkel an die Brust und legt ihre Füße auf den Schultern ihres Partners ab. Der Mann kniet mit gespreizten Beinen vor seiner Geliebten und hält sie am Becken oder an den Fesseln fest.

Liegt die Frau auf dem Rücken, sollte der Mann die Führung übernehmen. Bei Stellungen, wo die Frau oben liegt, kann sie Tempo, Intensität und Rhythmus der Bewegungen bestimmen.

Das Geheimnis der Jadekammer

Bei dieser Stellung kommt es zu einem intensiven Kontakt zwischen Jadeschaft und Jadepforte. Die Frau liegt mit angezogenen Beinen auf dem Rücken. Ihr Geliebter kniet sich vor sie hin; nachdem er in sie eingedrungen ist, drückt er ihre Oberschenkel zusammen. Für Männer, die leicht zu erregen sind, eignet sich diese Stellung nicht.

II. Die Frau liegt auf dem Mann

Die Stellungen, bei denen die Frau oben liegt, ermöglichen ihr viel Bewegungsfreiheit, und Yin-Energie beeinflusst dabei die Yang-Energie besonders stark. Die Frau sollte dabei Tempo, Rhythmus und die Intensität der Beckenbewegungen bestimmen.

Der Flug der Schwäne

In dieser Stellung kniet oder sitzt die Frau auf ihrem Partner. Dabei kehrt sie ihm den Rücken zu. Indem sie den Oberkörper entweder nach hinten oder nach vorne beugt, kann sie den Winkel zwischen Jadeschaft und Jadetor verändern.

Die galoppierende Reiterin

Der Mann liegt flach auf dem Rücken und schließt seine Beine. Seine Geliebte legt sich mit gespreizten Beinen auf ihn und führt seinen Jadeschaft in ihre Jadekammer ein. Sie kann die Stellung variieren, indem sie ihren Oberkörper auf die Brust ihres Partners legt oder aufrecht sitzt.

Die Frau beeinflusst die Yang-Energie des Mannes, wenn sie oben liegt.

Schwalben bauen ein Nest

Auch in dieser Stellung liegt der Mann mit gestreckten Beinen flach auf dem Rücken. Seine Geliebte setzt sich seitlich auf seinen Schoß und stützt sich mit den Händen ab.

III. Sitzende Stellungen

Der Ausgleich zwischen Yin und Yang ist in der sitzenden Stellung besonders intensiv.

In sitzenden Positionen ist der Ausgleich zwischen Yin und Yang optimal. Darüber hinaus können beide Partner im Sitzen besonders bewusst und wach bleiben. Zwar ist es schwierig, intensive Beckenstöße auszuführen, dafür fällt die Kontrolle der Ejakulation hierbei recht leicht.

Der Schmetterling breitet die Flügel aus
Der Mann sitzt im Schneidersitz. Seine Partnerin setzt sich auf seinen Schoß, verschränkt ihre Beine hinter seinem Rücken und kann ihre Hände um seinen Nacken schlingen. Der Mann umfasst ihr Becken.

Fliegender Schmetterling
Auch in dieser Stellung sitzt der Mann im Schneidersitz, während seine Partnerin sich auf seinem Schoß niederlässt. Diesmal stützt der Mann das Gewicht seines Oberkörpers ab, indem er die Hände hinter sich absetzt. Die Frau verschränkt die Füße hinter dem Rücken ihres Partners und stützt sich auf seinen Oberschenkeln ab. Oberkörper von Mann und Frau sind dabei leicht nach hinten gelehnt.

Bei den sitzenden Stellungen fällt die Kontrolle der Ejakulation besonders leicht.

Tanz der Schmetterlinge
Diese Stellung erfordert vor allem vom Mann eine gute Flexibilität der Kniegelenke und lässt dem Mann kaum Bewegungsfreiheit, während die Frau das Liebesspiel durch ihre Bewegungen frei bestimmen kann. Der Mann kniet sich im Fersensitz hin, wobei Füße und Knie geschlossen sind; seine Geliebte kniet sich in die gleiche Richtung blickend mit geöffneten Schenkeln auf ihn. In dieser Stellung berührt der Rücken der Frau die Brust ihres Partners.

IV. Stehende Stellungen

Liebesstellungen im Stehen wirken sehr aktivierend. Sie eignen sich vor allem, um eingefleischte Gewohnheiten zu durchbrechen und Abwechslung ins Liebesspiel zu bringen. Stehende Stellungen können immer wieder einmal kurzzeitig eingenommen werden.

Wenn Sie Abwechslung ins Liebesspiel bringen möchten, probieren Sie stehende Stellungen.

Die Stellung des Kaisers

Der Mann steht hinter der Frau, die ihren Oberkörper im 90-Grad-Winkel nach vorne beugt und sich auf einem Tisch abstützt. Bei entsprechender Gelenkigkeit kann die Frau auch ihre Fußgelenke umfassen. Der Mann dringt von hinten in seine Geliebte ein und umfasst ihr Becken oder ihre Taille.

Wolken umschließen den Gipfel

Diese Stellung erfordert vom Mann relativ viel Kraft. Mann und Frau stehen einander gegenüber, die Frau verschränkt ihre Hände in seinem Nacken. Der Mann geht etwas in die Knie, während seine Geliebte ein wenig Schwung nimmt, ihre Beine um seine Taille schlingt und ihre Unterschenkel hinter seinem Rücken verschränkt. Der Mann stützt seine Partnerin zusätzlich gut ab, indem er ihr Gesäß umfasst.

Wilder Wein umrankt die Säule

Für diese Liebesstellung sollten beide Partner etwa gleich groß sein. Wenn der Mann deutlich größer ist, sollte seine Geliebte sich auf eine Stufe oder einen kleinen Schemel stellen. Beide Partner stehen sich frontal gegenüber. Der Mann geht ein wenig in die Knie. Seine Geliebte drückt sich fest an ihn und schlingt ein Bein um seine Taille. Der Mann stützt seine Partnerin mit einer Hand am Rücken oder Gesäß ab, mit der anderen Hand stützt er ihren angehobenen Oberschenkel. Die Stellung wird erleichtert, wenn der Mann sich mit dem Rücken an eine Wand lehnt.

Stehende Stellungen können immer wieder einmal kurzzeitig eingenommen werden. Entwickeln Sie gemeinsam Ihre Phantasie und Experimentierfreude.

Entwickeln Sie Ihre Phantasie

Die oben beschriebenen Hauptstellungen sollen eine Anregung sein. Sie alle haben noch eine Vielzahl an Variationen. Ihre Phantasie und Experimentierfreude sind gefragt, wenn es darum geht, die unendlich vielen Möglichkeiten der sexuellen Vereinigung zu erkunden. Allerdings können Sie auch mit sehr wenigen Stellungen zu einem Meister der taoistischen Liebeskunst werden. Auf dem Weg des Tao ist und bleibt die richtige innere Haltung wichtiger als jede noch so ausgeklügelte Technik.

Tao Te King

Das Buch von der Wahren Kraft des Tao

Das hier in neuer Übersetzung vorliegende und zur Weltliteratur gehörende »Tao Te King« (sprich: Daodedsching) ist als Standardwerk für den Taoismus maßgeblich.
Ungefähr 400 Jahre vor unserer Zeitrechnung wurde Li Pohyang, der später den Ehrennamen Lao Tse, »Alter Meister«, erhielt, in der Provinz Tschou, heute Hunan, geboren. Über seine Jugend, seine Erziehung und Lehrer ist nichts bekannt. Er war wohl ein gebildeter Mann, denn er arbeitete eine Zeit lang als Archivar im kaiserlichen Staatsarchiv. Das »Tao Te King« ist das einzige Buch, das er geschrieben hat.
Doch dieses eine Büchlein, bestehend aus nur etwas mehr als 5000 Wörtern, ist eines der größten Werke der Weltliteratur und wurde in über 130 Sprachen übersetzt – das »Tao Te King«, das »Buch von der Wahren Kraft des Tao«. Es ist schwierig zu verstehen – und noch schwerer zu übersetzen. Das liegt zum einen an der chinesischen Sprache und zum anderen daran, was gesagt werden soll.
Im Chinesischen kann fast jedes Wort beinahe jede Funktion haben: Ein Wort kann Hauptwort, Tätigkeitswort oder Eigenschaftswort sein, es kann viele verschiedene Bedeutungen haben, zum Teil solche, für die keine direkten Entsprechungen in unserer Sprache existieren; und – als ob das noch nicht genug wäre – es gibt keine Satzzeichen. Daher unterscheiden sich die vielen Übersetzungen deutlich voneinander.

Das »Tao Te King« wurde von Lao Tse etwa 400 Jahre vor unserer Zeitrechnung geschrieben und ist bis heute in über 130 Sprachen übersetzt worden.

Die Worte sollen Bilder auslösen

Das »Tao Te King« handelt vom Tao, das oft mit »Der Weg« übersetzt wird, das aber viel mehr als das meint – eine Übersetzung, die dem Begriff Tao wohl am ehesten gerecht wird, ist »Die Wirkungsweise der Natur«. Und es handelt von Te, häufig als »Tugend« übersetzt. Gemeint ist die eine Kraft, die den Menschen oder Dingen zukommt, die eins mit dem Tao sind. Wir haben Te daher mit »Wahre Kraft« (oder auch nur als »Kraft«) übersetzt.

Sich auf die Großartigkeit der Natur und des Lebens einzulassen ist die »Wahre Kraft des Tao«.

Die Weisheiten des »Tao Te King« klingen mitunter recht dunkel, geheimnisvoll und vielschichtig. Die Übersetzung sollte dies möglichst nicht verändern. Denn die Worte sollen Bilder auslösen. Es lässt sich eben nicht wirklich in Worten ausdrücken, was das Tao ist; es kann lediglich durch Bilder, durch Gedichte, durch Gleichnisse erfasst werden.

Damit nicht zu viel im Dunkeln bleibt, haben wir jedes Kapitel mit einem kurzen Kommentar versehen, um jeweils einen Aspekt des Gesagten ein wenig zu erhellen.

Mit Worten lässt sich nicht wirklich ausdrücken, was das Tao ist. Es kann lediglich durch Bilder, Gedichte oder Gleichnisse erfasst werden.

Das »Tao Te King« hat viele Ebenen: Es ist ein Buch über das Tao, ein Buch über die rechte Lebensführung, die zu Zufriedenheit und Glück führt, ein Buch gegen Gewalt, Zerstörung und Überheblichkeit – und für Liebe, Einfachheit und Mitgefühl. Darüber hinaus ist es auch eine Anleitung für Lehrer und Herrscher.

In erster Linie aber ist es ein großartiges Werk, das Poesie und Philosophie vereint.

Pagoden im Abendlicht: Stimmen Sie sich ein auf die Weisheiten des Lao Tse.

Buch I: Tao – Der Weg

1

Das aussprechbare Tao
ist nicht das unwandelbare Tao.
Der nennbare Name
ist nicht der unwandelbare Name.

Namenlos ist des Himmels und der Erde Anfang,
namengebend die Mutter der zehntausend Dinge.

Es ist so: Dem Blick ohne Begehren enthüllt sich das Innere;
dem Blick voller Begehren enthüllt sich die Begrenzung.
Beides ist eins, es trennt sie nur der Name,
zusammen sind sie das Tiefe.
Wo die Tiefe am tiefsten ist,
liegt das Tor zum großen Geheimnis.

Kommentar Das Wesentliche ist nicht in Worte zu fassen. Was man über das Tao sagen kann, wird stets widersprüchlich und unvollständig scheinen. Um zur Erkenntnis zu gelangen, ist es wesentlich, die Begierde nach Erkenntnis abzulegen. Auch dies scheint bereits widersprüchlich: Wo sich die Widersprüche auflösen, ist das Tao vollendet.
Das Wesentliche ist kaum sagbar. Gefühle beispielsweise lassen sich nur unzureichend durch Worte ausdrücken. Die Überbetonung der Rationalität führt oft auf Abwege. Wenn wir uns von den Fesseln des logischen Denkens befreien, werden wir leichter das innere Wesen des Tao erkennen. Wenn wir begehrlich auf etwas blicken, erkennen wir nur das Äußere.

2

Durch die Bestimmung des Schönen entsteht das Hässliche.
Durch die Bestimmung des Guten entsteht das Böse.
In der Tat:
Sein und Nicht-Sein bedingen einander,
Schwer und Leicht ergänzen einander,
Lang und Kurz gestalten einander,
Hoch und Niedrig bezwingen einander,
Stimme und Klang stützen einander,
Vorher und Nachher folgen einander.

Daher auch der Weise:
Er wirkt, ohne zu handeln,
er lehrt, ohne zu belehren.
Ohne Widerstand werden die zehntausend Dinge,
ohne Widerstand lässt er sie werden.
Er zeugt, doch besitzt nicht.
Er wirkt, doch verlangt nichts für sich.
Er vollendet, doch nimmt nichts mit.
Und weil er nichts nimmt, verliert er nichts.

Kommentar Erst durch die Benennung der Unterschiede entsteht die Trennung. Daher ist es sinnvoll, das Benennen so weit wie möglich zu vermeiden. Die Wurzel der Trennung ist das Begehren, das zwischen Begehrenswertem und nicht Begehrenswertem unterscheidet.
Es wird niemals einen Vorteil bringen, die Dinge in Schubladen einzuordnen, denn dadurch verliert man den Blick auf ihre Besonderheiten. Es ist eher eine Befreiung zu wissen, dass alles stets durch sein Gegenteil bedingt ist.

3

Achtet die Tüchtigen nicht,
so wird es keinen Streit geben im Volk.
Schätzt die Kostbarkeiten nicht,
so wird es keine Diebe geben im Volk.
Zeigt das Begehrenswerte nicht,
so wird es keine Verwirrung geben im Herzen des Volkes.

Daher herrscht der Weise derart:
Er leert den Sinn,
er füllt den Bauch,
er festigt die Knochen,
er schwächt das Wollen.

Die Menschen ohne Schlauheit und Begierde,
die Klugen ohne Mut zum Handeln –
durch Nicht-Tun entsteht die Ordnung.

Kommentar Es führt nur zu Streit, wenn Menschen aufgrund dessen, was sie nun einmal sind, bevorzugt werden. Ebenso verhält es sich mit Dingen. Denn eine solche Bevorzugung weckt Begierde. Begierde aber führt zu Aggression.

Die vielen Dinge, denen wir nachjagen, bringen uns kaum unserem Glück näher. Besser ist es, in den Lauf der Dinge nicht einzugreifen und sie mit innerer Ruhe zu betrachten. Kopfloses Handeln führt ins Chaos, und kopfbetontes Handeln geht am Wesentlichen vorbei.

4

Das Tao ist leer und unerschöpflich,
unergründlich, wie der Urgrund der zehntausend Dinge!
Wie unergründlich und ewig gegenwärtig.
Ich weiß nicht, wessen Kind es ist,
Doch war es schon,
bevor der Ahn des Himmels war.

Kommentar Was ist das Tao? Es ist nicht zu definieren. Wo wir versuchen, es zu fassen, entschlüpft es uns. Durch Bilder können wir uns dem Verständnis des Tao nähern. Aber sobald wir diese Bilder mit dem Verstand untersuchen, erscheinen sie uns widersprüchlich. Das Tao ist leer und unerschöpflich. Wie ist das zu verstehen? Indem wir das Begehren nach Verstehen ablegen.

Wenig Sinn hat es, alles und jedes in Begriffe fassen zu wollen. Die Dinge sind keine Begriffe: Liebe ist Liebe und nicht das Wort »Liebe«, das Tao ist das Tao.

5

Himmel und Erde wissen nicht von Güte.
Die zehntausend Dinge sind für sie billige Opfergaben.
Die Weisen wissen nicht von Güte.
Die Menschen sind für sie billige Opfergaben.

Himmel und Erde:
der Zwischenraum wie ein Blasebalg.
Die Leere fällt nicht zusammen,
Die Bewegung bringt hervor.

Doch zu viel Reden erschöpft sich selbst.
Besser ist es, das Innere zu bewahren.

Kommentar Für den reifen Menschen ist Güte und Mitgefühl etwas so Selbstverständliches, dass er, obwohl er gütig und mitfühlend ist, dies überhaupt nicht als etwas Besonderes wahrnimmt. Das ist es auch nicht: Denn die Güte und das Mitgefühl entspringen ganz natürlich der Weisheit und Reife – es ist kein willentliches Zutun vonnöten.

Menschen, die sich darum bemühen, gütig und mitfühlend zu erscheinen, bemühen sich meist mehr um das Scheinen als das Sein. Aufrichtiges Handeln geschieht stets wie von selbst, wie das Atmen. Was nicht natürlich geschieht, strengt an, und was anstrengt, ist nicht natürlich. Insbesondere hat es wenig Sinn, über gute Taten, über sein Mitgefühl mit anderen, über das, was man anstrebt, große Reden zu halten. Viele Worte rauben Taten Energie.

6

Das Unsterbliche am Grunde des Tales
ist als das Dunkel-Weibliche bekannt.
Und das Tor zum Dunkel-Weiblichen
ist der Quell von Himmel und Erde.

An jedem Ort, zu jeder Zeit
wirkt es mühelos.

Kommentar Das Dunkle und Weibliche sind Symbole für das lebenserhaltende Prinzip, die Kraft, die das Leben erhält und nährt. In der chinesischen Philosophie heißt dieses Prinzip *Yin* – der Gegenpol zu *Yang,* dem aktiven, schöpferischen Prinzip. Yin ist im Gegensatz zu Yang passiv und aufnehmend.

Das »Tor zum Dunkel-Weiblichen« steht für die Erkenntnis, dass erst durch die Verbindung des aktiven Handelns mit der ruhigen, empfangenden Gelassenheit die Verwirklichung eines sinnvollen Seins möglich wird.

Das Tao ist die Harmonie zwischen Yin und Yang. Handelt man gemäß dem Tao und geht den Mittelweg zwischen Handeln und achtsamem Beobachten, wird alles, was man tut, mühelos gelingen.

7

Der Himmel ist ewig, die Erde ist immer.
Immer und ewig sind sie,
weil sie nicht um ihrer selbst willen wirken.
Das macht sie unsterblich.

Daher der Weise:
Er stellt sein Selbst hintan
und steht ganz vorn.
Er bewahrt sein Selbst nicht
und bleibt ganz erhalten.

Denn ohne Eigensucht
kann er das Seine vollenden.

Kommentar Sobald man sich selbst in den Mittelpunkt der Welt stellt und aus egoistischen Motiven handelt, wird einem alles, was man unternimmt, schwer fallen, da man nicht im Einklang mit der Natur handelt. Paradoxerweise wird derjenige, der nicht für sich wirkt, viel mehr für sich erreichen als der Egoist. Der zu sehr auf das Selbst fixierte Blick macht blind für Zusammenhänge und das große Gesamtbild.
Jeder Mensch steht ohnehin im Mittelpunkt seiner Welt – verharrt er in diesem Blickwinkel, entgeht im vieles, was ihm selbst letztlich zugute kommen könnte.

8

Höchste Güte gleicht dem Wasser:
Es nützt allen Wesen und kämpft mit keinem.
Es füllt die verachteten Niederungen
und gleicht so dem Tao.

Beim Wohnen zeigt sich die Güte in der Wahl des Ortes,
beim Geist zeigt sich die Güte in der Tiefe,
beim Geben zeigt sich die Güte in der Liebe,
beim Sprechen zeigt sich die Güte in der Wahrheit,
beim Führen zeigt sich die Güte in der Ordnung,
beim Werk zeigt sich die Güte in der Fähigkeit,
beim Bewegen zeigt sich die Güte in der rechten Zeit.
Wie das Wasser – ohne Kampf, ohne Leid.

Kommentar Derjenige, der vom Tao durchdrungen ist, ist, ohne dass er sich darum bemühen würde, erfolgreich. Er gleicht dem Wasser darin, dass er stets das tut, was notwendig ist, ohne dabei seinen Willen einsetzen zu müssen: Sein Wollen und das, was ihm natürlich ist, sind in vollkommenem Einklang.
Das Wasser fließt hinunter und treibt dabei Mühlen an, trägt Schiffe, bewässert Felder, ohne dass es all das absichtsvoll täte. Genauso sollte auch der Mensch, der dem Tao folgt, sein – nach seiner Natur leben und dabei von selbst, anstrengungslos Gutes vollbringen.

9

Besser zur rechten Zeit loslassen,
als das Maß übervoll zu machen.

Die immerfort geschliffene Klinge
ist nur von kurzer Dauer.
Der mit Gold und Jade übervolle Saal
ist nur kurze Zeit zu schützen.
Der mit Stolz gepaarte Reichtum und Glanz
ist nur kurze Zeit frei von Unglück.

Das tun, was zu tun ist, und sich dann zurückziehen:
Das ist der Weg des Himmels.

Kommentar Eines der größten Übel ist die Gier, immer mehr haben, besitzen, gelten zu wollen. All dies Streben nach immer mehr führt letztendlich unweigerlich zum Scheitern. Vor allem dann, wenn man sein Herz an seinen Besitz, an sein Ansehen oder seine Taten hängt, wird man unweigerlich früher oder später leidvolle Erfahrungen machen.
Eines der Geheimnisse der Zufriedenheit ist das Wissen darum, wann man aufhören sollte. Das gilt sowohl für materielle Güter als auch für Leistungen. Ganz zu Recht heißt es, man solle aufhören, wenn es am schönsten ist.

10

Ohne Geschäftigkeit, eins mit dem einen:
Kann sich der Geist dann noch zerstreuen?
Den Atem sammeln, beweglich und biegsam:
Kann nicht das Kindsein dann wiederkehren?
Die Einsicht klären, das Tiefe zu schauen:
Kann man sich nicht vom Irrtum befreien?
Die Menschen lieben, den Staat ordnen:
Kann das nicht ohne Wissen gelingen?
Das Himmelstor öffnen und schließen:
Kann das ohne das Weibliche geschehen?
Die Klarheit, die alles erleuchtet:
Kann sie dies nicht ohne Tätigkeit?

Der Weise lässt die Dinge wachsen und werden,
lässt sie wachsen und besitzt sie nicht,
handelt, ohne zu erwarten,
lenkt, ohne zu herrschen.
Das heißt Verborgene Kraft.

Kommentar Viele Menschen, auch diejenigen mit durchaus guten Absichten, glauben, immer geschäftig sein zu müssen – um etwas zu leisten, um etwas zu bewirken oder gar um die Welt zu verbessern. Doch all diese Geschäftigkeit ist im Weltgefüge nur ein sinn- und zielloses Hin und Her. Um Zusammenhänge und das Gesamtbild zu erkennen, bedarf es weder hektischer Umtriebigkeit noch auswendig gelernten Wissens – Achtsamkeit, Bewusstheit und Beobachtung führen weiter.

11

Dreißig Speichen um die Nabe:
Das, was nicht ist, macht den Nutzen des Rades.

Tonschlamm formt den Krug:
Das, was nicht ist, macht den Nutzen des Kruges.

Fenster und Türen durchbrechen den Raum:
Das, was nicht ist, macht den Nutzen des Raumes.

Daher liegt der Gewinn durch das, was ist,
in dem, was nicht ist.

Kommentar Es ist ein großer Fortschritt in der Erkenntnis, dass nicht nur die Dinge, die sind, getan werden oder entstehen, die Welt formen und Nutzen bringen, sondern ebenso das, was nicht ist, unterlassen wird oder nicht entsteht. Die Dinge, die sind und die nicht sind, ergänzen einander. Nicht zu handeln kann ebenso oft sinnvoll sein wie zu handeln. Tun ist nicht prinzipiell besser als Nicht-Tun – im Gegenteil: Unüberlegtes Handeln ist in aller Regel schlechter als Nicht-Handeln. Ebenso verhält es sich mit materiellen Dingen: Etwas nicht zu besitzen kann oft bereichernder sein, als es zu haben, denn jeder Besitz bringt Verantwortung, Sorgen und Angst vor Verlust mit sich.

12

Die Fünf Farben machen das Auge blind,
die Fünf Töne machen das Ohr taub,
die Fünf Geschmacksrichtungen machen den Gaumen unempfindlich.
Rennen und Jagen machen den Geist wirr.
Wertvolle Güter machen die Menschen verrückt.

Daher sorgt der Weise sich um seine Mitte,
nicht um das Äußere.
Wie er das eine verwirft, gewinnt er das andere.

Kommentar Alle äußeren Reize dienen kurzfristigem Vergnügen. Solange einem klar ist, dass das Äußere nichts weiter bietet, ist nichts daran auszusetzen, sich auch zu vergnügen. Natürlich ist nichts verkehrt daran, schöne Dinge zu betrachten, gute Musik zu hören, leckere Speisen zu essen, an Spiel und Sport seine Freude zu haben oder sich auch den einen oder anderen Luxus zu gönnen. Werden diese Dinge jedoch zum Hauptzweck des Lebens, lebt man am Wesentlichen vorbei und wird niemals zu innerer Zufriedenheit und Glück finden. Diese Dinge sind nur in unserem Inneren zu finden.

13

Gnade und Ungnade – beide machen Angst.
Von Übel ist die Verehrung des Selbst.

Warum sage ich: Gnade und Ungnade – beide machen Angst?
Gnade richtet sich auf den Geringen,
der Angst hat, sie zu empfangen, der Angst hat, sie zu verlieren.
Darum sage ich: Gnade und Ungnade – beide machen Angst.

Warum sage ich: Von Übel ist die Verehrung des Selbst?
Ein Übel erfahre ich nur durch mein Selbst.
Frei vom Selbst – welches Übel könnte mich da treffen?

Daher: Wer die Welt zu seinem Selbst macht, soll sie haben.
Wer die Welt als sein Selbst liebt, dem kann man sie anvertrauen.

Kommentar Die üblichen Wertvorstellungen gehen am Wesentlichen vorbei. Stets sind sie nur Ausdruck der eigenen begrenzten Sichtweise. Sobald es einem gelingt aufzuhören, ständig um sich selbst zu kreisen und stattdessen sein Bewusstsein zu erweitern, so dass es die Welt umfasst, wird man frei von Leid sein und auch kein Unglück in die Welt bringen.
Um sein Bewusstsein weit werden zu lassen, ist keine große Disziplin oder meditative Versenkung notwendig. Es genügt schon, die ständig um die eigene Person, die eigenen Vorurteile und Wünsche kreisenden Gedanken mit einem inneren Lächeln loszulassen.

14

Der Blick erblickt es nicht: Sein Name ist Ohnegestalt.
Das Gehör hört es nicht: Sein Name ist Ohneton.
Die Hand greift es nicht: Sein Name ist Ohneraum.

Ununterscheidbar sind dem Verstand die drei,
so verschmelzen sie denn zu dem Einen.
Oben ohne Licht,
unten ohne Dunkel:
Endlos strömt das Namenlose ins Nichts.
Daher nenne ich es:
Gestalt des Ungestalteten, Wesen des Wesenlosen.
Daher nennt man es:
formlos und nebelhaft.
Von vorne sieht man nicht seinen Anfang,
von hinten nicht sein Ende.

Halte dich an das Tao der Alten,
um das Junge zu leiten.
Erkenne den Urgrund.
Das nenne ich den Inbegriff des Tao.

Kommentar Das Tao ist mit dem rationalen Verstand nicht erfassbar. Das bedeutet jedoch nicht, dass man es überhaupt nicht erfassen kann: Durch Bilder, Poesie oder meditative Naturbetrachtung gelingt das sogar leicht.

Alles Reden über das Wesentliche führt in die Irre, wenn man die Worte wörtlich nimmt und nicht bildlich. Die Worte, mit denen man das Tao, den Lebenssinn, die Naturkraft usw. beschreibt, müssen widersprüchlich wirken, wenn sie treffend sein sollen. Sind sie eindeutig und klar, erfassen sie nicht das Eigentliche. Es ist wichtig, das rationale Denken auch dann und wann loslassen zu können.

15

Die großen alten Meister des Tao:
durchdringender Geist, geheimnisvolle Intuition.
Tief, so tief, unbegreiflich tief.
Und da sie unbegreiflich sind,
kann ich nur ihr Tun beschreiben:
zögernd wie beim Durchschreiten eines Winterflusses,
achtsam wie aus Rücksicht gegenüber den Nachbarn,
zurückhaltend wie als Gast einer Gesellschaft,
vorsichtig wie beim Überschreiten schmelzenden Eises,
schlicht wie ein unbehauenes Holzscheit,
weit wie ein weites Tal,
undurchdringlich wie tiefes Wasser.

Wer vermag, ruhig zu warten, bis sich das Trübe geklärt hat,
wer vermag, bedachtsam sich zu regen, bis das Dauerhafte wächst?
Jene, die das Tao der Alten bewahren, begehren nicht im Übermaß.
Wer nicht im Übermaß begehrt,
kann, ohne sich zu erneuern, Vollendung erreichen.

Kommentar Der Weg zur wahren Zufriedenheit, zu Erfolg und Gelassenheit kann nicht wie ein Weg auf einer Landkarte eindeutig und klar beschrieben werden. Doch er hat einige wichtige Merkmale, die ihn kennzeichnen: Achtsamkeit, Bescheidenheit, Einfachheit und Offenheit. Wenn wir uns an diese vier Eigenschaften halten, wird uns alles einfacher fallen. So kommen wir leichter in Einklang mit dem Tao, mit unserer wahren Natur.

16

Die Vollkommenheit der Leere erreichen,
die Fülle der Ruhe bewahren,
die zehntausend Dinge werden lassen:
Auf diese Weise erkenne ich den ewigen Wandel.

So vielfältig die zehntausend Dinge auch sind,
ein jedes kehrt zurück zum Ursprung.
Zum Ursprung zurückkehren heißt, vollkommenen Einklang finden.
Vollkommenen Einklang finden heißt, seine Bestimmung erkennen.
Seine Bestimmung erkennen heißt, Unsterblichkeit erlangen.
Unsterblichkeit erlangen heißt, wahre Einsicht gewinnen.
Wer nicht Unsterblichkeit erlangt, wirkt blind und sinnlos Unheil.
Wer Unsterblichkeit erlangt, bewahrt Geduld,
wer Geduld bewahrt, übt Gerechtigkeit,
wer Gerechtigkeit übt, ist dem Himmel ähnlich,
wer dem Himmel ähnlich ist, wird eins mit dem Tao.

Unsterblich im Tao: Gefahrlos in die Tiefe dringen.

Kommentar Hinter der Vielfalt der einzelnen Erscheinungen der Welt steht letztlich eines – dieses Eine, das Tao, ist jedoch unfassbar und nicht logisch zu erklären. Daher kommen wir nur in Einklang mit dem Tao, wenn wir unseren Geist der Vielfalt öffnen, ohne Hektik, sondern mit Geduld vorgehen, nicht mit vorgefassten Ansichten, sondern mit Unvoreingenommenheit in die Welt blicken.

17

Der große Herrscher bleibt fast unbemerkt,
ein geringerer Herrscher wird geliebt und verehrt,
ein noch geringerer Herrscher wird gefürchtet,
und ein noch geringerer als dieser verlacht.

Wer nicht vertraut,
dem kann man nicht vertrauen.
Der wahre Herrscher achtet nicht auf Worte.
Er vollbringt seine Taten:
und wie von selbst getan erscheinen sie den Menschen.

Kommentar Je mehr man sich in Geschäftigkeit verstrickt und versucht, die Welt zu lenken, desto eher wird man versagen. Das liegt daran, dass die Zusammenhänge und Wechselbeziehungen in der Welt von unserem begrenzten Verstand nicht durchschaubar oder gar steuerbar sind. Kleine Taten zum rechten Zeitpunkt und nach gründlicher Beobachtung und Überlegung, mit Bedachtsamkeit ausgeführt, können große und positive Wirkungen haben.
Es ist ein Irrtum zu glauben, dass wir immer »machen« müssten, um unsere Ziele zu erreichen und Erfolg zu haben. Ruhe, Gelassenheit und Geduld führen weitaus eher zum Ziel.

18

Vergessen wurde das große Tao:
so entstanden Sitte und Moral.
Hinzu kamen Klugheit und Schlauheit:
so entstand die große Heuchelei.
Gebrochen ward der Einklang der Familie:
so entstanden Ehrfurcht und Pflichtgefühl.
Im Aufruhr lag der Staat zerrüttet:
so entstanden neue Patrioten.

Kommentar Die ganzen Gedankengebäude und Konstruktionen, die sich die Menschen schaffen, sind allesamt nur ein dürftiger Ersatz für die Natürlichkeit. Wozu brauchten Menschen Moralbegriffe, wenn sie sich nicht schon von ihrer eigenen Natur weit entfernt hätten? Ein in sich ruhender, zufriedener Mensch braucht keine Sitte und Moral – er wird ohnehin niemals das Bedürfnis verspüren, seinen Mitmenschen zu schaden, nichts wird ihm ferner liegen, als Kriege anzuzetteln, Wälder abzuholzen, Luft und Wasser zu vergiften oder anderen seine Meinung aufzudrängen.

19

Legt ab die Heiligkeit, befreit euch vom Wissen,
so wird den Menschen hundertfacher Nutzen.
Legt ab die Güte, befreit euch von der Moral,
so werden die Menschen sich natürlich lieben.
Legt ab die Geschicklichkeit, befreit euch von Gewinnsucht,
so wird es keine Diebe geben.

Wenn dieser dreifache Rat nicht genügen will,
so haltet euch an dieses:
Schlicht wie ein unbehauenes Holzscheit werden,
die Selbstbezogenheit mindern und wenig begehren.

Verwirf das Gelernte, und du wirst frei von Sorgen sein.

Kommentar Die Werte, die in der Gesellschaft viel gelten, wie Tugendhaftigkeit, Gelehrtheit, Güte, Geschicklichkeit usw., sind alle zwar auf den ersten Blick positiv – aber warum müssen diese Werte als Verhaltensnormen aufgestellt werden? Doch nur, weil sich die Menschen auf vielfältige Abwege begeben und nicht ihre wahren Bedürfnisse und ihr eigentliches Wesen verwirklichen.
Finden wir zur Natürlichkeit und Einfachheit zurück, braucht es die Forderungen nach Tugendhaftigkeit, Gelehrsamkeit, Güte oder Geschicklichkeit nicht: Ein jeder tut das, was ihm gemäß ist, und es gibt keine Notwendigkeit, Menschen zu einem Verhalten anzuhalten, das sie nicht von sich aus an den Tag legen.

20

Zustimmung und Kriecherei – ist
da ein großer Unterschied?
Gut und Böse – ist da ein großer
Unterschied?
Einer soll das ehren, was alle
ehren?
Wie unsinnig, wie unbedacht!

Die Menge tummelt sich ausge-
lassen,
als gäbe es ein großes Opfer,
als zögen sie zum Frühlingsfest.
Ich hingegen ruhe still und
unberührt,
gleich einem kleinen Kind, das
noch
nichts weiß,
gleich einem, der nicht weiß, wo
seine Heimat liegt

Die Menschen besitzen mehr, als sie
brauchen,
ich hingegen verschwende all
meinen Besitz,
habe das leere Bewusstsein des
Narren.
Die Menschen sind hell und klar,
ich hingegen dunkel und
verworren.
Die Menschen sind schlau und
gerissen,
ich hingegen dumm und einfältig,
unruhig wie das Meer,
ziellos wie der Wind.

Die Menschen haben ihren Nutzen,
ich hingegen bin nutzlos.
Ich bin anders als die anderen:
Doch die große Mutter nährt mich.

Kommentar Immer wieder wird versucht, die Menschen gleichzumachen – in politischen Systemen, in Religionen, durch Sitten und Gebräuche und gesellschaftliche Zwänge. Die Menschen sind aber verschieden; wenn alle dasselbe tun oder denken sollen, werden die meisten darunter leiden.

Die Gleichmacherei beruft sich meist auf Nützlichkeit. Doch was ist so gut daran, nützlich zu sein? Ein gerade gewachsener Baum mit gutem Holz wird gefällt, weil er nützlich ist. Die verwachsene, krumme Bergkiefer dagegen hat keinen Nutzen und kann daher ungestört leben.

21

Die große Wahre Kraft
folgt immer dem Tao.

Das Tao wirkt wie ein Wesen,
doch gestaltlos und ungreifbar.
Gestaltlos und ungreifbar:
und doch sind in ihm alle Bilder.
Gestaltlos und ungreifbar:
und doch sind in ihm alle Wesen.
Dunkel und unergründlich:
und doch ist in ihm alle Energie.
Die Energie ist Wirklichkeit,
sein Zentrum ist Wahrheit.
Aus alter Zeit wurde sein Name überliefert:
er war der Anfang aller Dinge.
Woher weiß ich denn,
dass er der Anfang aller Dinge war,
wenn nicht dadurch?

Kommentar Die Wahre Kraft ist ein Geheimnis des Tao. Einem Menschen, der dem Tao folgt, wird vieles möglich, was andere für unmöglich halten. Doch was ist das Tao? Immer wieder wird diese Frage gestellt – doch sie ist nicht wirklich zu beantworten. Einerseits ist das Tao die Natur; doch sie wirkt mitunter wie ein Lebewesen mit einem eigenen Willen. Und doch ist dieses Wesen unfassbar – aber es umfasst alle Dinge und alles Sein.

22

Im Unterwerfen sich ganz bewahren,
im Sich-Beugen gerade halten,
in der Leere Fülle haben,
in der Erschöpfung sich erfrischen,
in der Armut empfangen
im Überfluss verströmen.

So ist der Weise, der dem Tao folgt,
und wird dem Volk zum Vorbild.
Er will nicht glänzen und wird erleuchtet,
er will nicht richten und wird zum Richtmaß,
er rühmt sich nicht und wird zum Helden,
er stellt sich selbst zurück und wird erwählt.
Weil er sich mit niemandem misst,
kann sich keiner mit ihm messen.

Wenn es in alter Zeit hieß: »Im Unterwerfen sich ganz bewahren«,
waren das wahrhaftig keine leeren Worte.
Wer sich ganz bewahrt,
erlangt Vollkommenheit.

Kommentar Man kann bei allem, was man tut, man selbst bleiben – dann wird man stets das Angemessene tun, ohne sich dabei zu verbiegen. Sobald man damit beginnt, sinnlose Wettkämpfe mit anderen auszutragen, um seinem Selbst zu schmeicheln oder Vorteile zu erlangen, wird man in den Strudel verderblicher Geschäftigkeit gezogen.

23

Die Natur macht nicht viele Worte:
Ein Wirbelwind dauert nicht den ganzen Morgen,
ein Regenguss dauert nicht den ganzen Tag.

Wer aber macht Wirbelwind und Regenguss?
Himmel und Erde.
Wenn nun Himmel und Erde ihnen nicht Dauer verleihen:
Um wie viel weniger vermögen es die Menschen?

Wer indes dem Tao folgt,
wird eins mit dem Tao.
Wer der Wahren Kraft folgt,
wird eins mit der Wahren Kraft.
Wer beide verliert,
wird eins mit dem Verlust.

Wer eins wird mit dem Tao,
zu dem kommt das Tao.
Wer eins wird mit der Kraft,
zu dem kommt die Kraft.
Wer eins wird mit dem Verlust,
zu dem kommt Verlust.

Kommentar Alles ist in stetem Wandel begriffen – das können wir aus der Beobachtung der Natur lernen. Welche Vermessenheit ist es, wenn Menschen annehmen, sie könnten etwas Unbewegtes und Dauerhaftes schaffen.
Eine ganz andere Art von Unveränderlichkeit entsteht, wenn man dem Tao folgt: ein dynamisches Gleichgewicht. Wer dem Tao folgt, dem gelingt das, was er tut, weil er es im Einklang mit seiner Natur tut. Wer hingegen Angst vor Verlust hat und stets versucht, das Bestehende zu festigen, wird Verlust erfahren.

24

Auf Zehenspitzen steht man nicht sicher.
Mit gespreizten Beinen geht man nicht weit.
Zur Schau sich stellend wird man übersehen.
Im Rechthabenwollen wird man überhört.
Mit Eigenlob kann man keine Heldentaten belegen.
Durch Prahlerei wird man nicht aufsteigen.

Was das Tao angeht, bedeutet das:
sich voll stopfen, statt zu essen,
wie ein Pfau schreiten, statt zu gehen,
das ist doch allen Wesen zuwider.
Wer also dem Tao folgt,
nimmt davon Abstand.

Kommentar Es entsteht nur selten etwas Gutes daraus, wenn man sich selbst in den Mittelpunkt stellt, seine Taten selbst lobt und als etwas Besonderes gelten will. Anstatt der Bewunderung der anderen Menschen wird man eher erreichen, dass sie einen verachten und dementsprechend behandeln.
Überhaupt ist es von Nachteil, sein Selbst zu sehr zu beachten: Wer sich im Übermaß den Bauch füllt, wird träge, fett und krank; wer sein Äußeres im Übermaß zur Schau stellt, wird eitel und leidet darunter, dass er älter wird; wer seinen Geist mit Wissen im Übermaß füllt, wird eingebildet und verliert den Blick für das Wesentliche und das Mitgefühl mit den einfachen Menschen.

25

Es gibt etwas, das vor dem
Urzustand war,
noch früher als Himmel und Erde,
so still, so weit,
so in sich ruhend, unwandelbar,
so unermüdlich kreisend.
Die Urmutter kann man es nennen.

Doch kenne ich seinen Namen
nicht,
ich sage: Tao.
Und wenn ich es beschreiben muss,
nenne ich es: groß.

Groß, weil es ewig fließend ist,
ewig fließend, weil es sich stets
entzieht,
und weil es sich stets entzieht,
kehrt es stets zurück.

Daher ist das Tao groß,
daher ist der Himmel groß,
daher ist die Erde groß.
Auch das Edle Bewusstsein ist
groß.
Es gibt vier große Dinge,
und eines davon ist das Edle
Bewusstsein.

Der Mensch folgt der Erde,
die Erde dem Himmel,
der Himmel dem Tao.
Das Tao sich selbst.

Kommentar Dem Tao nähern kann man sich nur in der Versenkung, durch intuitives Verstehen und durch Bilder. Auch Worte können Bilder sein – nur darf man die Worte nicht allzu wörtlich nehmen, sondern muss sie auf sich wirken lassen.
Das menschliche Bewusstsein ist etwas Großartiges, wenn es alle seine Möglichkeiten nutzt und sich nicht allein auf die Rationalität beschränkt.

26

Das Schwere ist die Wurzel des Leichten.
Die Stille ist die Herrin der Unruhe.

So wandert der Weise tagelang.
Nie verliert er sein Fuhrwerk aus dem Blick,
wie wunderbar auch die Dinge ringsumher:
Er bleibt ruhig und gelassen.

Wie kann ein machtvoller Herrscher
die Welt auf die leichte Schulter nehmen?
Tut er das, so verliert er seine Wurzel,
ist er voll Unruhe, verliert er die Herrschaft.

Kommentar Menschen neigen leicht dazu, dogmatisch zu sein und die Welt in Schwarz und Weiß, in Gut und Böse, in Richtig und Falsch aufzuteilen. Dadurch können sie aber nur einen Bruchteil des Wirklichen erkennen und schränken sich selbst ein. Auch der Goldene Mittelweg kann zu einem Dogma werden – manchmal ist auch die Mitte ein Extrem, wie ein Berggipfel zwischen zwei Tälern.

Es ist eben nicht leicht in Worte zu fassen. Es gibt keine Rezepte für das richtige, dem Tao gemäße Handeln. Offenheit allem gegenüber, Flexibilität und geistige Beweglichkeit lassen einen den besten Weg erkennen.

27

Gut wandern heißt, keine Spuren hinterlassen.
Gut reden heißt, sich nicht versprechen.
Gut rechnen heißt, ohne Rechentafel auskommen.
Gut schließen heißt, ohne Riegel verschlossen bleiben.
Gut fesseln heißt, ohne Strick unlösbar binden.

So kümmert sich der Edle Mensch um die anderen,
keiner ist ihm gleichgültig.
So kümmert sich der Edle Mensch um die Dinge,
keines ist ihm gleichgültig.
Dies nennt man: doppelte Erleuchtung.
Der Gute ist der Meister des Unguten,
der Ungute ist eine Übung für den Guten.

Wer seinen Lehrer nicht achtet,
wer seine Übung nicht liebt,
wird trotz Klugheit sich verirren.

Das nenne ich: Wesentliches Geheimnis.

Kommentar Gelassenheit ist nicht dasselbe wie Gleichgültigkeit. Alles hat seinen eigenen Wert – wenn man das erkennt, wird man allem mit Liebe begegnen können. Zunächst ist es ja nur natürlich, dass man den Dingen, die einem nicht gleichgültig sind, nicht völlig gelassen gegenüberstehen kann. Doch das eine hat nicht unbedingt etwas mit dem anderen zu tun. Wenn man gelassen bleibt, ist es überhaupt erst möglich, alle Dinge mit Liebe zu betrachten.

28

Um das Männliche wissen,
das Weibliche bewahren:
So wirst du zum Strom der Welt.
Wirst zum Strom der Welt,
den nie die Wahre Kraft verlässt:
Heimfinden in die Kindheit.

Um das Lichte wissen,
das Dunkle bewahren:
So wirst du zum Maß der Welt.
Wirst zum Maß der Welt,
das nie die Wahre Kraft verlässt:
Heimfinden zur Unendlichkeit.

Um das Ruhmvolle wissen,
das Ungerühmte bewahren:
So wirst du zum Blütental der Welt.
Wirst zum Blütental der Welt,
das immer voll der Wahren Kraft:
Heimfinden zum Einfachen.

Das Einfache zerteilt,
wird zum Werkzeug.
Der Weise gebraucht es
zum Nutzen des Volkes.
In der Tat:
Das Große braucht keine
Zerteilung.

Kommentar Alles hat zwei Seiten und kann völlig unterschiedlich gesehen werden. Eine einseitige Betrachtungsweise wird jedoch selten etwas Positives bewirken – weitaus besser ist es, stets das Ganze im Auge zu behalten. Gerade bei den Dingen, von denen man eine bestimmte Meinung hat, an die man glaubt, die einem als selbstverständlich erscheinen, wird man viel gewinnen können, wenn man versucht, sie von einem ganz anderen Standpunkt aus zu betrachten. Wenn es einem gelingt, das Ganze wirklich zu sehen, so wird man schnell erkennen, dass schon die Unterscheidung in zwei Seiten etwas sehr Künstliches hat – sie ist nur ein unzureichendes Hilfsmittel für die Menschen, die es nach Ordnung und Unterscheidung verlangt. Das Überwinden der Unterscheidung aber führt zur wahren Erkenntnis.

29

Will einer die Welt erobern und lenken,
dem sage ich: Du mühst dich vergebens!

Die Welt ist von Geist durchwebt,
sie bedarf nicht der Lenkung.
Wer in ihren Lauf eingreift, zerstört sie.
Wer sie erobern will, verliert sie.
So ist die Welt:
Manche führen, manche folgen,
manche sind laut, manche still,
manche sind stark, manche schwach,
manche erschaffen, manche zerstören.

Daher verwirft der Weise
das Übergroße,
das Überflüssige,
das Übermäßige.

Kommentar Der Glaube, dass man ständig in den Lauf der Dinge eingreifen muss, um das Beste herbeizuführen, führt nur in die Irre. Die Konsequenzen unserer Handlungen sind ja letztendlich gar nicht vorhersehbar – ebenso oft wie Gutes kann Schlechtes daraus entstehen. Wer dem Tao folgt, greift so wenig wie möglich in das natürliche Geschehen ein, bleibt still und gelassen und hält sich von Extremen fern – so gelingt ihm alles wie von selbst.

30

Wer dem Herrscher dient im Sinne des Tao,
wird nicht raten, Gehorsam mit Waffen zu erzwingen,
denn nur zu leicht fällt der Schlag auf den Schlagenden zurück.

Wo das Heer einst stand,
wuchern nunmehr Dornen,
denn hinter einem großen Heer
zieht der Hunger durchs Land.

Der Edle Mensch sucht die Entscheidung – und damit genug.
Er begehrt nicht, bei der Gewalt zu verweilen.
Er siegt, ohne zu prahlen.
Er siegt, ohne zu fordern.
Er siegt, ohne sich zu brüsten.
Nur weil er nicht anders kann, siegt er,
nicht um einen Sieg zu erringen.

Die Gewalt des Starken gegen den Schwachen
entspricht nicht dem Tao.
Was nicht dem Tao entspricht, endet früh.

Kommentar Gewalt, zumal deren übelste Spielart, der Krieg, zieht stets Leid und Unglück nach sich. Nun mag es Situationen geben, in denen Gewalt sich als notwendig und unabwendbar erweist – wenn diese Situationen auch wesentlich seltener sind, als gemeinhin angenommen wird. Doch wenn dies einmal der Fall ist, muss getan werden, was getan werden muss – aber nicht mehr als das. Ein Sieg kann niemals ein Triumph oder ein Anlass zur Freude sein.

31

Waffen sind üble Werkzeuge,
je besser sie sind, desto übler,
verhasste Unheilsbringer.

Wer dem Tao folgt, wendet sich von ihnen ab.
Der Edle Mensch: Im Frieden ehrt er die friedliche Linke,
nur wenn er die Waffe braucht, ehrt er die kämpferische Rechte.
Waffen sind üble Werkzeuge,
kein Werkzeug des Edlen Menschen.
Wenn Waffen unvermeidlich sind,
bleibt der Edle Mensch zurückhaltend.
Der Sieg ist ihm kein Grund zur lauten Freude,
denn wer sich des Sieges freut,
freut sich am Morden.
Wer sich aber am Morden erfreut,
wird nie sein Ziel erreichen.

Kommentar Wozu dienen Waffen, denn zum Töten und Leid zufügen? Auch *Verteidigungs*waffen sind zumeist Mordwerkzeuge. Wenn es einmal tatsächlich nicht anders geht, als Waffen zu gebrauchen, sollten sie so vorsichtig und so wenig wie möglich eingesetzt werden. Die Freude an Waffen zieht die Freude am Gebrauch der Waffen, die Freude am Gebrauch von Waffen die Freude am Töten nach sich. Über einen mit Waffen errungenen Sieg zu jubeln heißt, sich an Schmerz, Tod und Leid zu erfreuen. Das kann nicht gut sein.

32

Ewig ist das Tao, namenlos.
Einfach wie ein rohes Holzscheit – und doch:
Nichts in der Welt kann es beherrschen.

Könige und Fürsten, gelänge es ihnen,
das Einfache eines rohen Holzscheites zu bewahren,
folgten ihnen die zehntausend Dinge von selbst.
Himmel und Erde würden eins,
sanften Regen brächten sie hervor,
die Menschen eins,
zwanglos miteinander in Harmonie.

Mit den Bezeichnungen kommt die Spaltung.
Entstehen Bezeichnungen, so halte ein.
Wer einzuhalten weiß, kommt nicht in Gefahr.

Das Tao in der Welt gleicht dem Meer,
das alle Wasser miteinander verbindet.

Kommentar In Wahrheit ist doch alles so einfach. Aber die Menschen scheinen dazu zu neigen, die Dinge kompliziert und schwierig zu machen. Es heißt, dass die Menschen Regeln, Moral und Gesetze brauchen. Und doch ist selten zu erkennen, dass das Leben durch diese Regeln, Moralvorschriften und Gesetze einfacher, leichter, freudvoller, glücklicher würde. Insbesondere die Mächtigen scheuen das Einfache, weil sie annehmen, sie könnten dadurch verlieren. Doch auch darin irren sie: In Wahrheit würde auch ihnen die Einfachheit nutzen.

33

Wer andere kennt, ist klug;
wer sich selbst kennt, weise.
Wer andere überwindet, ist kraftvoll;
wer sich selbst überwindet, unbesiegbar.

Wer das rechte Maß kennt, ist reich,
wer die rechte Durchsetzungskraft hat, willensstark,
wer den rechten Platz einnimmt, wird bestehen,
wer stirbt und dennoch lebt – der ist unsterblich.

Kommentar Das Äußere zu kennen und zu verstehen ist sicherlich gut. Doch die Kenntnis und das Verständnis des Inneren ist in jedem Falle wichtiger. Bevor man sich nach außen wendet, ist es sinnvoll, sich erst einmal selbst zu erforschen. Wenn man sich selbst kennt, wird es leichter, seiner wahren Natur gemäß zu leben. Lebt man gemäß seiner wahren Natur, wird einem ohne Mühe Erfolg beschieden sein.

34

Das große Tao ist allüberall,
rechts wie links.

Das Werden der zehntausend Dinge hängt von ihm ab,
doch es will keine Macht über sie.
Es tut, was es tut,
doch namenlos, besitzlos.
Es kleidet und nährt die zehntausend Dinge,
doch es gibt sich nicht als ihr Meister.

Ewig begierdelos –
so kann man es gering nennen.
Doch weil ihm die zehntausend Dinge zuströmen
und es nicht Anspruch erhebt, ihr Herr zu sein –
so kann man es groß nennen.
Weil es um seine Größe nicht weiß,
kann es Großes vollbringen.

Kommentar Wenn jemand unbedingt Macht ausüben will, ist er gewiss ungeeignet, Macht auszuüben. Wenn jemand unbedingt groß scheinen will, ist er sicherlich innerlich klein. Wenn jemand von seinen Begierden getrieben wird, wird er stets Unzufriedenheit und Verlust erfahren. Es ist eben so: Sobald der Wille ins Spiel kommt, rücken das Gelingen und der Erfolg in die Ferne. Wer sich von seinem Willen befreit, ohne sein Ziel aus den Augen zu verlieren, wird erfolgreich sein.

35

Wer sich an das große Ur-Bild hält,
zu dem kommen die zehntausend Dinge.
Sie kommen zu ihm und leiden keinen Schaden,
finden Frieden, finden Ruhe, finden Einigkeit.

Musik und Speise
verlocken den verweilenden Wanderer.
Das Tao jedoch: fade für den Gaumen,
unsichtbar fürs Auge,
klanglos fürs Ohr.
Wer aber nach ihm handelt, dem versagt es nichts.

Kommentar Sinnlichkeit ist ein wichtiger Bestandteil des Lebens. Wer nicht genießen kann, lebt nicht wirklich. Allerdings: Wer sich zum Sklaven seiner Sinne macht, wird schließlich seine Sinne nur abstumpfen, die Fähigkeit zum Genuss verlieren und sich nicht weiterentwickeln können. Die wahren Genüsse gehen über das ausschließlich Sinnliche hinaus. Wer seiner wahren Natur folgt, wird sein Leben erst wahrhaft genießen können.

36

Was man zusammendrücken will,
sollte man erst sich ausdehnen lassen.
Was man schwächen will,
erst stark werden lassen.
Was man umstürzen will,
erst sich erheben lassen.
Was man nehmen will,
erst loslassen.

Das nenne ich klare Einsicht:
Das Weiche besiegt das Harte.

Ein Fisch sollte nicht aus der Tiefe aufsteigen,
und der Staat seine Waffenkraft nicht zeigen.

Kommentar Stets das große Ganze im Auge zu behalten führt zum Gelingen. Meist ist es sinnvoll, gerade das, was man wünscht und glaubt, unvoreingenommen zu betrachten. Wenn man diese Übung praktiziert, wird sich das Verständnis für die Welt und das eigene Selbst erweitern; man wird seine wahren Ziele leichter erkennen und schneller erreichen.

37

Das Tao ist tatenlos,
und doch bleibt nichts ungetan.

Könnten Fürsten und Könige sich nach ihm richten,
die zehntausend Dinge würden sich ganz von selbst vollenden.
Sollten sie sich vollenden und dann begehren zu handeln,
mit namenloser Schlichtheit würden sie still gehalten.
Denn die namenlose Schlichtheit ist ohne Begehren.
Ohne Begehren aber herrscht Einklang.
So ordnete sich die Welt von selbst.

Kommentar Die ständige Geschäftigkeit, in die sich die Menschen stürzen, führt nur auf Abwege und bewirkt mehr Schlechtes als Gutes. Es ist nicht im Mindesten notwendig, stets aktiv in den Lauf der Dinge einzugreifen, da die Konsequenzen des Handelns wegen der Unzahl der Wechselwirkungen zwischen den Dingen niemals wirklich vorhersehbar sind. Ohne ständiges Wollen, Tun und Begehren ist es viel leichter, seine Ziele zu erreichen. Mit einer Geisteshaltung der Achtsamkeit und des Nichtbegehrens vollenden sich die Dinge von selbst.

Buch II: Te – Die Wahre Kraft

38

Die höchste Kraft weiß nichts von
der Kraft,
so bleibt die Wahre Kraft erhalten.
Die niedrige Kraft will ihre Kraft
erhalten,
so geht ihre Wahre Kraft verloren.

Die höchste Kraft ist tatenlos,
ihr Tun ist absichtslos.
Die niedrige Kraft will handeln,
ihr Tun ist absichtsvoll.

Höchste Güte handelt,
ihr Tun ist absichtslos.
Höchste Moral handelt,
ihr Tun ist absichtsvoll.
Höchste Sitte handelt,
und wenn jemand nicht folgt,
so droht sie und zwingt.

Geht das Tao verloren, erscheint die
Kraft,
geht die Kraft verloren, erscheint
die Güte,
geht die Güte verloren, erscheint
die Moral,
geht die Moral verloren, erscheint
die Sitte.
So ist die Sitte verkümmertes Ver-
trauen, verkümmerte Treue
und der Anfang der Verwirrung.
So ist Überschlauheit nur schein-
bar eins mit dem Tao
und der Anfang der Torheit.

Daher hält sich der Weise an das
Wirkliche,
nicht an das Oberflächliche,
an das Wirkende, nicht an das
Scheinende.
Das eine nimmt er an, das andere
verwirft er.

Kommentar Dem Willen wird oft eine große Macht zugeschrieben – allerdings völlig zu Unrecht. Die Willenskraft kann bestenfalls den ersten Impuls zum Handeln geben, so wie ein Zündschlüssel das Auto startet. Doch danach wird der Wille nur zum Hindernis und raubt Energie. Die Dinge, die einen wirklich bewegen und das Herz mit Liebe erfüllen, verwirklichen sich umso müheloser, je weniger sie vom Willen eingeschränkt werden. Moral und Sitte üben solche Zwänge aus – und dadurch entsteht der Wunsch, ihnen zuwiderzuhandeln.

39

Diese empfingen einstmals das Tao:

Der Himmel empfing das Tao und ward klar.
Die Erde empfing das Tao und ward still.
Der Geist empfing das Tao und ward mächtig.
Das Tal empfing das Tao und ward erfüllt.
Die zehntausend Dinge empfingen das Tao und wurden schöpferisch.
Herrscher und Fürsten empfingen das Tao und wurden erhaben.
Das alles wird durch das Tao bewirkt.
Der Himmel ohne Klarheit würde bersten.
Die Erde ohne Stille würde beben.
Der Geist ohne Macht würde erstarren.
Das Tal ohne Fülle würde vertrocknen.
Die zehntausend Dinge ohne das Schöpferische würden erlöschen.
Die Herrscher und Fürsten ohne Erhabenheit würden fallen.

Wahrlich: Das Edle stammt vom Geringen ab.
Das Hohe stammt vom Niedrigen ab.
Daher nennen die Edlen sich selbst einsam, verwaist und unwürdig.
Indem sie das tun, bezeichnen sie das Geringe als ihre Wurzel.
Ist es nicht so?

Darum bedarf die höchste Ehre nicht der Würdigung.
Begehre nicht das Funkeln des Juwels, sondern die unscheinbare Rauheit des Steins.

Kommentar Alles Sein kommt durch das Tao. Daher ist alles, wie es sein kann, erst durch das Tao verwirklicht. Um auch dem Tao zu folgen, ist es wichtig, sich klar darüber zu werden, dass das Edle vom Unedlen abstammt und mit ihm zusammenhängt. Daher ist es so, dass das Geringe nicht herabgesetzt werden kann, das Edle nicht gewürdigt werden muss. Das Unscheinbare bewahrt den Frieden. Wer in sich ruht und selbstbewusst ist, der hat es nicht nötig, sich selbst zu rühmen. Ganz im Gegenteil: Je mehr er sich dessen bewusst ist, dass das Hohe und das Niedrige zusammenhängen, desto weniger wird er sich des Geringen schämen.

40

Rückkehr ist die Bewegung des Tao.
Schwäche ist das Wirken des Tao.
Die zehntausend Dinge gingen aus dem Sein hervor.
Das Sein ging aus dem Nicht-Sein hervor.

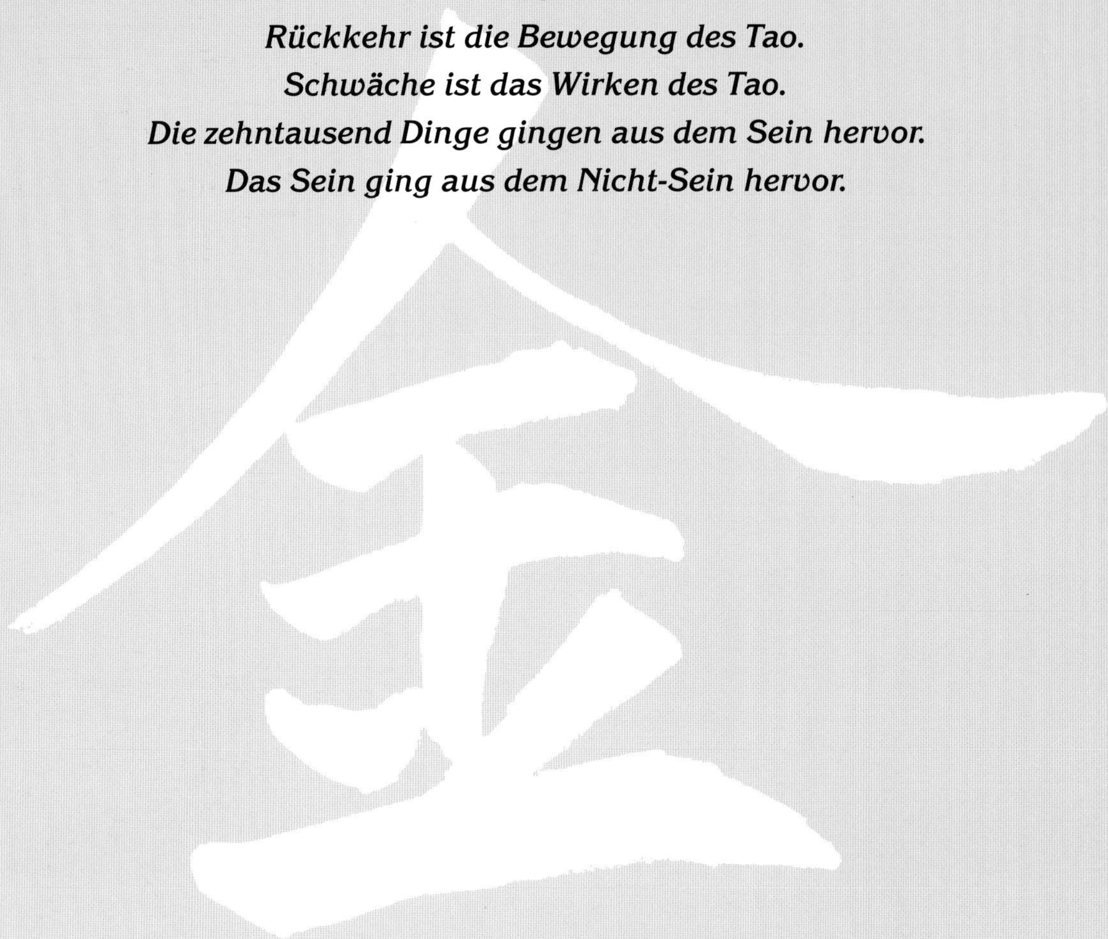

Kommentar Ist nicht das, was gemeinhin »Fortschritt« genannt wird, oft eher ein Rückschritt? Die ganze Betriebsamkeit, das hektische Tun und Treiben, die technologische Entwicklung – haben sie die Menschen glücklicher, zufriedener, weiser und friedvoller gemacht? Wahrer Fortschritt ist es, sich auf das Wesentliche, das Menschliche, das Einfache zurückzubesinnen. Gewiss haben die technischen und kulturellen Errungenschaften es theoretisch möglich gemacht, dass die Menschen sich aus mancherlei Zwängen lösen könnten. Doch in Wirklichkeit ist eben das ja nicht geschehen; ganz im Gegenteil: Das rechte Maß ist verloren gegangen, da die Menschen nicht erkannt haben, wo und wann es Zeit wäre, innezuhalten und sich auf das Eigentliche zu besinnen.

41

Hört ein Weiser vom Tao, strebt er ihm eifrig nach.
Hört ein mittelmäßiger Mensch vom Tao,
erkennt er halb und zweifelt.
Hört ein Unverständiger vom Tao, so lacht er laut darüber.
Lachte er nicht laut – dann war es nicht das eigentliche Tao.

Daher sagten die Alten:
Das klare Tao scheint dunkel.
Das voranschreitende Tao scheint zurückzuweichen.
Das ebene Tao scheint holprig.
Die höchste Kraft scheint gering.
Größte Reinheit scheint befleckt.
Die weitestreichende Kraft scheint kurz.
Die stärkste Kraft scheint unzureichend.
Die feste Kraft scheint hohl.
Das wahre Wesen scheint unaufrichtig.
Das größte Quadrat hat keine Ecken.
Das größte Gefäß füllt sich spät.
Der größte Ton ist unhörbar.
Das größte Bild hat keine Form.

Das Tao ist namenlos verborgen,
und doch ist es das Tao, das alles erhält und vollendet.

Kommentar Das Wesentliche ist nicht dadurch zu erfassen, dass man blindlings der Mehrheit folgt. Weisheit, Erkenntnis und Vernunft sind nicht demokratisch: Wenig Sinn hat es, die Wahrheit durch Abstimmungen ermitteln zu wollen. Ist es nicht oft sogar so, dass man gerade dem, was die Mehrheit als das Rechte ansieht, mit Vorsicht und Zurückhaltung begegnen sollte? Die höchsten Einsichten sind nicht vereinbar mit einem relativ unreflektierten, unbewussten Leben. Daher werden die, die tiefere Einsichten haben, von der Menge zumeist mit Ablehnung, Skepsis oder Hohn betrachtet werden.

42

Aus dem Tao ging die Eins hervor,
aus der Eins die Zwei,
aus der Zwei die Drei,
aus der Drei die zehntausend Dinge.
Die zehntausend Dinge, getragen vom Dunkel, umfangen vom Licht,
vereint durch die allumfassende fließende Kraft.

Einsamkeit, Verlassenheit und Wenigkeit
sind den Menschen zuwider.
Und dennoch wählen Herrscher dies zu ihrem Namen,
denn die Dinge
vermehren sich, verringert man sie,
sie verringern sich, vermehrt man sie.
Ich lehre, was schon andere lehrten:
Der Gewalttätige stirbt keinen guten Tod.
Das ist ein Kernpunkt meiner Lehre.

Kommentar Niemand ist gerne einsam, verlassen oder unbedeutend. Und doch: Wer verzweifelt versucht, der Einsamkeit, dem Verlassensein oder der Bedeutungslosigkeit zu entkommen, gerät nur umso tiefer in sie hinein. Wer mit der Einsamkeit umzugehen weiß, wer keine Angst vor dem Verlassenwerden hat, wer nicht den zwanghaften Drang verspürt, bedeutsam zu erscheinen, dem werden diese drei nichts anhaben können – und er wird weder einsam noch verlassen noch bedeutungslos sein. Etwas mit Gewalt durchsetzen zu wollen, schadet nur.

43

Das Weichste in der Welt,
es überwindet das Härteste,
Das vollkommen Gestaltlose
dringt noch in das Vollste ein.

So erkenne ich den Wert des Nicht-Tuns.

Doch:
Lehre ohne Worte,
Handeln ohne Tun –
selten findet man sie in der Welt.

Kommentar Durch Nachgiebigkeit und Flexibilität wird es leicht, seine wahren Ziele zu erreichen. Durch Härte und Unnachgiebigkeit hingegen wird man sich das Leben unnötig schwer machen. Das hektische Tun, die sinnlose Betriebsamkeit aufgeben: Das führt zu Zufriedenheit, innerer Ruhe und bleibendem Erfolg.

44

Ruhm oder Leben – was gilt mehr?
Leben oder Besitz – was gilt mehr?
Gewinn oder Verlust – was ist schlimmer?

Es ist wohl so:
Viel Begehren, viel Mühsal,
viel Besitz, viel Verlust.
Wer weiß, wann er innehalten sollte,
der kommt nicht in Gefahr,
erlangt Unsterblichkeit.

Kommentar Jede Form des Haben-Wollens, des Gelten-Wollens und des Begehrens zieht Leid, Unzufriedenheit und Rastlosigkeit nach sich. Wer viel begehrt, wird viele unnötige Mühen auf sich nehmen und häufig enttäuscht werden. Wer viel besitzt, wird in ständiger Angst vor Verlust des Besitzes leben. Es ist ratsam, sein Bewusstsein den wesentlichen Dingen des Lebens zuzuwenden. Das heißt nun nicht, dass man ziellos in den Tag hineinleben sollte: Es gilt nur zu wissen, wann es Zeit ist innezuhalten.

45

Die höchste Vollendung gleicht dem Unvollkommenen,
deshalb ist sie unvergänglich.
Die größte Fülle gleicht der Leere,
deshalb ist sie unerschöpflich.

Der gerade Weg erscheint krumm,
wahre Begabung dumm,
vollkommene Beredsamkeit stumm.

Das Bewegte überwindet die Kälte,
das Stille die Hitze.

Klarheit und Stille
bringen die Welt ins Gleichgewicht.

Kommentar Die höchste Vollendung scheint auf den ersten Blick wie Unvollkommenheit, da sie viel mehr beinhaltet, als auf den ersten Blick zu erkennen ist. So kann Computermusik zunächst einmal als sehr vollkommen angesehen werden, da die Töne mit höchster Präzision und Genauigkeit erklingen. Und doch ist sie in Wahrheit sehr unvollkommen, da das Warme und Menschliche fehlt. Erst durch die »Unvollkommenheit« menschlicher Musiker erlangt Musik die höchste Vollendung.

46

Ist die Welt erfüllt vom Tao,
tragen Rennpferde den Dung aufs Feld.
Ist die Welt entleert vom Tao,
züchtet man Schlachtrosse auf dem Feld.

Kein Übel ist größer als das Begehren,
kein Makel schwerer als die Unmäßigkeit,
kein Fehler schlimmer als die Habsucht.

In der Tat:
Wer genügsam ist, hat stets genug.

Kommentar Herrschen Zufriedenheit und Glück, werden einfache Dinge getan, die dem Leben dienen. Kein Mensch kommt dann auf den Gedanken, Krieg zu führen, zu erobern oder anderen seinen Willen aufzuzwingen. Gehen Zufriedenheit und Glück verloren, verirren sich die Menschen in Tätigkeiten, die ihnen Unglück bringen und sie unzufrieden machen. Drei Kräfte gibt es, die vor allen anderen den Keim allen Übels in sich tragen: Wollen, Unmäßigkeit und Gier. Reich ist der, der genug hat.

47

Ohne das Haus zu verlassen,
die Welt kennen,
ohne aus dem Fenster zu sehen,
das Tao des Himmels begreifen.

Je weiter man hinausgeht,
desto geringer das Verständnis.

Daher geht der Weise nicht hinaus
und weiß doch,
sieht nicht hinaus
und begreift doch,
handelt nicht
und vollendet doch.

Kommentar Weisheit ist nicht zu erlangen, indem man sich mit den vielfältigen Irrungen und Wirrungen der Welt befasst. Viele Menschen wollen informiert sein, häufen nutzloses Wissen an, beschäftigen sich mit den tagespolitischen Ereignissen, lesen täglich die Zeitung, sehen dreimal täglich die Nachrichten im Fernsehen: Doch erfahren sie dabei nichts, das für ihr Leben wesentlich ist, was sie glücklicher und zufriedener macht und ihnen innere Ruhe verschafft. Es ist eher so, dass die alltäglichen Schreckensmeldungen ihnen ein verzerrtes Bild der Welt vermitteln, sie in jedem Fall aber unzufriedener und unruhiger machen.

48

Wer der Gelehrsamkeit folgt,
weiß jeden Tag mehr.
Wer dem Tao folgt,
weiß jeden Tag weniger.
Jeden Tag vermindert er und verlernt,
bis er beim Nicht-Tun angelangt ist.

Beim Nicht-Tun angelangt bleibt nichts ungetan.
Die wahre Herrschaft über die Welt
erlangt nur, wer frei von Geschäftigkeit.
Die Geschäftigen sind nicht fähig,
die wahre Herrschaft über die Welt zu erlangen.

Kommentar Das Anhäufen von Wissen, oder besser gesagt von Fakten, bringt die Menschen nicht wirklich weiter. Jedes Konversationslexikon beinhaltet doch mehr Faktenwissen, als wir jemals unserem Geist einprägen können. Was können wir hoffen zu gewinnen, wenn wir versuchen, es einem Lexikon oder Computer gleichzutun? Wahres Wissen ist etwas ganz anderes und kann nicht durch angestrengtes Einprägen von Daten, Fakten und Zahlen gewonnen werden. Deshalb kann wirkliches Wissen oft wie Unwissenheit scheinen. Sinnvolles Tun ist fern von Geschäftigkeit.

49

Das Herz des Weisen ist nicht abgeschlossen;
es nimmt die Herzen aller Menschen in sich auf.

Er ist gut zu den Guten,
er ist gut zu den Unguten –
so vermehrt er die Güte.
Er vertraut den Vertrauenswürdigen,
er vertraut den Nicht-Vertrauenswürdigen –
so vermehrt er das Vertrauen.

Der Weise nimmt die Welt in sich auf
und wird eins mit ihr.
Die Menschen sehen ihn, hören ihn
und sind wie Kinder vor ihm.

Kommentar Wer sein Herz der Welt mit Liebe öffnet, wird dem mitunter seltsamen Treiben und Tun der Menschen mit mehr Verständnis und Gelassenheit gegenübertreten. Er wird von Hass, Verachtung, Rachegefühlen oder dem Drang, der Welt seinen Willen aufdrängen zu wollen, unberührt bleiben. Seine Güte und sein Vertrauen werden keine Tauschgeschäfte sein, sondern ein Teil seines Wesens. Wer im Reinen mit sich selbst und der Welt ist, wird alle Ausdrucksformen des Lebens als Teil des Ganzen und letztlich als unwesentlich begreifen und keine Wut oder Unzufriedenheit verspüren. Stets bleibt er gelassen, gütig und vertrauensvoll; denn nur durch Güte kommt das Gute in die Welt.

50

Dort der Tod, hier das Leben:
Einer von dreien gehört dem Leben,
einer von dreien dem Tod,
einer von dreien lebt, aber strebt dem Tod entgegen.

Warum ist das so?
Weil er das Leben zu sehr beachtet.

Doch jener, der sein Leben auf die rechte Weise lebt,
reist durchs Land und bleibt verschont von Einhorn oder Tiger,
ohne Waffe schreitet er mitten durch das feindliche Heer.

Keine Stelle, in die das Einhorn stoßen könnte,
keine Stelle, in die der Tiger schlagen könnte,
keine Stelle, die der Feind verwunden könnte.

Warum ist das so?
Weil er den Tod nicht beachtet.

Kommentar Das Leben achten, aber sich nicht verzweifelt daran klammern; um die Realität des Todes wissen, aber nicht in beständiger Furcht leben – das macht das Leben frei und den Geist ruhig. Erst dann ist es möglich, sein Leben wahrhaft zu genießen. Wer sich ins Leben stürzt, ohne den Tod zu beachten, zieht Unglück auf sich. Wer in steter Angst vor dem Tod lebt, wird das Leben nicht wirklich leben. Wer lebt und sich nach dem Tod bzw. einem vermuteten Leben danach sehnt, verliert die Achtung vor dem Leben. Leben und Tod gehören zusammen.

51

Das Tao schafft,
die Wahre Kraft erhält.
Die Welt der Dinge gestaltet,
die Energie der Dinge vollendet.

Die zehntausend Wesen
achten das Tao, ehren die Kraft.
Das Tao achten, die Kraft ehren:
Niemand befiehlt es,
es geschieht ganz von selbst.
So ist es also:
Das Tao schafft und die Wahre Kraft erhält:
Wachstum und Werden,
Reife und Vollendung.

Daher schafft der Weise, ohne zu besitzen,
handelt, ohne etwas zu erwarten,
schützt, ohne zu herrschen.
Das nennt man: Tiefe Kraft.

Kommentar Alles, was ist, ist in der Natur und durch die Natur. Alles, was ist, folgt den Wegen der Natur. Nun macht es jedoch einen gewaltigen Unterschied, ob man sich dessen bewusst ist und sein Leben gemäß seiner Wesensnatur lebt oder ob man mit den Dingen, wie sie sind, hadert und versucht, seiner Natur entgegenzuhandeln. Selbstverständlich ist es gar nicht wirklich möglich, gegen die Natur zu handeln. Die Naturgesetze sind keine Regeln, die einzuhalten jemand fordert. Die Dinge geschehen, wie sie geschehen. Sinnvoll ist es, mit dem Wirken der Natur in Einklang zu stehen, dem Tao zu folgen. Vergeblich ist es, das Unmögliche tun zu wollen – dadurch schafft man nur Unzufriedenheit, Unrast und macht sich das Leben schwer.

52

Die Welt hat einen Anfang:
Man nennt ihn Urmutter der Welt.
Wer die Mutter versteht,
versteht auch ihre Kinder.
Ihre Kinder verstehen heißt,
nah bei der Mutter verweilen –
so wird das Leben frei von Leid.

Den Mund nicht öffnen,
die Sinnespforten schließen –
so wird das Leben frei von Mühe.
Den Mund auftun,
die Geschäftigkeit einlassen –
so wird das Leben hoffnungslos.

Das Kleine erkennen:
das ist Erleuchtung.
Das Schwache bewahren:
das ist Stärke.
Das innere Licht nutzen,
um zur Erleuchtung zu gelangen
und das Leid dauerhaft zu überwinden:
Das bedeutet, dem Tao zu folgen.

Kommentar Die Natur und ihr Wesen erfassen und verstehen: Das bringt Freude, Gelassenheit und Friedfertigkeit mit sich. Lebt man in Einklang mit dem Tao, wird das Leben leicht. Ständig fruchtlose Gedanken denken, sich in Streit und Diskussionen verstricken, mit dem Lauf der Dinge hadern: Das macht unzufrieden, aggressiv und das Leben schwer. Nicht das Große und Starke macht das Leben lebenswert, sondern das Kleine und Schwache. Alles Große und Starke wurzelt im Kleinen und Schwachen. Wer das Leid in der Welt überwindet und verringert, dessen Leben ist mit Sinn erfüllt.

53

Geringes Wissen haben, doch dem Tao folgen:
Nichts wäre zu fürchten, als den Weg zu verlieren.
Der Pfad des Tao ist völlig gerade,
doch die Menschen lieben die Umwege.

Der Palast mit Schätzen gefüllt,
doch verwildert die Felder,
leer die Kornspeicher.
Die Reichen in prachtvollen Gewändern,
mit Schmuck und glänzenden Schwertern.
Sie fressen und saufen im Übermaß,
horten Schätze und Besitz.

Dieberei und Prahlsucht ist das,
gewiss nicht der gerade Pfad des Tao!

Kommentar Wie einfach könnte das Leben sein! Die Menschen wären glücklich, zufrieden, frei und friedvoll, begäben sie sich nicht durch Wollen, Unmäßigkeit und Gier in selbstgeschmiedete Fesseln. Wer erkennt, dass diese drei Übel sein Leben nur schwer machen, würde sie leicht und freudig ablegen. Sobald es gelingt, seine wahren Ziele zu erkennen und in Einklang mit seiner wahren Natur zu kommen, wird einem alles mit Leichtigkeit gelingen.

54

Was feste Wurzeln hat, wird nicht ausgerissen;
was festen Halt hat, wird sich nicht lösen:
Daher werden die Ahnen von ihren Nachkommen geehrt.

Wirkt Wahre Kraft für das Innere Selbst,
wird sie verwirklicht.
Wirkt Wahre Kraft für die Familie,
wird sie vermehrt.
Wirkt Wahre Kraft für die Gemeinschaft,
wird sie groß.
Wirkt Wahre Kraft für das Land,
wird sie Früchte tragen.
Wirkt Wahre Kraft für die Welt,
wird sie alles durchdringen.

So wird das Selbst am Selbst gemessen,
die Familie an der Familie,
die Gemeinschaft an der Gemeinschaft,
das Land am Land,
die Welt an der Welt.

Wie erkenne ich diese Beschaffenheit der Welt?
Dadurch, dass das Tao in mir ist.

Kommentar Wer gemäß seiner wahren Natur lebt, wer dem Tao folgt, hat einen festen Halt im Leben, der durch nichts zu erschüttern ist. Was könnte einen erschüttern, der im Bewusstsein der Einheit mit dem großen Ganzen lebt? Aus dieser Einheit erwachsen Kräfte, die anderen Menschen mitunter als geradezu übernatürlich erscheinen – doch sind sie nichts weniger als das: Sie sind gerade die Folge eines Lebens im Einklang mit dem Tao.

55

Der die Fülle Wahrer Kraft bewahrt
gleicht dem neugeborenen Kind:

Giftiges Gewürm beißt es nicht,
wilde Tiere reißen es nicht,
Raubvögel schlagen es nicht.

Biegsam die Knochen,
weich seine Muskeln,
doch kraftvoll sein Griff.

Unbekannt ist ihm das Liebesspiel,
doch sein Geschlecht zeigt sich
bereits;
ungemindert ist die Lebenskraft.

Den ganzen Tag Geschrei,
doch wird es niemals heiser;
ungemindert ist der Einklang.
Einklang erreichen heißt:
von Dauer sein.
Von Dauer sein heißt: Erleuchtung
erlangen.

Mit Gewalt das Leben mehren
heißt: Unheil.
Die Lebenskräfte bezwingen wollen
heißt: Gewalt.
Die Kraft missbrauchen heißt:
Verfall.
So handelt man dem Tao zuwider.
Dem Tao aber zuwiderzuhandeln
heißt:
ein frühes Ende finden.

Kommentar Ein neugeborenes Kind ist in Einklang mit dem Tao: Es tut nur das, was ihm wesensgemäß ist. Es will nicht anhäufen, nichts erzwingen, es begehrt nicht, als groß zu gelten. Es ist flexibel und weich, und dennoch stehen ihm Kräfte zur Verfügung, die dem unbeugsam und hart gewordenen Erwachsenen verloren gegangen sind. Daher wächst es, ohne wachsen zu wollen, lernt ohne Gelehrsamkeit und erreicht seine Ziele, da es nichts mit Gewalt erzwingt.

56

Der Wissende redet nicht,
der Redende weiß nicht.

Den Mund verschließen,
die Pforten verriegeln,
den Scharfsinn entschärfen,
die Verwirrung entwirren,
das Glänzende mindern,
dem Staub gleich werden:
Das ist Eins-Sein mit dem Tao.

Unerreichbar ist dies durch Zuneigung
oder Abneigung,
unerreichbar durch Gewinn
oder Verlust,
unerreichbar durch Edelmut
oder Niedrigkeit:
Daher ist es die höchste Kostbarkeit.

Kommentar Wer sich aufspielt, wer meint, seine Meinung verkünden zu müssen, wer sein vermeintliches Wissen anderen aufdrängen will, zeigt dadurch nur, dass er sich minderwertig fühlt, dass er kein wahres Wissen, keine wirkliche Erkenntnis hat. Wer danach trachtet, in Einklang mit dem Tao zu kommen, genießt die Stille, bleibt ruhig und achtsam. Er hat nicht den Drang zu wirken: Und dadurch bewirkt er viel, und es gelingt ihm alles.

57

Um das Land zu regieren, bedarf es der Kunst zu ordnen,
um Krieg zu führen, bedarf es der Begabung zu überlisten,
Die Welt jedoch erringt man nur durch Nicht-Tun.

Woher weiß ich, dass dies so ist?
Nun:
Je zahlreicher die Verbote, desto ärmer das Volk,
je schärfer die Waffen, desto unruhiger das Land,
je geschickter die Menschen, desto häufiger die Erfindungen,
je mehr Gesetze, desto mehr Diebe und Räuber.

Daher sagt der Weise:
Beim Nicht-Tun bleiben – von selbst wandeln sich die Menschen,
die Stille lieben – von selbst werden die Menschen rechtschaffen,
Geschäftigkeit meiden – von selbst gelangen die Menschen zu Wohlstand,
ohne Begehren sein – von selbst werden die Menschen natürlich.

Kommentar Wer mit Gewalt als groß gelten will, wer die Dinge erzwingen möchte, muss viel Energie für seine Ziele aufwenden, und er wird sie gerade dadurch nur schwer erreichen. Jede Gewalt, jeder Zwang, jede Geschäftigkeit ruft nur entgegengesetzte Kräfte auf den Plan. Willenlos und zwanglos geht alles im Leben leichter.

58

Wird das Land unmerklich regiert,
sind die Menschen einfach und ehrlich.
Wird das Land unbarmherzig regiert,
sind die Menschen verschlagen und listig.

Leid hat seine Wurzeln im Glücklichsein,
Glück liegt im Leid verborgen.
Wer aber weiß schon, dass gerade
das Nicht-Ordnen Ordnung schafft?

Ordnung wird zu Unordnung,
Gutes zu Ungutem:
Die Verwirrung hält schon lange an.

Daher ist der Weise:
vorbildlich, ohne sich aufzudrängen,
aufrecht, ohne zu beleidigen,
geradewegs, ohne zu begradigen,
erleuchtet, ohne zu blenden.

Kommentar Wer die Menschen zwingen oder ihnen etwas aufdrängen will, wird mit Sicherheit Widerstand erzeugen und nur die schlechtesten Eigenschaften in den Menschen hervorbringen. Eltern, die ihren Kindern enge Grenzen setzen, willkürliche Regeln aufstellen und harte Strafen verhängen, werden ihre Kinder zu Unzufriedenheit, Heuchelei und Ängstlichkeit erziehen. Gutes lehren kann nur der, der Gutes tut und ein nachahmenswertes Vorbild ist.

59

Das Land regieren oder dem Himmel dienen –
nichts ist besser, als maßvoll zu bleiben.
Nur durch Mäßigung kann man
von Anfang an dem Tao folgen.
Von Anfang an dem Tao folgen heißt:
Das Speichern der Wahren Kraft.

Wer aber die Wahre Kraft speichert,
dem ist nichts unerreichbar.
Wem nichts unerreichbar ist,
dessen Grenzen kennt man nicht.
Der, dessen Grenzen man nicht kennt,
kann das Land führen.

Beachtet er das mütterliche Prinzip,
kann er Unsterblichkeit erlangen.
Das ist das Tao
der tiefen Wurzeln,
des festen Stammes,
der ewigen Dauer,
der steten Schau.

Kommentar Unmäßigkeit ist eines der drei großen Übel und zieht viele andere Übel nach sich. Wer maßlos beim Essen ist, wird krank und fett; wer maßlos in seiner Gier ist, wird geizig und misstrauisch; wer maßlos in der Beachtung von Regeln ist, wird fanatisch und verliert den Blick auf die Zusammenhänge. Wer hingegen das rechte Maß erkennt und sich zwanglos, weil es seiner Natur entspricht, danach richtet, der wird alles erreichen können, ohne sich Mühe zu geben.

60

Ein großes Land muss man regieren,
wie man kleine Fische brät.

Leitet man die Welt im Einklang mit dem Tao,
wirkt die Macht des Bösen nicht.
Nicht etwa, dass das Böse keine Macht mehr hätte –
doch seine Macht schadet den Menschen nicht mehr.
Nicht nur schadet seine Macht den Menschen nicht mehr –
auch der Weise schadet den Menschen nicht mehr.
Und da beide keinen Schaden mehr tun,
strömt ihre Kraft zurück ins Tao.

Kommentar Wer Menschen anleitet, führt, regiert oder lehrt, tut gut daran, sehr behutsam vorzugehen. Sobald Zwang ins Spiel kommt, wird sich Widerstand regen, der alles erschwert. Geschieht hingegen alles im Einklang mit der Natur der Menschen, wird alles leicht gelingen. Die Menschen werden das, was sie tun, mit Liebe tun, und der, der sie anleitet, führt, regiert oder erzieht, wird keine Fehler begehen können.

61

Ist ein großes Reich wie die Mündung eines Stromes,
so fließt ihm alles zu.
In ihm verwirklicht sich das weibliche Prinzip der Welt.
Das Weibliche siegt stets über das Männliche durch Ruhe:
Durch Ruhe bleibt es in der Tiefe.

Also: Ordnet sich ein großes Reich einem kleinen unter,
so nimmt es das kleine in sich auf.
Ordnet sich ein kleines Reich einem großen unter,
so wird es von ihm aufgenommen.
So nimmt das eine auf, indem es sich unterordnet,
das andere wird aufgenommen, indem es sich unterordnet.

Das große Reich will die Menschen vereinen und schützen,
das kleine Reich will den Menschen dienen und teilhaben.
Damit ein jedes gewinnt, was es begehrt,
muss das Große in der Tiefe verweilen.

Kommentar Es gibt keine absoluten Maßstäbe dafür, was richtig und was falsch ist: Immer kommt es auf die Zusammenhänge an und auf den Zeitpunkt. Was für den einen gut ist, kann für den anderen falsch sein; was zu einem Zeitpunkt das Rechte ist, ist zu einem anderen das Falsche. Jenseits der Vielzahl der Möglichkeiten steht jedoch etwas Umfassenderes. Nicht Aktivität und Handeln sind es, die letztlich zählen, sondern die Stille und Aufnahmebereitschaft.

62

Das Tao ist die Heimat der zehntausend Dinge:
Der Guten Schatz,
der Unguten Schutz.

Durch schöne Worte kann man Achtung gewinnen,
durch würdiges Gehabe kann man sich hervortun.
Warum also sollte man schlechte Menschen verwerfen?

Wenn der Kaiser den Thron besteigt
und die höchsten Minister ernannt werden:
Wertvoller als das Jadezepter,
das im feierlichen Zug dargebracht wird,
ist es, still dem Tao zu folgen.

Warum achteten die Alten das Tao?
Weil ihnen bekannt war,
dass man erhielt, nach was man sich sehnte,
dass man den Folgen seiner Fehler entging.
Daher achtete das Volk das Tao.

Kommentar Man kann versuchen, durch seine Handlungen, durch Heuchelei, durch Klugheit, durch Verstellung, durch Lügen zu erreichen, was man sich wünscht – doch ist das, was nicht durch Aufrichtigkeit und Liebe von selbst zu einem kommt, überhaupt wünschenswert? Wenn man innere Ruhe findet und seiner wahren Natur folgt, wird einem ohnehin alles gelingen.

63

Wirke durch Nicht-Tun, handle ohne Geschäftigkeit,
genieße ohne Schlemmerei.
Mach das Kleine groß, vermehre das Geringe,
vergilt Böses mit Gutem.
Plane das Schwere, wenn es leicht ist,
kümmere dich um das Große, solange es klein ist.
Denn: Alles Große wurzelt im Kleinen.

Darum tut der Weise niemals Großes –
so gelingt ihm Großes.

Wer leichtfertig etwas verspricht, weckt kein Vertrauen.
Wer die Dinge leichtsinnig behandelt, stößt auf Schwierigkeiten.

Daher nimmt der Weise nichts auf die leichte Schulter –
so fällt ihm alles leicht.

Kommentar Wer unbedingt Großes vollbringen will, dem wird alles schwer. Wer dagegen erkennt, dass alles Große immer mit Kleinem beginnt, dem wird klar, dass er, indem er Kleines tut, ohnehin Großes bewirkt. Sich in jeder Hinsicht mäßigen und das Kleine nicht gering schätzen – das führt mühelos zum Ziel.

64

Das Ruhende ist leicht zu fassen,
das Werdende ist leicht zu lenken,
das Spröde ist leicht zu brechen,
das Kleine ist leicht zu lösen.

Wirke auf die Dinge, bevor sie sich ordnen,
ordne die Dinge, bevor sie sich verwirren.

Auch der nicht zu umfassende Baum
erwuchs aus einem winzigen Keim;
auch der neunstöckige Turm,
begann als ein Klumpen Lehm
auch eine Reise von tausend Meilen
beginnt mit einem Schritt.

Geschäftigkeit führt zu Zerstörung,
Anhaften führt zu Verlust.

Weil der Weise beim Nicht-Tun verweilt, zerstört er nichts;
weil er den Dingen nicht anhaftet,
verliert er nichts.

Die Menschen jedoch sind geschäftig
und zerstören ihre Werke vor der Vollendung.
Wer das Ende wie den Anfang achtet,
wird nicht fehlgehen.

Daher befreit sich der Weise von Begierden,
achtet Kostbarkeiten gering,
lernt ohne Gelehrsamkeit.
Er wendet sich dem zu,
an dem die Menschen vorübergehen.
So fördert er den natürlichen Lauf der Dinge
und fürchtet nur die Geschäftigkeit.

Kommentar Sich den kleinen Dingen von Anfang an zu widmen führt dazu, dass man ohne Geschäftigkeit und große Mühen viel bewirkt. Große Begierden, große Pläne, große Betriebsamkeit: Das zieht nur Verlust, Unzufriedenheit und Unheil nach sich.

65

Die alten Meister, die dem Tao folgten,
belehrten nicht das Volk.
Sie nahmen das Tao,
um die Gelehrsamkeit zu verringern.
Hat das Volk zu viel Wissen,
ist es schwer, Frieden zu bewahren.
Wer das Reich mit Gelehrsamkeit leiten will,
wird dem Reich schaden.
Wer das Reich nicht mit Gelehrsamkeit leitet,
ist ein Glücksfall für das Reich.

Diese beiden Möglichkeiten gibt es.
Wer dies wirklich begreift,
hat die Geheime Kraft.
Die Geheime Kraft ist tief und weit:
Die zehntausend Dinge führt sie
zur allumfassenden Einheit.

Kommentar Gelehrsamkeit ist oberflächliches Wissen, das Verstehen vorgaukelt und damit Unbescheidenheit und den Drang, in den Lauf der Dinge einzugreifen, nach sich zieht. Wahres Wissen ist nicht lehrbar, nur erfahrbar. Daher führt das Verringern der Gelehrsamkeit zu einem Vermehren der Einsicht und des Friedens.

66

Strom und Meer sind Herrscher über alle Wasser –
denn sie verweilen im Niedrigen:
Daher sind sie Herrscher der hundert Flüsse.

So verweilt der Weise in der Tiefe,
damit er über den gewöhnlichen Menschen steht.
Um die Menschen zu führen,
muss man sich hintanstellen.

So bleibt der Weise hochstehend
und fällt den Menschen nicht lästig.
So steht er vor den gewöhnlichen Menschen
und schadet ihnen nicht.

So hebt ihn das Volk willig empor,
ohne zu murren.
Da er sich mit niemandem misst,
bleibt er unermesslich.

Kommentar Wer sich selbst über die anderen Menschen stellt, ist nicht groß und wird tief fallen. So wie die Materie ohne Willen, ohne Mühe der Schwerkraft folgt, so folgen auch die Menschen am leichtesten dem, was ihrer Natur entspricht. Wer darum weiß und sich dort aufhält, wo es letztlich jeden hinzieht, wird den anderen weit voraus sein, ohne sich vorzudrängen oder sich über sie zu erheben. Er ist groß, weil er nicht nach Größe strebt.

67

Alle geben zu: Das Tao, von dem ich spreche, ist groß –
doch sie finden es unbegreiflich.
Seine Größe macht es unbegreiflich –
wäre es begreiflich,
wäre es längst klein geworden.

Drei Schätze habe ich,
die ich schütze und bewahre:
Mitgefühl ist einer,
Genügsamkeit der zweite,
Zurückhaltung der dritte.
Durch Mitgefühl kann man mutig sein,
durch Genügsamkeit großzügig,
durch Zurückhaltung kann man die Menschen anleiten.
Mut ohne Mitgefühl,
Großzügigkeit ohne Genügsamkeit,
Belehrung ohne Zurückhaltung –
das ist verderblich.

Mitgefühl hat große Macht:
im Angriff ist es Stärke,
im Widerstand Festigkeit.
Wen der Himmel bewahren will,
bewahrt er mit der Kraft des Mitgefühls.

Kommentar Die Menschen erkennen wohl dunkel, dass es etwas gibt, das größer und bedeutender ist als ihr alltägliches Treiben. Das ist die Wurzel aller Religionen. Doch verstehen oder ihr Leben danach richten können sie nicht so leicht. Dazu müssten sie sich erst einmal aus ihren selbst auferlegten Fesseln lösen. Drei Dinge erleichtern dies: Bescheidenheit, Genügsamkeit und Mitgefühl. Das Mitgefühl aber ist die wichtigste Kraft.

68

Ein guter Feldherr braucht keine Gewalt,
ein guter Kämpfer empfindet keinen Zorn,
ein guter Sieger wünscht keine Vergeltung,
ein guter Herrscher bleibt demütig.

Das ist die Wahre Kraft des Nicht-Streitens,
die Kunst der Menschenführung,
mit dem Himmel im Einklang sein.

Kommentar Gewalt ist immer von Übel. Selbst wenn man mit Gewalt konfrontiert wird, ist Gegengewalt nur die allerletzte Zuflucht – und auch dann wird sie Unheil nach sich ziehen. So ist es also sinnvoll, Gewalt so weit wie möglich zu meiden. Wer beginnt, Gewalt als notwendig und legitim anzusehen, wird schließlich Gefallen an ihr finden und sich selbst und anderen großen Schaden zufügen. Wahrhaft siegen kann nur der, der nicht kämpft.

69

Unter großen Feldherrn gilt:
Ich mache nicht den ersten Schritt,
sondern warte ab wie ein Gast.
Ich rücke keine Handbreit vor,
sondern weiche einen Schritt zurück.

Das ist Fortschritt ohne Vordringen,
Kampf ohne Handgreiflichkeit,
Sieg ohne Angriff,
Stärke ohne Waffen.

Kein Fehler ist größer,
als den Feind zu unterschätzen:
das Unterschätzen des Feindes
führt zum Verlust der Schätze.

Daher siegt im Kampf der,
der schweren Herzens kämpft.

Kommentar Wenn man Angriffe ins Leere laufen lässt, kann man leicht siegen, ohne anzugreifen; man wird den Kampf gewinnen, ohne Gewalt anzuwenden. Das ist auch das Prinzip der taoistischen Kampfkunst T'ai Chi Ch'uan. Richtiges Zurückweichen ist keine Flucht, sondern bedarf höchster Achtsamkeit und der Einheit mit dem Tao. Wer auf die richtige Weise ausweichen will, muss auch seinen Angreifer verstehen.

70

Leicht sind meine Worte zu verstehen,
sehr leicht ist es, ihnen zu folgen.
Und dennoch kann niemand in der Welt
sie verstehen oder ihnen folgen.

Worte haben einen Ursprung,
Taten einen Täter.
Doch da die Menschen das nicht verstehen,
verstehen sie mich nicht.

Nur wenige verstehen mich –
das macht meinen Wert.
So trägt der Weise ein grobes Gewand,
doch sein Herz ist wie kostbare Jade.

Kommentar Schwer ist es, das Tao in Worte zu fassen, logisch zu analysieren und rational zu begreifen. Leicht ist es allerdings, das Tao mit dem Herzen zu erfassen und zu begreifen. Doch um mit dem Herzen verstehen zu können, muss man bereit sein, sich zu öffnen. Da nicht viele bereit sind, ihre vorgefassten Meinungen beiseite zu legen und sich dem Verstehen zu öffnen, verstehen nur wenige das Tao, obgleich es leicht zu verstehen ist.

71

Wissen, dass man nichts weiß, ist erhaben,
nicht wissen, dass man etwas weiß, ist leidvoll.
Wer das Leidvolle als Leid erkennt,
wird frei von Leiden.

Der Weise leidet nicht,
da er Leid als leidvoll erkennt –
so verspürt er kein Leid.

Kommentar Manche Menschen bilden sich viel auf ihr scheinbares Wissen ein – viel mehr wüssten sie, wenn sie wüssten, dass sie nichts wissen. Das tiefere Wissen hingegen, über das jeder Mensch verfügt, nämlich das Wissen des Körpers und des Herzens, ist ihnen unbekannt – obwohl es gut wäre zu wissen, dass man dieses Wissen als einziges wirklich hat.

72

Fürchten die Menschen deine Macht nicht,
wird deine Macht wachsen.

Achte die Menschen nicht gering,
mach ihnen ihr Leben nicht zur Last.
Wenn du ihnen nicht zur Last wirst,
werden sie dich nicht hassen.

Daher kennt der Weise sich selbst,
doch er drängt sich nicht vor;
er kennt seinen Wert,
doch er ist nicht überheblich.
So schätzt er die Macht gering
und wählt Bescheidenheit.

Kommentar Was für eine Macht ist es, die sich nur auf Angst gründet? Keine wirkliche Macht und keine, die Bestand hat. Welchen Wert hat es denn überhaupt, Macht ausüben zu wollen? Wer nach Macht giert, wird die Menschen gering achten und ihnen Lasten aufbürden, die weder sein Leben noch das ihre bereichert. Das Ausüben von Macht durch Machtgierige wird stets großes Unheil nach sich ziehen. Wer sich selbst kennt und mit sich im Reinen ist, wird wenig Wert darauf legen, Macht zu haben.

73

Wer seinen Mut in Wagnissen beweist, kommt um.
Wer seinen Mut darin zeigt, dass er keine Wagnisse eingeht,
lebt weiter.
Beide zeigen Mut – doch bringt der eine Schaden,
der andere Nutzen.

Manche verachtet der Himmel – doch wer weiß schon, warum?
Selbst der Weise kann das kaum sagen.

Das Tao des Himmels:
Ohne Streit siegt es meisterlich,
ohne Worte lehrt es meisterlich,
ohne Aufruf zieht es alle an,
ohne Hast vollendet es meisterlich.

Das Netz des Himmels ist unvorstellbar groß –
obwohl seine Maschen grob sind, entgeht ihm nichts.

Kommentar Nicht selten gehört weitaus mehr Mut dazu, sich zurückzuhalten, als sich in gefahrvolle Aktivitäten zu stürzen. Ein Soldat, der blindlings seinen Führern folgt und sich den Gefahren sinnlosen Gemetzels aussetzt, beweist gewiss weniger Mut als einer, der sich als Deserteur oder Kriegsdienstverweigerer dem, was er als unheilvolles Tun erkennt, mutig widersetzt.

74

Wenn die Menschen den Tod nicht fürchten:
Wie will man sie dann mit dem Tode schrecken?
Wenn sie den Tod fürchten,
kann man sie ergreifen und töten.
Wer aber sollte das wagen?

Tod bringt der Meister des Todes –
wer an seiner Stelle tötet,
gleicht dem Knaben,
der des Zimmermanns Axt schwingt:
Führt er die Axt des Meisters,
wird er sich gewiss die Hand verletzen.

Kommentar Gewalt zieht stets Gewalt nach sich. Wer andere Menschen mit dem Tod bedroht, wird sich selbst dem Tod näher bringen, ohne dabei seinen Zielen wirklich näher zu kommen. Die Furcht vor dem Tod macht jedoch die Drohungen gewalttätiger Menschen überhaupt erst möglich. Ohne Furcht vor dem Tod kann niemand durch Todesdrohungen zu etwas gezwungen werden. Wer erkennt, dass der Tod ohnehin unvermeidlich ist, wird ihn schließlich immer weniger fürchten – ohne deshalb das Leben weniger zu lieben.

75

Das Volk hungert:
Nur weil die Herrscher sich an den Steuern mästen,
muss es hungern.

Das Volk ist schwer zu regieren:
Nur weil die Herrscher sich zu sehr einmischen,
ist es schwer zu regieren.

Das Volk nimmt den Tod leicht:
Nur weil die Herrscher zu sehr auf seinen Fortbestand
bedacht sind,
nimmt es den Tod leicht.

In der Tat:
Eben jene, die sich nicht in den Lauf des Lebens einmischen,
wissen es wirklich zu schätzen.

Kommentar Ob die Mächtigen nun um ihres eigenen Vorteils willen handeln, ob sie meinen, die Welt verbessern zu müssen oder ob sie ihr Volk erziehen wollen – immer wird das Einmischen in das natürliche Leben des Volkes dessen Glück, dessen Frieden und dessen innere Ruhe verringern. Je weniger sich die Mächtigen einmischen, desto Besseres werden sie bewirken.

76

Schwach und biegsam ist der Mensch, wenn er geboren wird,
starr und hart ist er, wenn er stirbt.
Schwach und biegsam sind Gras und Baum, wenn sie jung sind,
starr und hart, wenn sie sterben.
So sind also Härte und Starrheit
Gefährten des Todes
Schwäche und Biegsamkeit
Gefährten des Lebens.

Daher wird ein starres Vorgehen erfolglos sein;
ein harter Baum wird von der Axt gefällt.

So sinkt das Starke und Harte,
während das Schwache und Biegsame aufsteigt.

Kommentar Härte und Unnachgiebigkeit werden oft als Tugenden angesehen. Doch wirft man einen Blick auf die Natur, wird man sofort erkennen, dass diese Tugenden weit eher Zeichen des Verfalls und des nahenden Todes sind als Charakteristika des blühenden Lebens. Was hart und unnachgiebig ist, wird brechen, sobald sich ihm eine starke Kraft entgegenstellt; was schwach und biegsam ist, wird mühelos der Gewalt ausweichen. Der stärkste Orkan bricht keinen Grashalm, sondern die alten, harten und festen Bäume.

77

Das Tao des Himmels
gleicht dem Spannen eines Bogens:
Das Hohe wird niedergedrückt,
das Untere wird emporgezogen;
was zu viel ist, wird vermindert,
was zu wenig ist, vermehrt.

Das Tao des Himmels
vermindert das, was zu viel ist,
vermehrt das, was zu wenig ist.

Der Weg des Menschen ist anders:
Er vermindert das, was zu wenig ist,
um das, was zu viel ist, zu speisen.
Wer aber kann das,
was er zu viel hat, der Welt geben?
Nur der vom Tao Erfüllte.

So ist der Weise:
Er hilft, doch er verlangt nichts für sich,
er vollendet, doch er beansprucht keinen Verdienst.
Er begehrt keine Anerkennung von den anderen.

Kommentar In der Natur herrscht ein ständiges Auf und Ab, ein stetes Geben und Nehmen, Werden und Vergehen. Nur der Mensch versucht, das natürliche Gleichgewicht zu brechen – doch was er aus dem Gleichgewicht bringt, richtet sich stets gegen ihn selbst. Die Versuche, das Gleichgewicht zu verändern, bewirken nur, dass die Unzufriedenheit wächst und die Ruhe schwindet. Wer hingegen eins mit dem Tao ist, wird ein Quell der Harmonie sein.

78

Nichts auf der Welt gleicht dem Wasser
in Nachgiebigkeit und Weichheit.
Und doch vermag nichts so wie das Wasser,
das Harte und Starre zu bezwingen:
Denn es ist unveränderlich in seinem Wesen.

Das Weiche siegt über das Harte,
das Nachgiebige über das Starre:
Wer wüsste das nicht?
Und doch handelt niemand danach.

Daher sagt der Weise:
Wer die Schande des Reiches auf sich nimmt,
ist wert, die Menschen zu führen;
wer das Unglück des Reiches auf sich nimmt,
ist wert, die Welt zu führen.
Die Wahrheit erscheint oft widersprüchlich.

Kommentar Das Wasser ist ein hervorragendes Symbol für die Lehren des Taoismus: Das Schwache besiegt das Starke – d. h., wahre Stärke kann wie Schwäche erscheinen. Das, was als Stärke angesehen wird, erweist sich oft als schwach. Durch Nachgiebigkeit ist alles zu erreichen. Ist all das wirklich widersprüchlich, oder mangelt es nur an Verstehen?

79

Wird ein bitterer Streit beigelegt,
bleibt ein Rest von Bitterkeit.
Wie kann man dies lösen?

Der Weise nimmt den Schuldschein,
doch treibt er die Schuld nicht ein.
Wer Wahre Kraft hat, hält sich an seine Pflicht;
wer ohne Wahre Kraft ist, pocht auf sein Recht.

Das Tao bevorzugt niemanden.
Stets wirkt es durch den guten Menschen.

Kommentar Auch wenn man im Recht ist – oder vielleicht ganz besonders dann –, ist es nicht nötig, auf seinem Recht zu beharren. Wer unnachgiebig auf seinem Recht besteht, wird nur neues Unrecht in die Welt setzen. Weitaus besser, als Recht zu haben oder sein Recht einzufordern, ist Güte. Durch Güte kommt Gerechtigkeit in die Welt.

80

Das Land sei klein, die Menschen wenige;
kraftvolle Werkzeuge ungenutzt.
Den Menschen lehrt, den Tod ernst zu nehmen
und weite Reisen zu meiden.
Gibt es auch Schiffe und Wagen,
so fahre doch keiner mit ihnen.
Gibt es auch Rüstung und Waffen,
so hole sie doch niemand hervor.
Lehrt die Menschen wieder Schnüre knoten,
und sie gebrauchen sie statt der Schrift.
Ihre Speise wird ihnen schmecken,
ihre Kleidung sie kleiden,
ihr Heim sie zufrieden stellen,
ihre Lebensweise sie glücklich machen.
Auch wenn Nachbarländer in Sichtweite liegen,
man die Hunde bellen, die Hühner gackern hört,
so mögen die Menschen doch ihr Leben beschließen,
ohne hin- und hergereist zu sein.

Kommentar Je weniger sich die Menschen in rastloses Tun begeben, je einfacher und friedvoller sie leben, desto zufriedener und gelassener wird ihr Leben sein. Die Menschen brauchen keine Maschinen, keine Waffen, kein theoretisches Wissen, um glücklich zu sein.

81

Wahre Worte sind nicht schön,
schöne Worte sind nicht wahr.
Menschen, die gut sind, überreden nicht,
Menschen, die überreden, sind nicht gut.
Der Wissende ist nicht gelehrt,
Gelehrte sind nicht wissend.

Der Weise häuft nicht an:
Je mehr er anderen gibt, desto mehr gewinnt er,
und da er anderen gibt, wächst sein Reichtum.

Das Tao des Himmels
ist Nutzen ohne Schaden.
Das Tao des Weisen
ist Wirken ohne Streit.

Kommentar Selten ist das wahr, was jedermann einleuchtet und angenehm klingt. Wahre Worte werden zunächst oft irritieren, beunruhigen und verstören, weil sie das, was die Menschen gerne glauben, in Frage stellen. Beunruhigend ist es deshalb, weil die Menschen starr an Vertrautem hängen, selbst wenn das Vertraute offensichtlich kein Heil bringt.
Selten bewirken Menschen, die andere überreden wollen, etwas Gutes – denn: Wäre es gut, wozu müsste man sie überreden?

Literatur

Quellentexte

Blofeld, J.: Der Taoismus. Eugen Diederichs, München 1998 (6. Aufl.)
Dschuang Dsi. Das wahre Buch vom südlichen Blütenland. Eugen Diederichs, München 1996 (9. Aufl.)
Tschuang Tse: Lebe bewusst. Drei Eichen, Ergolding 1990
Chang Po-Tuan: The Inner Teachings of Taoism. Shambhala Publications, Boston 2001
Cleary, T. (Hrsgb.): Immortal Sisters - Secret Teachings of Taoist Women. North Atlantic Books, 1996
Laotse: Tao Te King. O.W. Barth, München 1999
Liä Dsi. Das wahre Buch vom quellenden Urgrund. Eugen Diederichs, München 1996 (5. Aufl.)
Maoshing Ni: Der Gelbe Kaiser. O.W. Barth, München 1998
Riemann, G. (Hrsg.): Tao. Lao-tzu: Tao-te-king/ Chuang-tzu: Innere Lehren. Knaur, München 1994
Specht, A.: Der Zhuangzi Kommentar des Zhu Dezhi. Verlag Dr. Kovac. Hamburg 1998
The Sutra of Hui-Neng. Shambhala Publications, Boston 1998
The Taoist Classics: The Collected Translations of Thomas Cleary Vol. 1-3. Shambhala Publications,Boston 1999
Vankeerbergen, G.: The Huainanzi and Liu An's Claim to Moral Authority. State Uiversity of New York Pess. NY 2001
Wen-Tzu : Understanding the Mysteries. Shambhala Publications, Boston 1992

Sekundärliteratur

Chang Chung-Yuan: Tao, Zen und schöpferische Kraft. Eugen Diederichs, München 1995 (7. Aufl.)
Chang, D.: Mit Händen heilen. Südwest, München 1999
Chang, J.: Das Tao der Liebe. Rowohlt, Reinbek 1978
Chang, J.: Das Tao für liebende Paare. Rowohlt, Reinbek 1998
Chang, S.: Das Tao der Sexualität. Ariston, München 1998
Cleary, T.: Taoistische Praxis. Geheime Lehren der Inneren Alchemie. Knaur, München 1998
Cleary, T.: Die drei Schätze des Dao. Basistexte der inneren Alchemie. Fischer TB, Frankfurt 1996
Fischer, T.: Wu Wei. Die Lebenskunst des Tao. Rowohlt, Reinbek 2001
Govinda, Kalashatra: Tantra. Ludwig, München 2000
Hoff, B.: Tao Te Puh. Das Buch vom Tao und von Puh dem Bären. Synthesis, Essen 1984
Piontek, M.: Das Tao der weiblichen Sexualität. O.W. Barth, München 1998
Schwarz A./ Schweppe R.: Die Philosophische Hausapotheke. Herbig, München 1998
Smullyan, R.: Das Tao ist Stille. Krüger, Frankfurt am Main 1994
Watts, A.: Weisheit des ungesicherten Lebens. O.W. Barth, München 2000
Xing Shu: I Ging. Ludwig, München 1998

Über die Autoren
Ronald P. Schweppe ist Meditationslehrer, Musikpädagoge, Orchestermusiker und freier Autor. Er ist durch zahlreiche Veröffentlichungen sowie Funk und Fernsehen im deutschsprachigen Raum als Experte für alternative Heilmethoden bekannt.
Aljoscha A. Schwarz ist Diplompsychologe und Heilpraktiker. Seit 1987 arbeitet er als Fachbuchautor und Seminarleiter mit den Themenschwerpunkten Gesundheit, Psychologie, Philosophie und Pädagogik.

Bildnachweis
AKG, Berlin: 54; dpa, München: 72; Fotoarchiv, Essen: 104 re. (B. Nimtsch); Gettyone, München: Titel (Linnea Lenkus), 2 (Thompson), 104 o. (P Sicul), 104 re. u. (K. Graham), (84, 132, 134, 139, 151; Hatz Ingolf, München: 88, 91, 93, 96, 98; IFA-Bilderteam, München: 10 (IPS), 17 (International Stock), 45 (IPP), 42 (ICS), 63 (Index Stock), 79 (Direct Stock), 118 (Harris), 122 (TPL), 152 (Spence); Image Bank, München: 104 li. (Chuck Plase), 104 li. U. (Inner Light), 111 (Butch Adams), 129, 141, 143, 147, 149; Jump, Hamburg: 64 (2), 65, 68; Kausch Roger, München: 87; Laif, Köln: 8 (Kristensen), 126 Hgr. (Gollhard&Wieland), 126 Einklinker (R. Celentano), 154 (Mario Furmi); Premium, Düsseldorf: 11 (M. Morrow), 12 (D. Ponton), 13 (C. Clifton), 29 (R. H. Smith), 32, 36 (Orion Press), 40 (Ch. Gordaneer), 42 (J. P. Nova), 102 (Stock Image), 110 (T. Smith); Photonica, Hamburg: 24 (Neo Vision), 50 (William Henry), 57 (Kaz Chiba), 66 (Colin Samuels), 70 (Paul Vozdic), 77, 112 (Johner), 100 (David H. Wells), 107 (Hiroya Kaji), 108 (Barry Yee), 124; Stockmarket, Düsseldorf: 150 (David Stöcklein); Südwest Verlag, München: 26 (K. Newedel); Zefa, Köln: 60 (Krüsselmann), Kalligrafien: Xin Zhen Kong

Hinweis
Das vorliegende Buch ist sorgfältig erarbeitet worden. Dennoch erfolgen alle Angaben ohne Gewähr. Weder Autoren noch Verlage können für eventuelle Nachteile oder Schäden, die aus den im Buch gegebenen praktischen Hinweisen resultieren, eine Haftung übernehmen.

Impressum

Redaktion
Claudia Hosbein

Projektleitung
Karin Stuhldreier

Redaktionsleitung
Dr. Reinhard Pietsch

Bildredaktion
Gabriele Feld,
A.T. Birkenholz

Umschlag
Reinhard Soll, München

DTP/Satz
Mihriye Yücel

Produktion
Manfred Metzger (Ltg.),
Annette Aatz, Monika Köhler

Druck und Bindung
Westermann, Zwickau

Gedruckt auf chlor- und säurearmem Papier

Printed in Germany

ISBN 3-7787-3993-X